金融前沿

corporate
Financial

公司金融

倪宣明　编著

企业管理出版社
ENTERPRISE MANAGEMENT PUBLISHING HOUSE

图书在版编目（CIP）数据

公司金融 / 倪宣明编著 . —北京：企业管理出版社，2021.3
ISBN 978-7-5164-2397-4

Ⅰ. ①公… Ⅱ. ①倪… Ⅲ. ①公司—金融学—高等学校—教材
Ⅳ. ① F276.6

中国版本图书馆 CIP 数据核字（2021）第 093829 号

书　　名：公司金融
作　　者：倪宣明
责任编辑：尚元经　郑小希
书　　号：ISBN 978-7-5164-2397-4
出版发行：企业管理出版社
地　　址：北京市海淀区紫竹院南路17号　　邮编：100048
网　　址：http：//www.emph.cn
电　　话：编辑部（010）68414643　发行部（010）68701816
电子信箱：qiguan1961@163.com
印　　刷：北京明恒达印务有限公司
经　　销：新华书店
规　　格：160毫米×235毫米　16开本　22.75印张　240千字
版　　次：2021年3月第1版　2021年3月第1次印刷
定　　价：80.00元

前 言

这是一个公司大放异彩的时代：人类的智慧与汗水越来越多地汇集于公司这种生产组织形式，创造出日新月异的科技、文化成果，交相辉映于现代社会的宏大背景，不断地塑造着每个人的生活。对于一个现代社会的人来说，从吃穿住行到生老病死，或多或少都存在着公司的痕迹。对于这种无处不在的组织，日常生活中往往是从人的角度去认识和理解的：在公司内部，有老板、管理人员和普通员工，在公司外部，有客户、债主和负责监管或者服务它的政府。而从“钱”或者金融的视角，则是另一种看法：公司是由股权和债权构成的，经过经营管理，创造新的价值，向股东支付股息，向债主支付利息，并向政府缴纳税收。从这个角度去理解和认识公司，便是本书的主题——公司金融。

随着公司规模的扩张和市场复杂程度的提高，财务、金融与管理互相融合的程度不断加深，公司金融在公司经营中的重要性日渐凸显；同时，金融市场和金融工具的巨大创新也在重新刻画着公司金融方面的部分管理活动。一本浅显易懂的、辅助理解现代公司金融活动及其背后原理的书，将帮助公司的管理者更加科学合理地做出决策，也能使投资者更加容易评估一家公司的价值，这也正是本书写作的初衷。

这里有必要对“公司金融”这一说法做更仔细的解释。首先，一定程度上，可以将公司金融理解为金融中对货币资金流动融通的关注在公司这一主体上的延伸。更加仔细地，其中的“金融”对应英文中“Finance”一词，该词在不同口径下的含义有所不同：窄口径专指资本市场，尤其是股票市场；中口径指包含银行、证券公司、保险公司等机构的金融市场；宽口径则泛指一切与钱有关的活动，包括政府财政、公司财务、家庭理财等。公司金融（Corporate Finance）便对应于宽口径的定义，于是有时这一主题也会被称为“公司财务”“公司理财”，但实质内容往往没有明显区别。事实上，本书也正是从公司中财务管理者的立场出发，围绕其各项管理活动展开讨论的。但除了部分固定用法外，从书名开始，本书中对所讨论的这一主题统一采用“公司金融”的说法，希望以此更好地体现出对公司资金融通等各项管理活动的关注。

主要内容上，本书首先对公司及公司金融做基本介绍，然后引入财务报表作为本书分析的重要工具。之后，在投资基本原理的基础上，进入对资产以及企业的估值分析，进而开始对公司投资、融资和分红决策的讨论。最后，本书还针对公司可能出现的财务困境、合并收购等变化，讨论了常见情形以及应对方式。整体上，本书的主要结构内容可以通过以下四部分来把握。

首先是关于公司以及财务报表的基本介绍。这部分主要对应本书的第一、二章。作为企业的一种特殊形式，公司具有所有权和管理权分离、永续经营等特性，相比个人独资企业、合伙企业等更加适合扩大化的生产。借助资产负债表，可以将公司金融的主要内容分为长期投资活动、长期融资活动以及净营运资本管理，三者都围绕着最大化股东权益这一目标进行。

财务报表是分析公司财务状况的基本工具，也是公司金融讨论中不可或缺的伙伴，一般包括资产负债表、利润表与现金流量表。通过对财务报表的分析，可以从尽可能多的维度了解一家公司的财务经营状况，一般的做法是对各类财务指标及比例进行比较或拆分，从而得到有助于决策的信息。常用的比率指标涵盖了对公司短期偿债能力、长期偿债能力、营运能力、盈利能力以及市场价值五个维度的评估。

其次是关于投资原理和估值方法的铺垫。投资是公司金融活动的重要组成部分，但在考虑公司投资活动的决策之前，首先需要对投资的基本原理以及价值的评估有一定了解。这也正是第三、四章的主要内容。投资者放弃了现在的享受并承担了市场波动、通货膨胀等风险去购买金融资产，就是为了获得一定的收益；从另一个角度来看，这也正是公司融资所需要付出的成本。而以特定的收益率或资本成本为工具，便可以实现不同时间现金流的转换求和，进而为金融资产以及公司的绝对估值提供基础。具体地，为公司估值的常用方法包括经营现金流量折现法、资产价值基础法以及相对估值法。另外，在金融市场上，还存在投资者、金融中介、监管机构等其他主体以及可转债、优先股和各类衍生品等金融工具，对其有基本的了解，将有利于理解相对复杂的公司金融管理活动。

然后便正式进入对公司管理活动的讨论，主要包括公司的投资决策、融资决策以及分红政策。其中，投资活动对应于资金的使用，融资活动对应于资金的引入，分红政策则对应于盈余资金的支配。三部分各自对应本书的第五、六、七章。

投资决策方面，公司的业务发展离不开对一个个项目的投入与运营，因此项目投资与公司的未来发展状况息息相关。从公司金融关注的角度来看，所投资的不同项目对应于不同的一组组现金流，主要由初始现金流量、营业现金流量和终结现金流量所构成。投资决策的目的就是决定哪些现金流组合值得投资推进。其中有些项目可以同时推进，即独立项目，有些则不能，也就是互斥项目，这两种情形下的投资决策需要采取不同方法进行。此外还需要注意妥善处理沉没成本、机会成本、折旧等因素的影响。具体地，对项目的评估可以采用净现值法、内部收益率法、回收期法、盈利指数法等各种方法，其中净现值法因其均衡良好的性质而广受欢迎。但对于互斥项目重复投资的情形，净现值法还是无法直接应用，而需要借助等额年金来完成项目的比较。

融资决策方面，公司在实现收入之前，往往需要一定的投入以推进生产；在运营过程中也时常会出现内部资金不足以推进项目投资的情况，这时就需要外部资金的引入。一般主要考虑的融资方式包括股权融资和债权融资，二者在公司总资产中的相对数量关系也就是公司的资本结构。加权平均资本成本衡量了在给定资本结构下公司融入一单位资金所需付出的成本，与公司价值呈反向决定的关系。对融资决策的讨论主要便是关注不同融资方式的比例选择如何相关于公司价值或是加权平均资本成本。最著名的莫过于莫迪利亚尼（Modigliani）和米勒（Miller）的研究，即在不考虑税收时公司价值与资本结构无关，这也就是公司金融领域不得不提的“MM定理”。进一步考虑税收，则由于债权融资具有“税盾”的效果，债务水平高的公司理论上具有更高的价值，但破产成本、代理成本等其他现实因素的引入又对这一结论造成了冲击。

分红政策方面，公司的税后利润在弥补亏损、扣除准备金等项目之后，便可按照一定比例回报给投资者，使之与公司共同分享发展红利。具体的股利发放形式包括现金股利、股票股利、财产股利、负债股利等。公司管理层结合法律、股东以及公司自身情况等各种因素选择合适的股利政策。关于股利政策对公司价值的影响有两种不同的观点：股利政策无关论以及股利政策有关论。前者建立在不存在税收、信息不对称以及投资者风险中性的假设上，而后者则引入了对这些复杂因素的考虑。

最后是对公司状况变化的考虑，主要包括财务困境、合并收购等情形。财务困境是一个相对宽泛的概念，一般指代公司因经营不善或其他各种原因而出现债务偿还困难的情形。对于面临财务困境的公司，最糟糕的情况是破产清算，除此之外还可以通过资产重组或债务重组摆脱困境。

合并收购是越来越常见的公司资本运作活动。按照不同的分类标准，可以把公司并购分为不同种类。比如按并购后公司法人地位变化情况划分，可以将并购划分为新设并购和吸收并购；按照并购双方关联性划分，可以划分为横向并购、纵向并购和混合并购。对于公司来说，并购可以带来经营、财务、管理等方面的协同效应以及代理成本降低等好处。但有些收购会在未征得目标公司董事会同意的情况下强行展开，也就是恶意收购，对此管理层也发展出各种相应的防御措施。

本书围绕公司金融各项管理活动展开，在叙述上具备以下三大特点。

以实务应用为核心。这是由本书的定位所决定的，即主要为公司金融管理活动提供帮助。从目录也可以看出，本书的组织结构是面对公司金融实务上的各项管理活动而建立起来的。在正文的叙述中也体现了这一特点：不像公司金融方面的教科书，本书没有展开仔细介绍所有涉及的数学公式与模型，而是聚焦于如何对其正确应用以达到实务中的目标。

以原理解释为主线。虽然核心在于实务应用，但本书的叙述主线是以公司金融的原理展开。书中各部分多以实务中的问题引入，在抽象到原理层面加以分析讨论后，回归到解决实际问题上来。原理层面的解释避免了过分拘泥于个性而影响到对共性的把握，这也是本书区别于一本案例合集的本质所在。从读者的角度来说，原理的介绍和讨论有助于体会到公司金融作为应用经济学的一个分支本身的科学和严谨，对一般原理的掌握也有利于实务中以灵活的方式应对解决更多问题。

以案例分析为载体。案例是讨论原理和实务结合的完美载体，既有助于对原理的领悟体会，又有助于读者注意现实情况的复杂性，尽量减少因原理应用不当而产生的问题。本书正是出于这样的考虑而融入了大量的案例故事，包括每章开篇的引入，穿插在全文重要章节以辅助理解的连续故事，单独章节展开讨论的案例分析等，多种方式结合，希望能够在帮助读者理解重点难点部分的同时，尽可能提升本书的可读性。其中案例主要来自于公开资料整理。

最后，感谢张超、李会菲和王睿对本书的辛苦整理工作。曾经帮助过我的同事及朋友，在此一并感谢。最需要感谢的是我的家人，感谢他们在本书成稿过程中对我的支持与照顾。

书中的介绍和分析可供一般公司财务管理工作者参考，也适合对有关领域原理和实务感兴趣的读者阅读。由于笔者水平有限，书中错误在所难免，恳请同行专家与读者批评指正。

倪宣明

2020年3月

目　录

第一章
公司金融：初步的讨论

从两千多年前秦统一六国建立起中央集权的国家开始，君权和相权之间的此消彼长便贯穿于我国封建社会的历代各朝。皇帝的君权象征了上天的意志，君权是对整个国家的所有权，“普天之下，莫非王土，率土之滨，莫非王臣”。由于自身才干能力等限制以及制度上的程序合法性要求，皇帝经常需要任命宰相这样的高级官员代替其行使部分管理权力。从“坐而论道”“站议时政”到“跪受笔录”，各种封建政治的体制变化很大程度上反映着君权与相权此消彼长的关系。

对宰相来说，虽然大权在握，但其操劳的事业成果实质上归皇帝所有，与自身少有直接的利害关系——当然，崇高的思想境界会驱使他们中的很多人将为苍生社稷谋太平作为自己的目标，但对于政治系统内的一般官员来说，其为皇帝安天下的工作目标经常会与自身的利益最大化产生冲突。进而，皇帝为了体制的有效运行也做出了各种相应的限制和调整，例如对政绩优秀的官员进行提拔赏赐等。

本书即将讨论的公司金融领域中的各项管理活动，非常类似于这种君权制衡下的相权。股东作为公司资产的所有者，对重大决策有着最终决定的权力。公司的管理层如首席财务官（CFO）就像分管某一领域的大臣，为了公司发展壮大而付出劳动，换取薪水或与业绩相关的奖金。本章将主要从公司的本质出发，对公司及公司金融领域管理的内涵展开介绍，有助于读者在深入了解公司金融领域各项管理活动本质的同时大致了解本书的组织安排。

第一节 了解公司

一、什么是公司

在跟随本书对公司金融这一领域开始探索之前，有必要停下来思考一个非常基本的问题：公司是什么？确实，这不是一个大多数人日常生活或工作中会过多思考的问题。人们对待公司就像对待交通系统的运作原理一样，只是简单默认它们的存在会让社会更加有序而美好。但对于本书即将展开讨论的公司金融来说，公司既是承载它的主体，又是讨论研究的意义所在：正是公司这种组织形式的存在与发展赋予了公司金融这一研究领域源源不断的生命力。所以这里不妨先花一点时间讨论一下：什么是公司？如何理解这种生产组织形式？

显然，生活在21世纪的现代社会公民能够脱口而出各种公司的名字，因为其衣食住行的各项活动基本都离不开各种公司的产品：早上被华为手机的闹钟叫醒，穿着耐克或者安踏的运动鞋出门，喝农夫山泉的矿泉水……可以说，现代人的生活就是众多公司产品交织下的投影。但这在以狩猎采集为主要活动的原始社会以及当前世界上某些偏远的自给自足的村庄是无法想象的。在这些小型社会中，人们以家庭、族群为单位从事生产，并以相对简单的方式分配劳动成果。从本质上来说，以Windows操作系统起家的微软公司和结群狩猎的原始部落都是人类社会进行生产形成的组织形式，只不过前者是在现代更加复杂的市场经济中应运而生的。

在私有制和社会分工的市场经济下，实现资源配置主要依赖于价格机制：人们各自从事生产活动，通过交换获取自己所需要的产品。公司正是适应于这样的市场经济而不断地发展壮大。为什么这样说呢？可以引入春秋战国时期神匠鲁班造云梯的故事来加以理解。穷兵黩武的楚王想要建造云梯来攻打宋国，出高价求购云梯。但云梯的生产很难由鲁班单独完成，需要更多的人来承担测算、锯木头、拼接等工作。如果没有云梯制造公司的存在，这些承担不同工作的人就需要在市场上就自己的产品进行交易：搞测算的人得出产品所需求的具体参数，卖给锯木头的人，锯木头的人将锯好的零件卖给拼接的人……直到最后一位生产者把最终做好的云梯成品卖给楚王。在这一过程中的每一次交易，都需要买卖双方付出时间、人工或其他花费来协调中间产品的价格和数量，而这对于动辄上千道工序的现代工业品生产来说是无法接受的。后来，鲁班成立了一家公司，由公司直接和楚王的手下对接，并雇佣这些生产者进行生产。之前云梯生产流程上的交易被内化为公司内部的指令，省去了各方协调价格耗费的时间、人工等成本。这也就是诺贝尔经济学奖获得者罗纳德·科斯（Ronald H. Coase）的观点，即公司是一种替代市场进行资源配置的组织，它可以通过内部指令代替价格机制从而节省交易成本。

另外，公司在容纳了原来多个独立生产的同时，也一定程度上容纳了这些生产原先面对的风险。在没有公司的时候，零件市场上一次暂时的需求短缺就可能会使一些锯木头的生产者立刻承担损失甚至无奈退出市场；而大的公司可以通过零件存货渡过这次波动，生产云梯的员工也会受到劳动合约的保护而短期内不至于失业。但是，风险并没有消失而是集聚了起来。如果不能对市场上的供求不均做出适当调整，积压的存货会影响公司的资金周转，进而影响到其发展甚至生存，员工也会面临失业风险。

【案例1-1】拉夏贝尔的库存困境

拉夏贝尔是国内女装巨头，也是首家在港交所和上交所两地上市的服装公司，曾被类比为“中国版的Zara”，一时风光无限。然而，在快速扩张的同时，拉夏贝尔未能对行业需求遇冷等情况及时做出调整，因此库存规模快速上升，截至2019年6月30日，公司存货的账面价值已高达21.6亿元。为了降低成本，公司关闭了大量实体门店，2019年上半年实体店数量锐减2470家，平均每天关闭13家店铺。集聚的风险爆发后，给股东和员工都带来了巨大损失。

当然，很多其他经济学家也对公司本质提出了各种不同的理解，比如阿尔钦、张五常、威廉姆逊等，这里不一一详细介绍。

二、不同类型的企业

读者可能已经注意到，在前文的描述中，“公司”和“企业”这两个词并没有进行严格的区别，日常生活中大多数使用场景也不太注意对它们进行区分。但这两个词的内涵与外延其实并不相同，公司属于企业组织形式的一种。事实上，本节前面的内容是针对一般企业的本质进行讨论的，而并不是特指公司（当然，公司作为企业的一种也完全符合前文描述）。一般来说，企业的基本组织形式可分为独资企业、合伙企业与公司，这也与我国的法定分类一致。由于本书的主题是公司金融，因此在后面所有篇章的讨论中，除了一些固定表达（类似中小企业、企业债券等）以及需要特别区分的情形，都以“公司”作为讨论和表达的主体。

【专栏1-1】《财富》世界500强排行榜26年：中国企业的发展

说到企业规模，经常被人们讨论的一个头衔是“XX500强”。最初的说法是“全球500强”，现在已衍生出“全国500强”以及某区域500强等各种称号，入选“500强”一定程度上成为对公司实力、规模和规范经营的背书。其中，创立时间较长、知名度和可信度较高的当属《财富》（Fortune Magazine）杂志1954年推出的全球500强（Fortune Global 500）排行榜。

《财富》于1930年由美国杂志出版商亨利·卢斯（Henry R. Luce）创办，1954年，杂志根据当年各公司的总营业收入，对美国最大的500家工业企业进行了排名。1995年8月，榜单第一次覆盖到全球范围的工业企业和服务性企业。在信息交流远不如今日充分和迅捷的当时，这份榜单使得投资者、企业家以及各类金融机构得以对全球顶尖的企业有所认识。而通过对不司年份或不同行业榜单的纵向或横向比较，利益相关方可以简单了解到某些行业的兴起与衰落，以及业内公司从战略规划到业务模式、财务状况等方面的变化。其中，榜单按照国家的划分计数可以反映出某一国家或地区总体的企业群体情况，进而侧面反映出其经济发展的某些特点。

2020年《财富》世界500强排行榜上所有企业的营业收入达到33万亿美元，创下历史新高，接近中美两国GDP的总和。（也就是说，榜单上的500家公司一年创造的价值接近中美两国一年的总产出！）我国一度仅有个位数企业入选《财富》世界500强的评选。1995年，《财富》杂志第一次发布“世界500强”排行榜时，世界贸易组织刚刚成立，中国正开始深化改革扩大开放；到1997年，中国内地只有四家企业进入这个排行榜；2001年，中国加入世界贸易组织，当年进入排行榜的中国企业有12家，此后数量开始逐年迅速增加。2020年《财富》世界500强榜单上，中国内地与香港的企业以总计124家的数量实现了对美国（121家）的反超。其中，中国内地公司平均营业收入达到669亿美元，与上年相比有所提升。从横向比较来看，中国企业平均营业收入和平均净资产两项指标达到了《财富》世界500强的平均水平。迅速增长的背后是改革开放以来中国经济实力的不断发展提升。伴随着顶尖公司数量不断增加，我国逐渐拥有了更多掌握核心技术以及重大资源的企业群体，这一方面有利于我国总收入提升，另一方面能够造福本国的消费者，提高人民生活水平。

独资企业是最古老、最简单自然的企业类型，一人投资经营的企业就叫独资企业。例如，在建云梯的故事中，鲁班只需要通过简单注册，宣布“我要生产巧夺天工的云梯”，就可以成立自己的个人独资企业。新成立的公司由鲁班单独出资，收益独享，风险自负，即无论负债多少，鲁班都要以个人财产去偿还。自然，鲁班会努力经营，因为他没有动机去故意搞砸自己的生意。而鲁班去世后，企业也终止存在。

相比于即将介绍的其他企业，独资企业有着一定的优点。首先，由于经营安排简单，独资企业受政府规章的限制和监管都极少；另外，独资企业的生产经营所得按照我国法律规定缴纳经营个人所得税，这也是很多网红明星为了避税选择设立个人独资企业的原因。当然，作为硬币的另一面，独资企业的所有者对企业承担无限责任（与无限责任对应的是有限责任，即以出资额或所持股份为限对企业债务负有责任）。同时，企业所筹集的资金也只能来自所有者的个人财富，存续期也受限于所有者的生命周期。总体来说，独资企业更像是所有者个人资产的延续。

另外一种企业的组织形式是合伙企业。假如楚王看到了云梯生意的巨大商机，决定放弃攻打宋国而打算在云梯市场上分一杯羹，就可以与鲁班共同创办合伙企业。他可以选择和鲁班一起出资创办普通合伙企业，自负盈亏，因此需要费心经营，在这样的组织形式下，楚王就和鲁班一样与企业捆绑在一起。但楚王对云梯本身并不感兴趣，只是想借机分一些利润，于是，他们协商成立了一种特殊的合伙企业：有限合伙企业。在这种组织形式下，鲁班是普通合伙人，负责企业经营并仍旧承担无限责任；楚王是有限合伙人，不参与经营，所持有的企业权益可以转让，并以出资额为限承担亏损。由于合伙人增加，企业的规模也比鲁班的个人独资企业更大了。

合伙企业一定程度上类似独资企业，只不过不是由一人，而是由两个及以上的合伙人订立合伙协议，共同出资成立。同样，合伙企业受到的监管较少并就经营收入缴纳个人所得税。比起独资企业，合伙企业的资本来自于各合伙人的出资，来源更加广泛，因此企业规模也相对更大。对于普通合伙企业来说，合伙人企业份额的转让十分困难（需经所有合伙人同意），且需要对债务承担无限责任（除非因某一合伙人而造成重大损失，那么其他合伙人可就出资额承担有限责任）。为了方便引入资金支持，一种特殊的合伙企业发展了起来：有限合伙企业。这种合伙企业的合伙人被分为有限合伙人与普通合伙人，其中普通合伙人承担无限责任，同时参与公司运营管理；而有限合伙人仅仅承担与出资额相应的责任，在企业中的权益也可以出售转让。这种有限合伙的制度使得投资者可以在享受非公司企业自由的同时免除连带的无限责任，并保证了投资的流动性。此外，合伙企业也有利于保留优秀人才，实现长期稳定发展。

虽然成立有限合伙企业一定程度上实现了管理权和所有权的分离，但随着业务的进一步扩张，有限合伙企业的结构由于存在所有权转让困难等问题很难满足更大规模资金的引入，而无论是鲁班、楚王还是新引入的投资者都不愿意承担相应更大规模的无限责任，因此，合伙企业终究还是难以满足扩大生产的需求，需要引入新的生产组织形式——公司。最终，楚王直接成立了云梯制造有限公司，发工资和奖金雇佣鲁班作为管理层来经营，发生亏损时楚王最多损失其股份对应的金额。但对于鲁班来说，虽然他的任务是为楚王实现公司价值最大化，但实际上他可以打着提升公司形象的名义为自己购置豪宅良驹。因此，为了防止这种情况发生，云梯制造公司受到了楚国政府非常严格的监管。此外，公司还可以向楚国民众公开募集资金，更加广泛充足的资金来源满足了公司扩大规模的需求。

公司是最为重要的企业组织形式。从结构上来看，公司往往包含股东、董事会、管理层三类利益相关者。股东控制总体方向与政策；董事会成员由股东选举产生，对管理层进行任命；管理层则以股东利益为核心负责日常经营活动。与独资企业和合伙企业相比，公司的一大优点就在于其结构上所有权和经营权的分离，这是个人独资企业与合伙企业都无法实现的。这一特性给公司带来了股东所有权转让容易、存续期无限以及有限责任等好处。当然，公司这一组织形式也有其弊端，比如监管更严、成立时需要构建公司章程与规章制度等。此外，公司还面临着“双重征税”，即公司本身就经营所得缴纳过税费后，股东还需对分红缴纳个人所得税，这是另外两种企业不会遇到的问题。在我国，法定的公司类型包括有限责任公司与股份有限公司，前者只能由发起人集资，而后者还可以公开募集资金，其设立也更加严格复杂，需要依法进行与经营有关信息的披露。

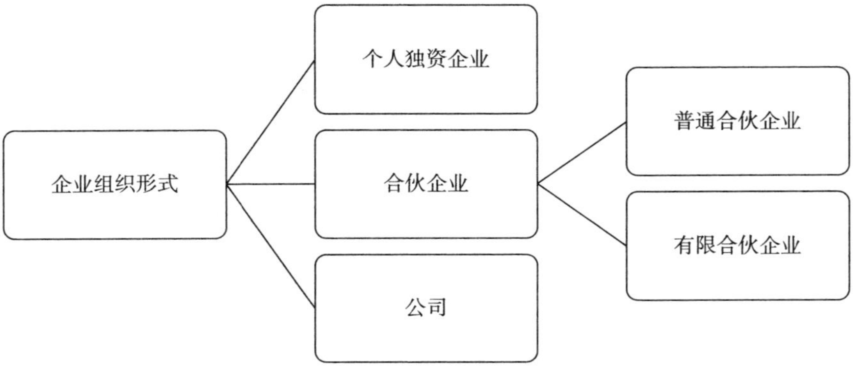

图 1.1　不同类型的企业

【专栏1-2】投资银行：从合伙企业到公司

由于合伙企业的经营者同时也是企业所有者，且承担无限责任，因此有很强的激励对企业保持忠诚，也能够自我约束控制风险。此外，有限合伙制的安排在保证有限合伙人权益一定流动性的同时，也能够激励优秀人才努力工作（业务骨干有机会成为新合伙人）。这些特性使得合伙企业一度成为投资银行这类对风险和责任有较高要求的组织的偏好，诸多知名投行如美林（Merrill Lynch）、高盛（Goldman Sachs）等都曾以合伙企业为组织形式。

然而，随着规模的扩张以及业务形式的变化，原有的合伙企业形式开始难以适应新的时代，各大投行纷纷改组成为股份有限公司。这种改组主要受补充资本金的压力推动，而且在各类杠杆盛行的金融市场上就债务承担无限责任对于合伙人来说也是难以承受的。1998年8月，华尔街最后一家保留合伙制的投资银行高盛决议改组成股份有限公司，就此结束了合伙制投资银行的历史。

读者可能会感到三类企业的各种特点略显杂乱，无所适从。在此不妨占用一点篇幅来重新审视不同类型企业的设立。其实，前文介绍的所有特点都可以从企业的基本属性之一——设立方式出发，去联系和理解。某种意义上，这些特点是企业设立方式在不同方面的自然延伸。对于个人独资企业或者普通合伙企业，经营权与所有权相统一，因此需要所有者对自己的经济活动负责，也就是对债务承担无限责任，企业权益的流动性很低；而由于所有者本身需要承担无限责任，没有动机做出不理性或不负责任的行为，也就不需要十分严格的监管；税收方面，由于独资企业和合伙企业更像是所有者资产的延续，不具有法人资格，经营所得也只需缴纳个人所得税。同理，对于公司制企业，由于股东和管理层这种结构导致的经营权和所有权分离，所有者很多时候并不参与公司经营，也就不需要对公司的经济活动承担无限责任，只需就出资额承担有限责任，其在公司的权益也具有较好的流动性；由于很多时候经营者并不拥有公司，所以有动机做出偏离股东利益最大化的决策，其面临的监管也就相对严格，特别是募集公共资金的股份有限公司；税收方面，公司作为吸收股东资金形成的独立法人，比个人独资企业和合伙企业多缴纳企业所得税。

第二节　了解公司金融

一、什么是公司金融

（一）钱去哪儿了：公司的投资决策

本章上一节对公司的本质以及企业的分类进行了简单探讨，本节将进一步聚焦讨论公司金融，包括什么是公司金融，公司金融的目标等问题。

作为公司的管理者，鲁班管理公司的经营活动可以大致分为两类，一是投资决策活动，二是融资决策活动，公司的所有决策基本围绕这两种活动进行。因此，公司金融主要聚焦于公司的投资决策、融资决策及其他相关问题，如估值、利润分配、并购和破产等。在正式讨论之前，这里将沿用鲁班和楚王的故事对这两大问题进行简单介绍，之后各章节还会详细介绍。

首先，鲁班面临的第一大问题是公司如何进行投资决策。投资，可以简单理解为以当前资金换取未来现金流，投资者追求大于当前资金数量的未来现金流。投资决策是公司经营活动核心问题之一，投资决策关系到云梯公司未来命运及楚王、鲁班等利益相关者的收益。投资成功意味着楚王、鲁班等获得回报，而投资失败则会导致云梯公司负债累累甚至破产。投资活动如此重要，以至于鲁班不得不谨慎考虑公司的投资决策。

但是投资都有风险，几乎不存在只获得收益而不承担风险的投资，因此鲁班进行投资时必然面临收益与风险的权衡问题。鲁班应该如何决策？既可以选择于特定收益下最小化投资风险，也可以选择在特定风险下最大化投资收益，正如公司利润最大化与成本最小化一样，二者具有等价性。

风险和收益是每位管理者必须考虑的因素。对于毫无投资经验的管理层而言，平衡风险和收益极为困难，那么鲁班应该如何做呢？一般可以分为以下三步。一是投前调查。正式决策前，鲁班需要进行详细的投前调查，包括法律尽职调查、财务尽职调查、商务尽职调查及其他尽职调查，尽可能了解云梯项目的成本、收益和风险，综合判断云梯项目投资可行性。另外，鲁班可以通过项目估值来辅助决策，相应投资决策指标包括净现值、内部收益率、回收期等方法，后面章节将对此展开详细介绍。二是投中管理，包括云梯项目持续跟踪、定期了解项目运营情况及计划改进等。三是投后反馈，即项目退出后分析总结，为后续投资决策提供经验教训。公司金融主要聚焦于投前调查中的项目估值、成本分析问题，其余问题不是本书重点，因此不详述。

【案例1-2】马斯克的飞船又炸了

对公司项目的投资是一项需要非常谨慎考虑的管理活动，特别是像电动汽车或重型火箭这样投入巨大、回报高度不确定的项目，需要格外的战略眼光和勇气来做出投资决策。这样的项目，一次实验失败就可能会亏损掉巨额的股东权益，葬送公司的前程；而投资的潜在收益同样巨大，产品成功推出能够将公司带到行业顶尖位置，做出一般公司难以想象的成就。

随着特斯拉（Tesla）这一电动汽车品牌在国内越发流行，其创始人埃隆·马斯克（Elon Musk）的经历也被越来越多的人所熟知。从贝宝（Paypal）到特斯拉和太空探索技术公司（SpaceX），马斯克的每一家公司都取得了惊人的成就，他本人也由于洒脱自信的态度和以技术改变世界的理念被誉为“现实版的钢铁侠”。其中，SpaceX是一家成立于2002年的商业航天公司，在美国国家航空航天局（NASA）的大力扶持下，短短十八年间以一家公司而非公共组织的身份跃升至全球各大航天机构的前列，实现了重型火箭发射、一级火箭的发射回收再发射、载人飞船的运送等重大技术突破，开启了“星链”（Starlink）低轨卫星互联网布局，在部分领域达到了世界领跑水平。特别的是，SpaceX作为一家主要关心利润的公司，实现了比大部分国家直属航天机构更出色的成本控制，为以后更大规模太空事业的推进铺设道路。

但成本控制更出色并不意味着马斯克是一个保守的项目投资决策者。恰恰相反，从特斯拉到SpaceX，马斯克最不缺的就是大胆激进的研发和不断的“烧钱”实验。无论是纯电动汽车还是运载火箭，每一款产品成功的背后都有着多次失败的测试。据马斯克本人表示，最夸张的时候特斯拉离破产只差一次失败的实验，幸亏这场生死攸关的实验不负众望达到了预期效果，特斯拉也得以存活下来继续发展，为消费者提供后来的各种精彩产品和服务。对于实验，马斯克一向的态度都是从失败中不断吸取经验，努力学习成长。因此，虽然SpaceX一度成为航天器发生爆炸次数最多的机构，但也正是这样的快速学习和成长，使得这家年轻的公司拥有了足以媲美大国航天机构的实力。

当地时间2020年12月9日，经历两次紧急中止后，美国太空探索公司SpaceX的最新飞船“星舰”（Starship）SN-8原型机于得克萨斯州南部进行了试飞。但由于燃料箱压力低，“星舰”在着陆时爆炸，现场爆发巨大火球。科技媒体网站The Verge称，“星舰”保持水平降落，并且在着陆之前，飞船重新点燃了引擎。但由于飞船速度太快，最终还是爆炸了。对此次着陆失败，马斯克本人表现得十分乐观与兴奋，甚至在社交媒体上连发几条动态，以庆祝收集到了所需要的数据，并对团队表示了祝贺。

（二）钱从哪儿来：公司的融资决策

经过一番深思熟虑后，鲁班已经做出了合理的投资决策。但是他现在又面临另一个困扰：该怎样为这项投资活动筹集资金呢？融资问题是鲁班经营公司面临的另一核心问题，因为只有获得了充足的资金，云梯公司投资计划才能付诸实践。

就融资途径而言，鲁班可以通过三种方式为公司融资。一是股权融资。股权融资是一种外部融资方式，是指公司通过发行股票融资，包括公开发行股票与定向增发，二者主要区别在于公开发行股票的受众是普通大众，而定向增发只针对特定投资者发行股票，如战略投资者。二是债权融资。债权融资同样是一种外部融资方式，包括债券融资和借款融资。债券融资是指公司通过发行债券的方式筹集资金，借款融资则是通过向银行及其他金融机构借款进行间接融资。三是内部融资。通过股东自有资金或未分配利润，鲁班同样可以为公司筹集投资资金。理论上来说，内部融资的资金成本更低，但是通过这种方式筹集的资金额度有限，故公司一般需要进行外部融资。

为什么鲁班要在三种融资方式中进行选择呢？因为不同融资方式成本不同，对公司价值影响也不一样。就融资成本而言，内部融资不需要经过审批机构层层审批，也不需要向发行机构支付融资费用，因此其融资成本最低。另外两种融资方式中，债权融资下债权人一般会获得固定利息，收益较为固定而面临风险较小，而股权融资下股东收益与公司经营状况相关联，面临风险相对较高，因此公司需要承诺给股东更高的收益率，股权融资成本一般高于债权融资成本。就对公司价值影响而言，理论层面认为股权融资与债权融资对公司价值影响是不一样的，其中以MM理论为代表。该理论认为在无税情况下，二者对公司价值影响无差异，而在考虑公司所得税时，二者对公司价值影响存在差异。这一问题将在融资部分详细介绍。

【案例1-3】贝尔斯登公司的扩张与破产之路

美国次贷危机爆发之前，多数金融机构可能预料不到自己会被这场“金融海啸”席卷而成为昔日辉煌，贝尔斯登公司（Bear Stearns Cos.，以下简称贝尔斯登）就于这次金融危机中暗淡退场。贝尔斯登曾是一家总部位于纽约的金融服务公司，因其超强盈利能力而被人津津乐道，2003年还一度超越高盛集团（Goldman Sachs）

和摩根士丹利（Morgan Stanley）成为全球盈利最丰厚的投资银行。在美国新自由主义宽松货币政策的大环境下，贝尔斯登如同大部分公司一样开始狂热追求扩大自身资本市场的业务规模，多次举借债务进军美国当时红透半边天的次贷市场，负债规模从2765亿美元急剧扩张至3303亿美元，上涨幅度达到19.5%。次贷危机爆发之前，快速扩张的资本市场业务确实给贝尔斯登带来了高额利润回报，单是2006年其资本市场净收入就高达73亿美元。然而财务杠杆是一把双刃剑，急剧扩张的债务规模也为贝尔斯登后续发展埋下巨雷。2006年开始，美国房地产价格急转直下，次级贷款人还款压力增大，违约现象频发。由于贝尔斯登75%的业务依赖于次贷市场，次贷危机爆发后，贝尔斯登主营业务遭遇巨大亏损，而这种亏损又被财务杠杆数倍放大，2007年其单季度亏损达到15亿美元，经营性现金流量枯竭。一时之间，贝尔斯登破产传言四起，2008年3月，其欧洲最大合作伙伴荷兰合作银行（Rabobank）宣布不再为贝尔斯登提供贷款，其他合作伙伴也纷纷抽走资金。尽管贝尔斯登试图通过出售资产、发行新股和债券、开发新业务缓解现金流压力，但是这些努力无疑是杯水车薪，万般无奈下，贝尔斯登只好申请破产，于2008年3月底被摩根大通集团（J.P.Morgan Chase & Co）收购。

二、公司金融的目标

（一）如何确定目标

在对公司金融有了基本了解之后，一个问题自然而然地浮现出来：研究公司金融的最终目的是什么呢？思考这个问题是必要的，因为它是本书的出发点，也是展开之后研究内容的基本原则。从这个问题出发，我们将以各种决策为切入点，展开本书的讨论。当然，有一个明显的答案是：让公司赚更多钱或者产生更大价值。但正如本章第一节所说，公司只是一个从事生产或提供服务的组织，把“让公司赚更多钱”作为最终目标似乎并不合适；此外“赚更多钱”或“产生更大价值”这样的表述也未免模糊，难以清晰界定。所以，我们需要一个足够清晰且易于度量的定义。

在公司金融这一领域，通常的目标设定包括：让公司生存得足够久；超越市场上的竞争对手；成本最小化；利润最大化等。这些想法看似很有道理，然而对于公司金融所涉及的管理活动来说，它们都存在一定问题，下面一一来看。

①让公司生存得足够久。确实，财务困境乃至破产会给公司带来成本，但对于一位足够积极努力的首席财务官（CFO）而言，保持公司不破产这一目标未免要求过低，而且保持公司长期存续也未必是每一位所有者的终极希望，他们中的很多人似乎对获得收益更有兴趣。

②超越市场上的竞争对手。很多企业家都会表示，他们有占据足够多的市场份额、成为行业龙头的追求。但这更多关乎实际生产运营以及管理层的梦想：管理运营的鲁班可能非常希望做成七国最大的云梯制造公司，但只想通过分红来盖更大行宫的楚王不一定会有这样的想法。同时，这一目标也并不一定符合公司利益：一家公司的管理层可能通过价格战等恶性竞争来赶跑资金不足的竞争对手，但这样快速激进的做法也会给公司自身带来难以承受的压力。

③成本最小化。从经济学的角度，成本最小化意味着在同样产出下达到最低投入，反过来也就意味着在同样投入下达到最大产出。但如果公司面临的不是完全竞争市场（实际上也往往不

是），在现实中各种复杂因素的影响下，更多的产出并不意味着更多的收入或利润。

④利润最大化。既然成本最小化不适合作为最终目标，利润最大化总可以了吧？对于逐利的股东来说，这看上去足够合理。但是很遗憾，利润的最大化可能伴随盲目短视、规划不足的问题：如果用劣质的原料来建造云梯并开除打磨新工艺的雇员，鲁班可以很容易地实现当期利润最大化，但从长期经营看这显然不符合财务管理应有的目标。除此之外，通过盈余管理以及重组等方式可以快速实现短期内公司利润的大幅提升，但这也并不代表公司在经营方面做得很好。

既然这些都不是足够好的目标，那最合适的目标又该如何找到呢？这就需要以真正重要的人，也就是所有者的视角来考虑。对于公司所有者来说，什么是最好的决策呢？很显然，公司所有者或者说股东真正关心的是自身权益价值，也即所持每股股票的价值。这样，问题也就有了答案：对公司所有者来说，最好的决策能够最大化现有股票价值。`进而，公司金融的目标也就有了定义：最大化现有股票的每股价值。

【案例1-4】星巴克的天价奖金

2019年12月9日，星巴克（Starbucks）发布公告表示董事会通过批准了一份一次性长期绩效奖金方案。该方案主要针对现任CEO凯文·约翰逊（Kevin Johnson）、首席运营官罗萨琳德·布鲁尔（Rosalind Brewer）等公司高级管理者，董事会希望通过提供常规薪酬计划之外的奖励机会，激励其至少在未来三年内留任并达到实现强劲业绩的目标。这一方案很好地体现了股票价值作为公司金融目标对管理层业绩的衡量。

奖项的目标金额分别为2500万美元与500万美元，发放条件参考星巴克股票相对于标普500指数的表现。如果在截至2022年9月30日的三个财年内，星巴克股票的回报率跑赢了65%的标普500成分股公司，管理层将获得100%的特别奖金；如果超过了至少80%的标普500成分股公司，将获得200%的特别奖金。当然，若回报率较低，比如一旦星巴克股票收益率低至标普500公司的后40%，这笔奖金将直接被取消。这种附带条件的奖金激励成功地将管理层的目标与股东的目标连接在了一起，或者至少使股东权益成为管理层考虑的首要问题之一。

另外注意，影响到公司股价（股东权益）的因素很多，例如宏观经济、政策导向、行业市场变化、竞争者、投资者情绪等。这种奖金激励忽视了管理层努力程度之外的其他所有因素，这也相当于让管理层接触到了这些其他方面的风险，促使其在做决策时考虑得更加周全。

可能读者会觉得最大化现有股票每股价值这个目标过于浅显而直白，但它实际上解决了之前那些目标都没能解决的问题。首先，它回归了最终的考虑对象——公司股东。公司虽然可以作为法人，但它归根结底只是一个从事生产的组织，服务于其所有者的权益，因此其在市场上的千秋万代、所向披靡并不适合作为目标和出发点。当然，也不必觉得这个目标太过逐利和肤浅。一方面，公司管理层在为股东实现股票价值最大化的同时，很大程度上也有益于公司提高生产或服务的质量和效率，社会整体福利随之提升；另一方面，股东对应于公司的剩余索取权，也即在扣除公司的员工、供应商和债权人应得后的剩余价值才归属于股东。换言之，为股东实现了每股价值最大化的同时，也保证了员工、供应商以及债权人等公司关联者的利益。

其次，股价不仅反映了公司现有的价值，也反映了股票投资者对于公司未来收益的预期，也就是说以每股价值最大化作为目标兼顾了关于短期和长期的决策。前面关于公司生存更长、利润最大化等目标都忽视了短期决策和长期决策冲突的问题，但股价成功地将二者统一了起来。

最后，作为一个公司管理层的目标，股价清晰明确而易于观察。在后面的讨论中，本书还将会涉及各种财务指标和模型，如果目标定义模糊且难以度量，便可能会迷失在其中不知所措。而且对于上市公司而言，股票在二级市场交易流通，价格在交易日内随时更新，观察结果有很好的时效性，远超成本、利润等这些按季度更新的财务数据。

（二）更仔细的讨论

现在，重新回到云梯的故事。假如有一天鲁班的好朋友墨子前来楚国拜访他，得知此事的楚国投资者们纷纷担心墨子会劝说鲁班放弃建造战争武器，于是争相抛售云梯公司的股票，一时股价大跌。但事实上，墨子拜访之意仅在叙旧，并未和鲁班提及任何云梯相关之事，因此云梯公司的未来发展前景没有发生任何变化。显然，这样的波动并不意味着鲁班在公司运营上没有按照股价最大化的目标去努力。鲁班仍然做好了努力最大化股票价值的工作，但这一价值是股票的内在价值，这与市场价值的短期波动并不矛盾。

内在价值由公司管理层决策、经济环境、税收、政治气候等因素决定，是一个长期的概念；而市场价值是短期内投资者在市场上交易形成的，很大程度上由投资者对这些因素的感知和认识决定。由于信息不对称和分析能力有限，投资者的认识往往会与真实情况产生偏差，再加上股票市场上存在“追涨杀跌”等不理性行为，股票的市场价值往往不同于内在价值。对于股票市场上的投机者而言，市场价值非常重要；但对于本书聚焦的财务决策者来说，更应该关注公司的内在价值，即使短期内可能会与市场价值有所偏离。

当然，并不是所有的公司都有可交易的股票。这就意味着需要将目标扩展为“最大化现有股东权益的市场价值”，这样，无论是否为公开上市的股份有限公司，都可以应用这一目标来辅助决策。

在关于公司金融目标的讨论最后，我们再次回到云梯的故事里来讨论一个相对宏大的话题：除了公司股票价值以外，真的没有更多需要关注的目标了吗？显然，建造云梯需要大量的优质木材，鲁班和楚王的公司每年都要开采砍伐大量公用土地上的森林。尽管开采的一切流程都符合法律条文，但森林的消失仍然给楚国的生态造成了很大的影响：物种多样性削减、水土流失、旱灾频发……这些代价由楚国的百姓一起承担，但他们并没有从云梯公司中得到好处，一时间怨声载道。这就涉及了公司社会责任（CSR）方面的议题。随着现代公司业务涉及范围越来越广，对社会的影响越来越大，一种呼吁公司为更多受众考虑的声音开始出现，也就是公司决策应该基于利益相关者（stakeholder）而不仅仅是股东（stockholder）的利益最大化。这里的利益相关者就包括关心生态环境的楚国政府，他们可能会试图对公司造成影响。但本书讨论的公司金融不涉及这方面的研究讨论，而仍以公司股票价值最大化为目标。

【案例1-5】环保领域的公司社会责任——蚂蚁森林的绿色公益

环保事业是公司承担社会责任的重点领域之一，支付宝蚂蚁森林公益项目便是其中一个优秀案例。按照蚂蚁森林的产品设定，用户在线上每成功种下一棵树，蚂蚁金服就会在荒漠化地区种下一棵真树。

根据生态环境部“环境与经济政策研究中心课题组”发布的《中国人低碳生活报告》，截至2019年8月底，5亿中国人在蚂蚁森林上坚持“手机种树”种下了1.22亿棵真树，实现碳减排792万吨。支付宝和中国绿化基金会、阿拉善SEE基金会、亿利公益基金会、阿拉善生态基金会等公益合作伙伴一起，在内蒙古阿拉善、鄂尔多斯、巴彦淖尔、通辽和甘肃武威、敦煌等地区种植及养护了1.2亿棵真树，种植总面积超过140万亩，预计控沙面积超百万亩。

（三）委托—代理问题的考虑

读到这里，读者可能会注意到本书已经讨论了相当多的关于股东权益的问题。确实，作为公司本身的所有者，他们在公司金融这一领域值得这么多关注；但同时也应该注意到，在讨论公司金融管理的时候，本书所代入的角色并非公司的所有者，而是公司的管理者，或者更具体地说，公司金融的决策者（如首席财务官等）。这样的差异引致了另一个十分值得深究的问题：财务管理者为什么要按照合约的规定去帮助股东实现权益最大化呢？作为公司金融的管理者，有相当的权力对公司的资金进行配置，那么为什么不按照对自己生活最有利的方式进行配置呢？比如用公司资金给自己发丰厚的年终奖，置办奢华的办公室，请私人厨师准备工作餐……事实上有些公司管理层也确实是这样做的。当然，一定程度上给自己提供尽量舒适的生活以及对外营造高端的公司形象可以理解，但显然管理层在没有约束的情况下会产生把所有的资金都用于个人享受的动机。为了防止这种不利于公司、不利于股东的事情发生，所有者需要对管理层进行一定的限制约束，这就是所有权和经营权分离导致的委托－代理问题。如果第一次听到这个名词可能会觉得陌生而拗口，但就像本章开篇所说，委托－代理问题和中国传统封建王朝千百年来纠结的一个问题在本质上是一致的——君权与相权。对公司来说，所有者像皇帝一样拥有控制权，管理层像宰相等文官班子一样进行日常管理，如果没有制约，很容易出现魏忠贤、和珅这样有害于整个组织的管理者。

那么股东会采取什么样的手段来制约管理层呢？首先是支付方式的设定，就像前面提到的星巴克的例子，管理层的奖金收入往往和绩效挂钩，这也给了他们努力最大化股东权益的激励，方式包括附带条件的激励奖金、雇员期权等。其次，股东可以通过审计等尽可能详尽的监管方式来防止管理层对资金的滥用。最后，当一切难以协调，股东总还是可以对管理层进行罢免或更换。

有了这些方法后，股东们就一定能够防止管理层不遵守合约目标了吗？在云梯的故事里，假如秦国看中了云梯业务，提出以两倍的价格收购公司，对于只考虑收益的楚王来说这是很好的交易；但一旦收购完成，鲁班将会失去工作（秦国有自己的管理人才），所以他会用一切方法阻止交易达成。或者换过来说，假如楚王不愿意交易，因为秦国有了生产云梯的能力后将成为巨大的军事战略威胁；但秦国许诺鲁班收购后可以保留工作并获得两倍的薪水，那么鲁班就非常有动机促成交易。所以说，尽管股东可以通过各种方式激励管理层为最大化所有者利益而奋斗，但出于某些原因（如避免失业、保持工作独立性、稳定等），管理层还是有牺牲股东利益的动机。不过在本书范围内，若无特殊说明，还是会以一位兢兢业业的管理者的角度去考虑问题及做出决策，也就是说最大化股东权益仍是唯一最终目标。

三、主要内容结构

正如上一节最后所指出的那样，本书将以一个拥有良好职业道德的管理层的视角来展开讨论。之前介绍了公司金融的主要内容，下面就来初步认识一下作为管理层，主要需负责考虑哪些财务相关的决策，以及本书是如何就此展开的。

总体来说，管理层所承担的责任主要在于资金引入、配置与分红等不同阶段的各方面决策。首先，公司运营需要投资项目、分配资金，这就涉及投资决策、价值评估以及对风险和收益的衡量；而投资所需的资金需要从外部以股权、债权等形式融入，这就涉及公司的融资决策以及资本结构，即如何决定不同方式融资的比例。投入的项目盈利后，公司会产生利润，进而又需要决定如何分配利润。最后，公司还可能面临财务困境与破产的问题，由此引出了对外的合并收购等问题。管理层选择合适的资金来源，尽可能精细地将资金输送到那些最有效率的项目上，并在取得收益后进行合理的分配，这种类似心脏传送血液的运作方式为公司保持了生生不息的活力。

本书结构同样按照这样的逻辑展开：作为铺垫，第二章介绍财务报表这一不可或缺的工具与伙伴；第三章从原理上讨论价值与投资；第四章承上探讨对资产的估值。第五章开始，本书将正式开始讨论公司金融相关的管理活动：第五章介绍公司的投资决策；第六章介绍公司的融资决策；第七章讨论经营所得成果的分配。最后，本书第八、第九章还将介绍财务困难、并购重组等不属于日常活动的内容。每一部分的内容都将以案例为主展开讨论，尽量避免因数字或公式太多而带来混淆。图1.2展示了本书主要内容的结构关系。

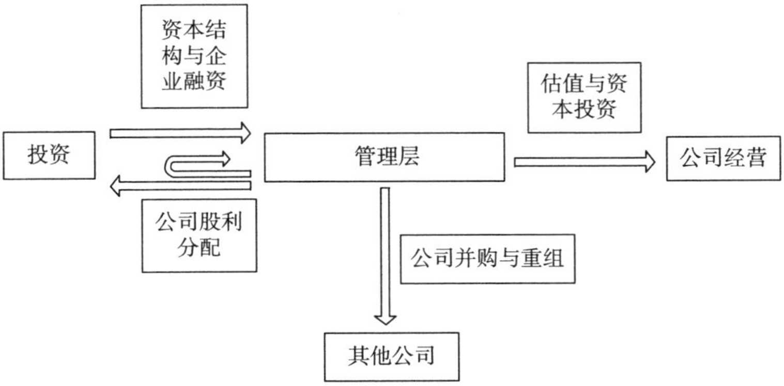

图 1.2　主要内容结构关系

本章总结

公司是现代经济生活中不可或缺的主体，为人们的衣食住行各方面提供所需的产品或服务，投影出缤纷繁复的现代化生活。本质上公司是一种进行社会化生产的组织，根据科斯的观点，公司以内部指令的方式代替市场进行资源的配置，节省了交易成本，提升了产品的生产效率。在私有制与社会分工的情况下，公司的存在有利于社会产出的增加与生活水平的提升。本章首先介绍了不同的企业类型，从相对最小、最早出现的个人独资企业，到普通合伙企业、有限合伙企业以及公司，概述了不同类型的企业设立上的优缺点。

在对公司有了基本了解之后，本章便开始切入公司金融这一主题。借助资产负债表，可以依据资产的来源将公司金融的主要内容划分为长期投资活动、长期融资活动以及净营运资本管理三大类。一方面，公司需要考虑项目是否值得投资以获得未来的收益；另一方面，公司需要考虑如何募集资金，使用股权、债券还是其他金融工具以及各自的比例。同时，为了保证短期内现金流的匹配，公司还需要在营运中对流动资产和负债管理加以重视。接下来，本章讨论了公司金融管理的目标应该是什么，在排除了很多看似合理的答案后，得到“最大化股东权益”这一易于观察衡量且与背后的所有制一致的目标。在这个目标的指导下，管理层将做出各项财务上的决策，这就又涉及是否能够遵循这一目标的“委托—代理”问题。本章的最后确定了本书剩余部分的安排。

第二章
财务报表：最好的伙伴

安然公司（Enron Corporation）于1984年在美国注册成立，是当时一家名不见经传的天然气经销商公司。而后它的发展犹如坐上了火箭，短短15年时间就逐步发展为世界上最大的天然气采购商和出售商，创造了一个又一个神话，成为与通用电气公司（General Electric Company）、埃克森美孚（Exxon Mobil Corporation）、荷兰皇家壳牌集团（Royal Dutch Shell Group of Companies）等百年老店平起平坐的一代商业传奇。从1990年到2000年10年间，安然公司的销售收入从59亿美元飙升至1008亿美元，净利润从2.02亿美元上升至9.79亿美元，成为众多机构投资者追捧的投资对象。然而这一切是如此之短暂，当安然公司公布其2001年第三季度报表时，亏损的财务报表在市场上引起一系列连锁反应。同年10月22日，美国网络流传出一篇关于安然公司与另外两家公司存在大量关联交易的文章，此篇文章曝出安然公司通过两家公司举债34亿美元而并未在财务报表中进行披露。这引起了美国证券交易委员会的注意，要求安然公司主动提交其关联交易细节材料，并于10月31日对安然公司开展正式调查。安然公司财务造假逐渐浮出水面，它承认从1997年到

2001年四年间虚报利润共计5.86亿美元，并且未按规定将巨额债务入账。至此，安然这个曾经辉煌一时的能源巨头完全崩塌。

虽然公司披露的财务报表存在财务造假的可能性，但是毫无疑问，财务报表仍是投资者了解一家公司经营状况最重要的信息来源。这也就是本章的主题——认识公司的三大财务报表。

第一节　关于财务报表

一、资产负债表

（一）初识资产负债表

财务报表是了解一家公司的财务情况、经营成果和现金流量最常见最直接的方式。财报三大表包括资产负债表、利润表和现金流量表。这三张报表是公司股东或管理层了解一家公司经营状况的基础工具，也是投资者等利益相关方判断公司状况时最好的伙伴。

资产负债表是以某一日期为结点、对这一时刻公司财务状况的概述，也是了解公司经营状况的最直观方式之一。资产负债表由三部分构成：资产、负债以及所有者权益。“资产=负债+所有者权益”是资产负债表中的永恒等式，也是编制该表的最基本原则。简单来说，可以理解为负债和所有者权益构成了资产的来源。不同公司的资产负债表都会有或多或少的差别，各个部分具体包含的科目由公司的实际经营活动决定，下面主要介绍资产负债表重要的共性问题。

表2.1是一家真实的中国科技公司2015~2019年的资产负债表。可以看到，该表基本符合本书第一章简单介绍的资产负债表的大体结构，按照流动性大小，即资产变现能力、负债及所有者权益偿付能力强弱，将资产分为流动资产、非流动资产，负债分为流动负债、非流动负债。和第一章中介绍不同的是，负债与所有者权益处于资产类科目的下方而非右侧，但其之间的对应平衡并不发生改变，从表中也可以看出资产合计与负债及所有者权益合计的数字对应相等。

表2.1　　某科技公司资产负债表（2015~2019年）　　单位：亿元

	2019-12-31	2018-12-31	2017-12-31	2016-12-31	2015-12-31
报告期	年报	年报	年报	年报	年报
报表类型	合并报表	合并报表	合并报表	合并报表	合并报表
流动资产：					
货币资金	38.29	24.01	26.44	25.40	26.45
交易性金融资产					
衍生金融资产					
应收票据及应收账款	53.08	35.92	26.46	18.27	14.47
应收票据	2.21	2.02	0.93	0.30	0.18
应收账款	50.87	33.89	25.52	17.98	14.30
应收款项融资					
预付款项	1.45	0.25	0.41	0.54	0.17
其他应收款（合计）	4.08	3.42	3.19	2.85	1.32
应收股利	0.01	0.00	0.00	0.00	
应收利息					
其他应收款	4.06	3.42	3.19	2.84	1.32
买入返售金融资产					
存货	8.26	10.40	8.90	6.04	3.13

续表

	2019-12-31	2018-12-31	2017-12-31	2016-12-31	2015-12-31
其中：消耗性生物资产					
合同资产					
划分为持有待售的资产					
一年内到期的非流动资产	1.11	2.98	2.98	0.47	
待摊费用					
其他流动资产	8.03	0.65	4.04	1.75	2.14
其他金融类流动资产					
流动资产差额（特殊报表科目）					
流动资产差额（合计平衡项目）					
流动资产合计	114.30	77.62	72.43	55.33	47.67
非流动资产：					
发放贷款及垫款					
以公允价值且其变动计入其他综合收益的金融资产					
以摊余成本计量的金融资产					
债权投资					
其他债权投资					
可供出售金融资产		4.37	3.98	2.99	2.49
其他权益工具投资					
持有至到期投资					
其他非流动金融资产	6.48				
长期应收款	6.83	6.37	5.36	2.79	0.56
长期股权投资	4.22	3.79	3.17	2.89	2.43
投资性房地产	2.02	0.21	0.20	0.20	0.21
固定资产（合计）	20.01	19.07	14.54	10.60	8.58
固定资产	20.01	19.07	14.54	10.60	8.58
固定资产清理					
在建工程（合计）	1.36	2.82	1.95	2.71	1.98
在建工程	1.36	2.82	1.95	2.71	1.98

续表

	2019-12-31	2018-12-31	2017-12-31	2016-12-31	2015-12-31
工程物资					
生产性生物资产					
油气资产					
使用权资产					
无形资产	20.51	16.25	11.33	10.71	6.50
开发支出	7.39	6.26	5.58	2.91	2.56
商誉	11.21	11.22	11.22	11.26	4.94
长期待摊费用	1.65	1.39	0.35	0.14	0.11
递延所得税资产	4.97	3.31	2.70	1.35	1.05
其他非流动资产	0.06	0.34	0.59	0.26	4.82
非流动资产差额（特殊报表科目）					
非流动资产差额（合计平衡项目）					
非流动资产合计	86.71	75.40	60.98	48.81	36.23
资产差额（特殊报表科目）					
资产差额（合计平衡项目）					
资产总计	201.01	153.03	133.40	104.14	83.90
流动负债：					
短期借款	7.33	7.17	4.21	3.06	2.22
交易性金融负债	0.03	0.00			
衍生金融负债					
应付票据及应付账款	30.88	21.63	13.53	9.13	7.69
应付票据	10.47	2.91	2.93	2.97	2.00
应付账款	20.41	18.72	10.60	6.17	5.69
预收款项	8.68	7.74	7.24	4.71	2.25
合同负债					
应付手续费及佣金					
应付职工薪酬	5.46	4.61	3.57	2.30	1.20
应交税费	3.14	2.60	2.62	1.44	0.63
其他应付款（合计）	11.77	12.77	13.79	4.57	2.01

续表

	2019-12-31	2018-12-31	2017-12-31	2016-12-31	2015-12-31
应付利息	0.02	0.04	0.01	0.01	
应付股利					
其他应付款	11.75	12.73	13.78	4.55	2.01
划分为持有待售的负债					
一年内到期的非流动负债	0.30	1.10			
预提费用					
递延收益一流动负债					
应付短期债券					
其他流动负债	1.06	0.51	0.00		
其他金融类流动负债					
流动负债差额（特殊报表科目）					
流动负债差额（合计平衡项目）					
流动负债合计	68.66	58.13	44.95	25.21	16.01
非流动负债：					
长期借款	3.98	3.67	4.61	3.71	0.37
应付债券					
租赁负债					
长期应付款（合计）					
长期应付款					
专项应付款					
长期应付职工薪酬					
预计负债	6.16	5.74	2.94	2.11	1.56
递延所得税负债	0.84	0.51	0.35	0.42	0.37
递延收益一非流动负债	4.02	2.85	1.03	0.50	0.35
其他非流动负债					
非流动负债差额（特殊报表科目）					
非流动负债差额（合计平衡项目）					
非流动负债合计	15.00	12.78	8.93	6.74	2.66

续表

	2019-12-31	2018-12-31	2017-12-31	2016-12-31	2015-12-31
负债差额（特殊报表科目）					
负债差额（合计平衡项目）					
负债合计	83.66	70.91	53.88	31.95	18.67
所有者权益（或股东权益）：					
实收资本（或股本）	21.99	20.93	13.89	13.15	12.87
其他权益工具					
其中：优先股					
永续债					
资本公积金	69.69	45.88	52.54	41.21	37.11
减：库存股	7.68	10.40	8.52		
其他综合收益	0.01	0.00	0.00	0.00	
专项储备					
盈余公积金	1.51	1.16	1.16	1.11	0.99
一般风险准备					
未分配利润	28.67	22.14	18.11	15.14	11.71
外币报表折算差额					
未确认的投资损失					
股东权益差额（特殊报表科目）					
股权权益差额（合计平衡项目）					
归属于母公司所有者权益合计	114.18	79.71	77.18	70.61	62.68
少数股东权益	3.17	2.41	2.35	1.57	2.55
所有者权益合计	117.35	82.12	79.53	72.19	65.23
负债及股东权益差额（特殊报表项目）					
负债及股东权益差额（合计平衡项目）					
负债和所有者权益总计	201.01	153.03	133.40	104.14	83.90
显示币种	CNY	CNY	CNY	CNY	CNY
原始币种	CNY	CNY	CNY	CNY	CNY

续表

	2019-12-31	2018-12-31	2017-12-31	2016-12-31	2015-12-31
转换汇率	1	1	1	1	1
汇率类型	期末汇率	期末汇率	期末汇率	期末汇率	期末汇率
税率	10.00	10.00	25.00	15.00	15.00
审计意见（境内）	标准无保留意见	标准无保留意见	标准无保留意见	标准无保留意见	标准无保留意见
审计意见（境外）					
调整原因					
调整说明					
公告日期	2020-04-22	2019-04-19	2018-03-29	2017-03-21	2016-03-15

对于后面即将介绍的关于资产、负债以及权益的各种性质，可以结合上表中的相关科目进行观察验证。

（二）资产

可以看到，一般资产部分都会按照流动性由高到低进行排序。可以说关注公司资产流动性，就是在关注公司资金链的稳定，也就是在保证公司生产经营循环正常进行的前提。毫无疑问，最具流动性的资产就是货币资金。除此之外，在表中还可以看到流动资产中占据较大比例的应收账款，指已经提供商品或服务却未收款，但是已经记入收入的部分。值得注意的一点是，预付款项指还未收到商品或服务，但提前将费用支付给对方的部分，这种情况下虽是公司支出现金，但它仍属于公司资产，一般在收到商品、服务后会转入其他资产科目下，随公司规模扩张，该科目涉及资金数量往往较大，在公司报表中较为常见。至于存货，产品在生产的前（预使用的材料、物料）、中（在产品）、后（产品成品）各个阶段，只要未经销售都算为存货。在非流动资产中，固定资产一般包括公司拥有的建筑物、机械、运输工具以及生产工具，流动性很低，除必要时应对巨大风险或因损毁无法继续使用，一般不会发挥变现作用。而在众多资产中，有一项渗透在公司经营各个方面，那就是公司的无形资产：品牌、知名度、声誉、专利权等等。这些看似无实际货币价值和物质形态的资产反而会成为一家公司最为宝贵的财富。这样的例子譬如海底捞创造的奇迹：在市场行情普遍走低的情况下，股价基本未受影响，经营管理者在向投资者讲述公司故事时认为，海底捞的经营哲学才是成功的最关键因素。

流动性应该高一点还是低一点？这是一种权衡取舍。流动性高，必然牺牲长期投资可能带来的高收益，不利于公司发展成长；流动性低，公司短期债务偿还能力差，会承担较高的流动性风险，可能一点风浪就会使公司走到山穷水尽的地步。这个问题稍后在第二节会详细讨论，简单来说，必要的流动性资产储备十分必要，但比例高低取决于公司目前的经营状况和经营目标。

（三）负债和权益

负债相对较为简单。负债按照偿还期限长短分为短期负债和长期负债，在短期负债（或流动负债）中，除向银行或其他金融机构进行的短期借款外，应付账款与预收账款作为短期负债也经常会出现在表中。应付账款与资产中的应收账款相对，已接受对方产品或服务却未支付费用；预收账款与预付账款相对，虽是公司收到现金，但属于公司负债，是亏欠给对方相同数量的商品或服务。

在计算好公司资产与负债后，剩余均属于所有者权益，包括实收资本、资本公积、盈余公积、未分配利润这几部分，在资产负债表中按照上述顺序依次排列。实收资本是在股份有限公司中的股本，一般指最初创立或增加资本时投入公司的资金及其等价物；资本公积与实收资本相联系，公司收到的实际资本价值多于规定金额的部分就是资本公积；盈余公积顾名思义，是税后利润中公司留在内部的部分，根据国家标准及公司规定，分为法定盈余公积和任意盈余公积，2006年《公司法》规定公司按照税后利润的10%提取法定盈余公积；此外部分即为未分配利润，可以由公司按照先优先股后普通股的顺序进行分配。任意盈余公积与未分配利润的比例一般是由公司自由决定的，这就涉及一个重要的权益分配问题——将多大比例留在公司内，又要拿多少钱分红给股东（所有者）。这是又一次权衡取舍：留在公司内部的钱太多，会降低短期投资积极性，使投资者失去投资激励；留在公司内部的钱太少，公司体量难以扩大，发展增速受限，降低长期投资信心。为了解决这个难题，可以运用一些金融工具，计算出最佳分配比例并加以分析，在公司的不同发展阶段相应地调整比重。

实际上，从融资结构的角度考虑，公司负债借款和发行股票是两种不同的向公司注资的方式，之后本书也会详细介绍这两种融资方式对公司发展带来的不同影响。

二、利润表

与资产负债表反映某一时刻经营状况不同，利润表是公司一段时间内经营状况的直接表现，因此也有人将资产负债表比作一张快照，而将利润表比作一段录像，记录快照之间的经营轨迹。利润的计算公式十分简单：利润=收入－费用。表2.2为前文提到的科技公司2015~2019年利润表。

表2.2　　某科技公司利润表（2015~2019年）　　单位：亿元

	2019-12-31	2018-12-31	2017-12-31	2016-12-31	2015-12-31
报告期	年报	年报	年报	年报	年报
报表类型	合并报表	合并报表	合并报表	合并报表	合并报表
营业总收入	100.79	79.17	54.45	33.20	25.01
营业收入	100.79	79.17	54.45	33.20	25.01
其他类金融业务收入					
营业总成本	96.30	77.17	50.62	30.83	22.42
营业成本	54.40	39.57	26.47	16.43	12.78
税金及附加	0.67	0.82	0.43	0.30	0.23
销售费用	17.80	17.26	11.11	6.49	3.75
管理费用	7.07	9.47	11.77	7.29	5.65
研发费用	16.40	9.39			
财务费用	−0.04	−0.17	−0.26	−0.34	−0.38
其中：利息费用	0.65	0.57			
减：利息收入	0.76	0.73			
其他业务成本（金融类）					
加：其他收益	6.63	3.52	1.02		
投资净收益	1.12	0.75	0.49	1.47	0.39
其中：对联营企业和合营企业的投资收益	−0.04	−0.04	0.20	0.12	0.11
以摊余成本计量的金融资产终止确认收益					
净敞口套期收益					
公允价值变动净收益	−0.04	0.00			
资产减值损失	−0.07	0.83	1.10	0.66	0.38
信用减值损失	−2.24				
资产处置收益	0.00	0.01	0.06		
汇兑净收益					
加：营业利润差额（特殊报表科目）					
营业利润差额（合计平衡项目）					

续表

	2019-12-31	2018-12-31	2017-12-31	2016-12-31	2015-12-31
营业利润	9.88	6.28	5.40	3.84	2.98
加：营业外收入	0.74	0.68	0.49	1.91	1.69
减：营业外支出	0.67	0.37	0.12	0.14	0.02
其中：非流动资产处置净损失				0.08	0.00
加：利润总额差额（特殊报表科目）					
利润总额差额（合计平衡项目）					
利润总额	9.95	6.59	5.77	5.61	4.65
减：所得税	0.52	0.41	0.98	0.64	0.28
加：未确认的投资损失					
加：净利润差额（特殊报表科目）					
净利润差额（合计平衡项目）					
净利润	9.43	6.18	4.79	4.97	4.37
持续经营净利润	9.43	6.18	4.79		
终止经营净利润					
减：少数股东损益	1.24	0.76	0.45	0.12	0.11
归属于母公司所有者的净利润	8.19	5.42	4.35	4.84	4.25
加：其他综合收益	0.00	0.01	0.00	0.00	
综合收益总额	9.44	6.19	4.79	4.97	4.37
减：归属于少数股东的综合收益总额	1.24	0.76	0.44	0.12	0.11
归属于母公司普通股东综合收益总额	8.19	5.43	4.35	4.84	4.25
每股收益：					
基本每股收益	0.40	0.27	0.33	0.37	0.34
稀释每股收益	0.38	0.26	0.32	0.37	0.34
显示币种	CNY	CNY	CNY	CNY	CNY

续表

	2019-12-31	2018-12-31	2017-12-31	2016-12-31	2015-12-31
原始币种	CNY	CNY	CNY	CNY	CNY
转换汇率	1	1	1	1	1
汇率类型	期末汇率	期末汇率	期末汇率	期末汇率	期末汇率
税率	10.00	10.00	25.00	15.00	15.00
审计意见（境内）	标准无保留意见	标准无保留意见	标准无保留意见	标准无保留意见	标准无保留意见
审计意见（境外）					
调整原因					
调整说明					
公告日期	2020-04-22	2019-04-19	2018-03-29	2017-03-21	2016-03-15

从表2.2中可以看出，相比于资产负债表，利润表包括的项目更为直接，最主要的内容即为描述公司如何获取收入和安排费用支出。通过这张利润表，便可以简单了解到公司的实际收支结构和业务结构，并且可以通过各项数值相对于利润的占比来判断各项经营活动对利润的贡献程度。正因为利润表中的各项信息对于投资者来说十分重要，就像经常听到的“股市是宏观经济的晴雨表”一样，利润表就是资本市场的“晴雨表”。下面就对一般利润表中的一些重点项目进行简单介绍和区分。首先是区分总销售收入与净销售收入，总销售收入就是各种形式销售收入的总额，包括现金也包括信用记账；净销售收入就是总销售收入减去销售折扣以及其他各种允许折扣净额。其次要区分毛利润与净利润，毛利润是指净销售收入与销售成本之间的差额；净利润是公司总税前收入减去所得税的数额，并且要注意净利润必须扣除优先股股东收益。此外，营业利润指毛利润减去经营费用；对应还有非经营利润，由非经营

收入及费用产生，包括投资收益、利息费用等。因净利润计算时已经扣除了优先股权益，所以每股收益仅为普通股股东的每股净收益（净利润除以普通股总股数）。

三、现金流量表

（一）初识现金流量表

三大报表中的最后一张——现金流量表。现金流量表报告的内容就是现金流在一段时期内的变化，通过反映资产负债表中各个项目的现金流入、流出，来判断公司在这段时间的流动性、灵活性以及偿付能力。现金流量表主要由三部分构成：经营活动产生的现金流量、投资活动产生的现金流量和筹资活动产生的现金流量，下面分别对这三部分进行介绍。

表 2.3　某科技公司现金流量表（2015~2019年）　单位：亿元

	2019-12-31	2018-12-31	2017-12-31	2016-12-31	2015-12-31
报告期	年报	年报	年报	年报	年报
报表类型	合并报表	合并报表	合并报表	合并报表	合并报表
经营活动产生的现金流量：					
销售商品、提供劳务收到的现金	93.00	75.86	50.15	32.94	23.99
收到的税费返还	2.08	1.35	0.72	0.52	0.57
收到其他与经营活动有关的现金	7.66	5.02	2.24	1.68	1.77
经营活动现金流入（金融类）					
经营活动现金流入差额（特殊报表科目）					
经营活动现金流入差额（合计平衡项目）					
经营活动现金流入小计	102.74	82.22	53.12	35.15	26.32

续表

	2019-12-31	2018-12-31	2017-12-31	2016-12-31	2015-12-31
购买商品、接受劳务支付的现金	42.80	33.89	26.03	17.61	11.86
支付给职工以及为职工支付的现金	25.40	18.71	11.28	6.85	3.58
支付的各项税费	5.87	6.06	3.26	1.91	2.03
支付其他与经营活动有关的现金	13.36	12.08	8.93	5.78	3.70
经营活动现金流出（金融类）					
经营活动现金流出差额（特殊报表科目）					
经营活动现金流出差额（合计平衡项目）					
经营活动现金流出小计	87.42	70.74	49.49	32.15	21.17
经营活动产生的现金流量净额差额（合计平衡项目）					
经营活动产生的现金流量净额	15.31	11.48	3.63	2.99	5.16
投资活动产生的现金流量：					
收回投资收到的现金	1.13	4.62	0.43	3.71	0.04
取得投资收益收到的现金	0.04	0.50	0.28	0.25	0.29
处置固定资产、无形资产和其他长期资产收回的现金净额	0.04	0.12	0.04	0.04	0.00
处置子公司及其他营业单位收到的现金净额		−0.10	0.07	−0.02	−0.01
收到其他与投资活动有关的现金	0.43	0.34	0.54	0.56	0.48
投资活动现金流入差额（特殊报表科目）					
投资活动现金流入差额（合计平衡项目）					
投资活动现金流入小计	1.65	5.48	1.36	4.54	0.81
购建固定资产、无形资产和其他长期资产支付的现金	18.87	18.23	10.36	10.65	8.90
投资支付的现金	11.77	2.79	4.90	1.96	5.47
取得子公司及其他营业单位支付的现金净额		3.65	1.10	1.16	
支付其他与投资活动有关的现金					

续表

	2019-12-31	2018-12-31	2017-12-31	2016-12-31	2015-12-31
投资活动现金流出差额（特殊报表科目）					
投资活动现金流出差额（合计平衡项目）					
投资活动现金流出小计	30.64	24.68	16.36	13.76	14.37
投资活动产生的现金流量净额差额（合计平衡项目）					
投资活动产生的现金流量净额	−28.99	−19.20	−15.00	−9.23	−13.57
筹资活动产生的现金流量：					
吸收投资收到的现金	29.29	2.12	12.35	1.43	23.07
其中：子公司吸收少数股东投资收到的现金	0.64	0.13	0.67	0.08	0.49
取得借款收到的现金	8.35	11.43	5.63	7.22	2.69
收到其他与筹资活动有关的现金		0.08		0.52	0.03
发行债券收到的现金					
筹资活动现金流入差额（特殊报表科目）					
筹资活动现金流入差额（合计平衡项目）					
筹资活动现金流入小计	37.64	13.63	17.98	9.17	25.78
偿还债务支付的现金	8.77	8.01	3.59	2.84	0.22
分配股利、利润或偿付利息支付的现金	2.85	2.03	1.68	1.54	1.33
其中：子公司支付给少数股东的股利、利润		0.09			
支付其他与筹资活动有关的现金	0.22	0.06	0.15	0.00	0.04
筹资活动现金流出差额（特殊报表科目）					
筹资活动现金流出差额（合计平衡项目）					
筹资活动现金流出小计	11.84	10.10	5.42	4.38	1.59
筹资活动产生的现金流量净额差额（合计平衡项目）					

续表

	2019-12-31	2018-12-31	2017-12-31	2016-12-31	2015-12-31
筹资活动产生的现金流量净额	25.80	3.54	12.57	4.79	24.19
汇率变动对现金的影响	0.01	0.05	0.00	0.00	0.00
直接法一现金及现金等价物净增加额差额（特殊报表科目）					
直接法一现金及现金等价物净增加额差额（合计平衡项目）					
现金及现金等价物净增加额	12.13	−4.13	1.19	−1.44	15.78
期初现金及现金等价物余额	22.07	26.20	25.00	26.45	10.67
期末现金及现金等价物余额	34.20	22.07	26.20	25.00	26.45
补充资料：					
净利润	9.43	6.18	4.79	4.97	4.37
加：资产减值准备	2.31	0.83	1.10	0.66	0.38
信用减值损失					
固定资产折旧、油气资产折耗、生产性生物资产折旧	2.91	2.19	1.44	1.13	0.86
无形资产摊销	6.08	3.69	2.44	2.01	1.80
使用权资产折旧					
长期待摊费用摊销	0.48	0.24	0.13	0.04	0.04
待摊费用减少					
预提费用增加					
处置固定资产、无形资产和其他长期资产的损失	0.00	-0.01	-0.06	0.08	0.00
固定资产报废损失	0.04	0.01	0.01		
公允价值变动损失	0.04	0.00			
财务费用	−0.12	−0.20	−0.28	−0.36	−0.39
投资损失	−1.12	−0.75	−0.49	−1.47	−0.39
递延所得税资产减少	−1.58	−0.84	−0.91	−0.27	−0.45
递延所得税负债增加	0.17	0.16	−0.07	0.00	0.03
存货的减少	2.09	−1.69	−2.72	−2.67	−1.37
经营性应收项目的减少	−17.19	−11.76	−14.52	−7.89	−4.15
经营性应付项目的增加	10.99	12.17	12.06	6.75	4.41
未确认的投资损失					

续表

	2019-12-31	2018-12-31	2017-12-31	2016-12-31	2015-12-31
其他	0.79	1.26	0.73		0.02
间接法—经营活动现金流量净额差额（特殊报表科目）					
间接法—经营活动现金流量净额差额（合计平衡项目）					
间接法—经营活动产生的现金流量净额	15.31	11.48	3.63	2.99	5.16
债务转为资本					
一年内到期的可转换公司债券					
融资租入固定资产					
现金的期末余额	34.20	22.07	26.20	25.00	26.45
减：现金的期初余额	22.07	26.20	25.00	26.45	10.67
加：现金等价物的期末余额					
减：现金等价物的期初余额					
加：间接法—现金净增加额差额（特殊报表科目）					
间接法—现金净增加额差额（合计平衡项目）					
间接法—现金及现金等价物净增加额	12.13	-4.13	1.19	-1.44	15.78
显示币种	CNY	CNY	CNY	CNY	CNY
原始币种	CNY	CNY	CNY	CNY	CNY
转换汇率	1	1	1	1	1
汇率类型	期末汇率	期末汇率	期末汇率	期末汇率	期末汇率
税率	10.00	10.00	25.00	15.00	15.00
税率说明	点击浏览	点击浏览		点击浏览	点击浏览
审计意见（境内）	标准无保留意见	标准无保留意见	标准无保留意见	标准无保留意见	标准无保留意见
审计意见（境外）					

续表

	2019-12-31	2018-12-31	2017-12-31	2016-12-31	2015-12-31
调整原因					
调整说明					
公告日期	2020-04-22	2019-04-19	2018-03-29	2017-03-21	2016-03-15

（二）经营活动产生的现金流量

经营现金流反映的是公司日常经营活动的资金流动状况。经营现金流往往会涉及资产负债表中的流动资产与流动负债部分，其中可能的科目包括：销售商品、提供劳务收到的现金；收到的税费返还；收到的其他与经营活动有关的现金；购买商品、接受劳务支付的现金；支付给职工以及为职工支付的现金；支付的各项税费；支付的其他与经营活动有关的现金等。分析经营活动的现金流量，有助于更好地了解公司的生产经营状况。

（三）投资活动产生的现金流量

投资现金流反映的是公司长期资产的购买和出售情况。投资现金流往往涉及资产负债表中固定资产的购买及出售，其中可能的科目包括：收回投资所收到的现金；取得投资收益所收到的现金；处置固定资产和其他长期资产所收回的现金净额；收到的其他与投资相关的现金；构建固定资产和其他长期资产所支付的现金；投资所支付的现金；支付的其他与投资活动有关现金。

（四）筹资活动产生的现金流量

筹资（融资）现金流反映的是公司债务及权益交易情况，其中可能的科目包括：吸收投资所收到的现金；借款收到的现金；收到的其他与筹资活动有关的现金；偿还债务所支付的现金；分配股份红利、利润或偿付利息所支付的现金；支付的其他与筹资活动有关的现金。

第二节　一般公认会计准则与企业税率计算

一、一般公认会计准则

随着跨国公司的发展和全球化的深入，公司会计报表需要遵循一个统一的会计原则，避免国与国之间、公司与公司之间财务信息的传达出现混乱。1972年，美国注册会计师协会创议建立国际统一会计准则；1973年，9个国家的16个会计职业团体联合发起组织了“国际会计准则委员会”，随后越来越多国家的会计师协会加入，促进了会计准则的国际化，也使一般公认会计准则成为各个行业通用的会计准则。相应地，我国也于2006年颁布会计准则，覆盖多个基本假设，包括经济实体的假设、货币单位假设、时间段假设、充分公开原则、持续经营原则、成本原则、收入确认原则、匹配原则、谨慎性原则等等。下面来详细介绍两种比较有趣的假设原则。一是收入确认原则，也即将产品交付或服务完成所赚取的现金作为收入，不考虑现金流向的具体时间。假设星巴克9月从非洲购买一批阿拉比卡咖啡豆，10月收货，但在

11月份支付。根据收入确认原则，会计上认为咖啡豆出口方应在10月交货时确认销售收入，而不是11月收到现金时。另外是匹配原则，即取得收入应与产品或服务相应的成本费用相匹配，保证资产负债表的平衡。

【专栏2-1】会计政策与会计准则、会计原则和会计方法

除了会计准则以外，经常还可以听到一些类似的说法，如“会计政策”以及相关的“会计原则”和“会计方法”。它们和会计准则之间是怎样的关系呢？

从概念来看，会计政策是指公司在会计核算时所遵循的具体会计原则和具体会计方法，是公司管理当局在会计法规既定范围内进行的选择。会计原则是处理会计事项所依据的规则，是在长期会计实践的基础上归纳形成的。会计方法是反映和控制会计对象、实现会计目标的技术手段，它对资金运动发出的信息以数据的形式进行加工，使之变成有助于经济决策的财务信息和其他经济信息。在会计政策中，会计方法和会计原则指“具体会计方法”和“具体会计原则”，二者构成了会计政策的两个层次。

从和会计准则的关系来说，首先会计准则的利益导向直接影响会计政策选择的客观立场。比如在以保护投资者利益为重心的准则体系下，公司想通过会计政策选择做出有利于其他团体的利益安排是比较困难的，而且容易受到来自监管部门的压力甚至阻挠。其次，会计准则对会计政策的约束强弱也会对会计政策的选择产生一定的影响。这方面不同国家地区的规定往往不同，目前我国的会计准则总体来说留给了公司较多的选择空间。

> 一般来说，虽然会计准则是对会计政策的约束，但往往会给公司留下一定主动操作的空间，这是多方博弈的结果。对于一些领域，会计准则根本没有进行规定，这给会计政策留下了更大的自主选择空间。具体细节的操作不是本书关注的重点，如有需要可以参考会计与审计相关的规定材料。对于本书所面向的财务管理者身份而言，需要理解的重点在于，会计准则变更以及会计政策的选取可能会对公司报表的结果产生较大影响，而报表作为向股东汇报展示的重要成果，管理层需要对其影响因素格外关注。TCL通讯就曾因涉及通过会计变更造假而受到证监会调查处理。对于上市公司来说，由于报表是中小投资者能接触到的为数不多的公司信息，因此会计政策变更这样对报表信息造成影响的变动需要被格外注意。为了保护投资者权益，一般涉及会计政策变更的事项，需要发布公告就变更原因、变更前后采用的政策、变更日期以及对公司产生的影响等情况进行说明。

二、中国企业所得税和增值税

按照现行《中华人民共和国企业所得税法》的规定，我国现在有两种企业所得税率，一是一般企业25%的所得税率，即税前利润总额中的25%要作为税收上交国家或地方财政；另外就是对三资企业（即在中国境内设立的中外合资经营企业、中外合作经营企业、外商独资经营企业三类外商投资企业）和部分高科技企业采用的优惠税率，所得税率为15%。从事国家鼓励和扶持项目的企业可享受定期减免优惠。中国纳税居民企业还有机会享受其他税收优惠，如民族自治地方的企业，需要照顾和鼓励的，经省政府批准，可以给予定期减税或者免税。

企业最终缴纳的所得税等于应纳税所得额乘上相应税率。应纳税所得额的计算方式主要有两种，一是直接法，企业每一纳税年度的收入总额减除不征税收入、免税收入、各项扣除以及允许弥补的以前年度亏损后，余额为应纳税所得额；二是间接法，在会计利润总额的基础上加（减）按照税法规定调整的项目金额后，即为应纳税所得额。

从概念上看，增值税要显得更复杂一些，是指“对从事销售货物或者加工、修理修配劳务，以及进口货物的单位和个人取得的增值额为计税依据征收的一种流转税”，也就是对流转过程中产生的附加价值进行征税。增值税一般有三种类型：生产型、收入型和消费型，三者的主要区别在于对固定资产征税的规定。在2009年后，我国实现增值税转型，一律征收消费型增值税，即在计算时，一次性扣除购买固定资产时已交的税款。从税率上看，增值税的税率一般在6%～17%之间：销售货物及提供有形动产的租赁服务，采用17%的税率征税；对于粮食等农产品，农药等与种植相关的用品，自来水、暖气等生活能源类，以及图书杂志等文化资料，按照13%的税率征税；对航空运输、陆路运输、水路运输、管道运输等交通运输业，按照11%的税率征税；对现代服务业按6%的税率征税。可以看出，我国企业征收的增值税主要由企业经营业务的类型决定。

第三节 财务报表分析

一、比率分析法

（一）短期偿债能力指标

开始之前，有必要停下来回忆一下本章第一节内容。本章在第一节中介绍了公司的三张财务报表：资产负债表、利润表和现金流量表，并就每张报表如何从不同方面反映一家公司的资产状况和财务状况展开了分析。本节将带领读者一起学习如何分析财务报表，即实务中较为常用的比率分析法。当然，比率分析法还远不是完美的财务报表分析方法，原因之一是各种指标都存在着一定的局限性。本节致力于在帮助读者厘清如何运用各分析指标的同时，尽量让读者了解比率分析法的局限性，并提出一些原理上的方法指导。

分析一家公司财务状况的方法很多，维度也很多，其中比率分析法是研究公司财务报表最常用的分析方法。通过比率分析，可以快速了解目标公司近几年的财务状况和盈利水平。财务报表比率分析法一般会使用五大类指标：短期偿债能力指标、长期偿债能力指标、营运能力指标、盈利能力指标、市场价值度量指标，每一指标分析的侧重点不同，但在分析一家公司时，为求全面，一般会五个指标一起使用。

本节将带领读者依次讨论以上五个指标。本节内容可能略显乏味，但是在实务中却用途极为广泛。需要指出的是，财务分析中的比率分析法只是对公司过去数据和过去表现的一种讨论，并不能代表一家公司的未来发展趋势，且每一比率指标都有其自身局限性，因此在做出投资决策时，需要综合考虑公司所处的行业及政策环境，切忌只运用比率分析做出投资判断。

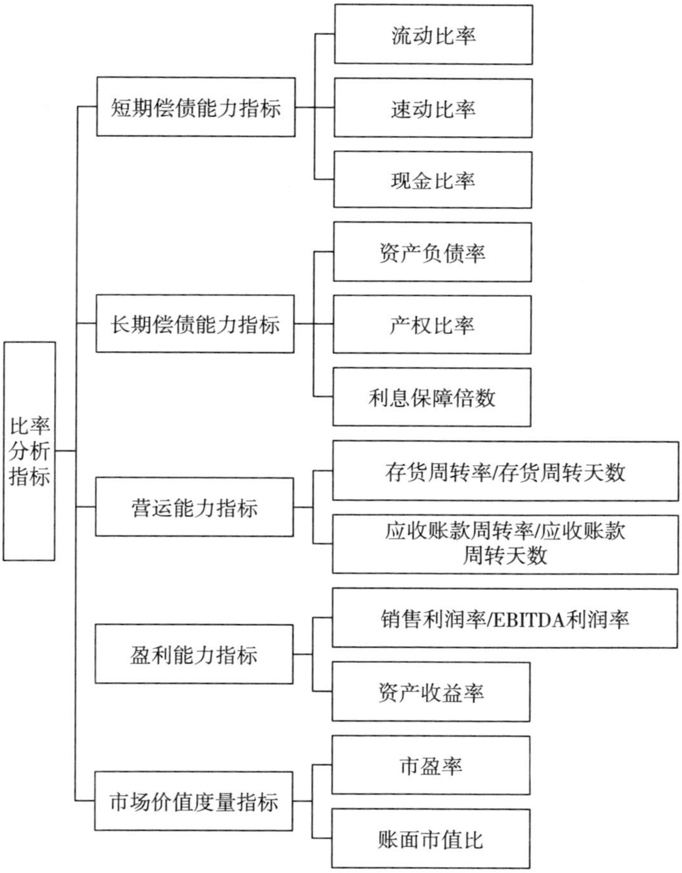

图 2.1　比率分析主要指标

首先来看短期偿债能力指标。经济学或金融学对短期并没有一个统一的划分标准，会计或者公司理财中一般认为短期是指一年或者一个生产周期。这里所说的短期借款或者流动负债，就是指从银行或者金融机构借入的偿还期限在一年以下的借款；流动资产就是指在一年以内或者一个生产周期内可以变现的资产。顾名思义，短期偿债能力指标用于分析一家公司的短期偿债能力和短期财务风险，一家运营良好的公司必然会在短期发生大量的现金流入和现金流出，也面临短期借款到期和偿还等问题。假若一家公司短期借款偿还出现问题，那么该公司可能面临较大的财务风险，此时投资者就应该给予足够重视。

【案例2-1】丰盛集团13亿债务风波

南京丰盛产业控股集团有限公司是一家多元化综合型产业控股集团，旗下业务涉及房地产开发、新能源、医疗器械、生态农业等板块，业务遍及全国29个省份，并发展至欧洲、美洲、非洲十多个国家和地区。在2018年，素来低调的南京丰盛集团日子颇为不易，因其债务风波进入公众视野。据一份网传公告显示，截至2018年底，丰盛集团未能偿还到期债务，其中未能按期偿还的短期债务共计12.78亿元。此后，网传消息还称，除12.78亿到期债务以外，集团可能还会有45亿元的提前还款条款。事实上，丰盛集团此次债务危机的爆发早有端倪。根据其2018年半年报数据，2018年上半年末，丰盛集团短期债务余额高达97.12亿元，比上年末增长96.78%。2018年12月28日，丰盛集团最新公告表示，公司在短期债务管理上存在一定问题，可能会给投资者带来一定的负面影响。

可见，分析一家公司的财务报表在一定程度上可以帮助投资者及时察觉公司的负债变化，避免投资损失。本部分接下来将为读者介绍短期偿债能力三大指标：流动比率、速动比率和现金比率。

1. 流动比率

流动比率是用一家公司的流动资产比上流动负债，可反映某公司在短期内将流动资产变现偿还其短期债务的能力。

$$流动比率=\frac{流动资产}{流动负债}$$

以科大讯飞为例，该公司2019年的流动比率为1.66倍，表示科大讯飞1单位流动负债有1.66单位流动资产来负担偿还。流动比率越高，表明公司有越多的流动资产可以用于变现去负担流动负债的偿还，即短期偿债能力越强。反之，流动比率越低，表明公司的流动资产可能更难覆盖其流动负债，公司的短期偿债能力越弱。

当然，每一种财务比率指标都有局限性。流动比率虽然在衡量公司的短期偿债能力上享有一席之地，但是其缺点也比较突出。公司的流动资产一般是指能在一个年度或者一个生产周期以内消耗或者变现的资产，按照这个定义，流动资产就包括了公司的应收账款、预付账款和存货等变现具有很大不确定性的资产，过高的流动比率可能是由于其过高的存货积压以及较多应收账款导致，因此公司的实际短期偿债能力并没有比率显示的那样好。

2. 速动比率

速动比率是指公司期末速动资产与流动负债的比率。将一家公司的流动资产扣除存货、预付账款以及其他变现能力较差的流动资产后，即可得到速动资产。

$$速动比率=\frac{速动资产}{流动负债}$$

速动比率和流动比率都是反映公司短期偿债能力的指标，但速动比率是在流动资产的基础上，扣除变现能力不强的存货等资产计算出的，因此更能反映出公司的短期偿债能力。相比流动比率，速动比率更加科学，但是速动资产仍然包括一家公司的逾期应收账款科目，因此速动比率在一定程度上被夸大了。

【案例2-2】海澜之家的隐忧：待解的库存难题

服装行业是我国的支柱性行业之一，在解决我国就业问题上一直发挥着不可替代的作用。早些年，服装行业因其低成本优势而快速发展，然而，在当前经济结构转型与供给侧结构改革的大环境下，服装行业正遭遇产能过剩的大麻烦，各大知名服装品牌的存货积压问题日渐突出。国内大型服装品牌海澜之家一直引以为傲的“海澜之家”模式遭遇前所未有的瓶颈。这种模式将生产环节外包，门店开设以加盟模式为主，从而助推了海澜之家存货的快速增长。根据海澜之家年报数据，近几年海澜之家流动资产稳定在200亿元左右，其中每年存货余额就占到了流动资产的45%。短期偿债能力方面，海澜之家近4年的流动比率与速动比率数据如下表。可以看出，近4年海澜之家的流动比率平均为1.60倍，表明海澜之家1单位的流动负债有1.60单位的流动资产来负担偿还，这样来看海澜之家的短期偿债能力似乎还算正常。但是去掉存货等变现能力较弱的流动资产后，近4年海澜之家的速动比率平均值仅为0.88倍，即将存货等剔除以后，海澜之家其余流动资产变现后还不能覆盖其短期负债。近几年海澜之家的销售数据表现得并不突出，营业收入增速下滑，2020年上半年净利润为12.23亿，不到2019年全年的30%，这不禁让人为海澜之家捏一把冷汗。未来如何化解库存难题，增加资金周转速度，成为其突破发展瓶颈之首要课题。

表　海澜之家短期偿债能力指标

	2019	2018	2017	2016
流动比率	1.74	1.69	1.42	1.55
速动比率	0.99	0.95	0.73	0.84

3. 现金比率

现金比率是用于反映一家公司短期偿债能力的另一大指标，用公司期末现金类资产与流动负债相比得到。速动资产剔除应收账款等流动性较弱的资产后即为现金类资产，现金类资产主要包括货币资金和有价证券。

$$现金比率=\frac{货币资金+有价证券}{流动负债}$$

科大讯飞2019年现金比率为0.80倍，表明对于1单位的流动负债，科大讯飞有0.80单位的现金类资产可负担偿还。一般来说，现金比率越高，表明一家公司在短期内有越多的现金类资产偿还公司的短期债务，公司短期财务风险越低。相比前两个指标，现金比率剔除了速动比率指标中的应收账款，因此在衡量时会更科学，较为直接地体现了一家公司的短期偿债能力。

短期偿债能力指标本身存在一些问题。首先，三大指标假定在偿还短期债务时，公司的流动资产可以快速变现，但显然实际情况要复杂得多，比如经济萎靡不振导致市场需求下降时，存货并不能在短时间内出售。另外，在衡量公司流动负债时，短期偿债能力指标未考虑公司的或有负债，或有负债过多会导致公司的短期偿债能力被高估。短期偿债能力指标只是评估衡量公司财务风险的一个维度，一家公司的财务风险还要综合考虑公司的管理层、未来发展战略等因素。总的来说，短期偿债能力指标考虑的因素过于简单了。

不妨在此停下来思考这样一个问题：既然反映公司短期偿债能力的三个指标越高就表明公司短期偿债能力越强，那么是不是这三个指标越高就越好呢？显然不是。倘若楚王的云梯制造有限公司新一任管理人鲁达异常保守，他将管理目标聚焦于公司的短期偿债能力，因此几乎所有的投资都用于购买流动资产而不是投入生产。相信读者都听过这样一句话：鱼与熊掌不可兼得。高流动性和高收益性正如鱼与熊掌一样不可同时获得，高流动性必然会以放弃高收益为代价，楚王的云梯制造有限公司虽然拥有很强的短期偿债能力，但这也意味着鲁达放弃追求高收益的生产投资，这显然与公司的目标相违背。短期偿债能力指标并不是越高越好。

【案例2-3】国新健康主业连亏11年

国新健康保障服务集团股份有限公司是由中国国新控股的央企上市公司，主要从事医疗健康保障服务等业务。据国新健康近十年财务报表显示，其主业已经连续11年接近亏损状态，公司三大主营业务中，医保基金综合管理服务业务和药械监管服务业务的毛利率均为负数，收益无法覆盖成本。据2020年最新公布的半年报显示，该公司净资产收益率甚至跌至-10.81%。业绩连续跳水，主业连亏11年。纵观国新健康近十年资产负债表，其流动比率、速动比率、现金比率等短期偿债能力指标表现良好，近几年现金比率维持在10%左右，流动资产中货币资金占比超过50%。虽然该公司短期偿债能力指标颇为理想，但是其收益率表现却不尽如人意。

（二）长期偿债能力指标

与短期偿债能力指标类似，长期偿债能力指标用于衡量一家公司的长期偿债能力，或者更为一般地说，反映一家公司负担其财务杠杆的能力，因此这些比率有时候也被称为财务杠杆率。长期偿债能力指标是公司偿债能力分析中一个较为重要的指标，因为它不仅衡量了一家公司的长期偿债能力，还从侧面反映了一家公司的资本结构是否合理，有助于了解公司经营的可持续性和稳定性。分析一家公司长期偿债能力时，一般会采用总负债比率、产权比率和利息保障倍数等指标。接下来一一展开介绍。

1. 资产负债率

资产负债率也称总负债率，是一家公司总负债与总资产的比率，表示一家公司总资产中总负债的占比，是衡量一家公司的负债水平和长期偿债能力的指标之一。由于资产负债率的计算包含了一家公司的所有负债，因此是长期偿债能力的一个衡量指标。

$$资产负债率=\frac{总负债}{总资产}$$

科大讯飞2019年的资产负债率为0.42倍，这表明科大讯飞2019年债务在资产中的比重为42%。一般而言，资产负债率越小，表明一家公司的债务比重越小，长期来看还款压力越小，财务风险也越小。反之，资产负债率越大，表明一家公司面临的债务压力越大，财务风险越大。

资产负债率可以从总体上体现一家公司的长期偿债能力，但是由于总资产是按照账面价值而不是市场价值计算的，就存在总资产被低估或者高估的风险，从而导致资产负债率与公司真实的长期偿债能力相去甚远。比如一家公司的固定资产很容易随着技术进步而大幅贬值，此时资产负债率的分母应该更小，真实资产负债率应该比理论资产负债率大，公司的长期偿债能力会被高估。当然，一家公司的资产负债率也不是越小越好，太小表明该公司未能充分利用财务杠杆。另一方面，资产负债率高也不一定是一件坏事，这可能是由于公司正处于高速发展阶段而有大量的资金需求。公司的财务分析不是单看某个比率就能下定论的，公司所处发展阶段、投资项目前景等都是要考虑的因素。

2. 产权比率

产权比率是一家公司的总负债与所有者权益总额的比率，表示公司所有者剩余权益对公司债务的保障能力，从另一个侧面衡量了公司的长期偿债能力。公司的资金主要来源分为三类：债务融资、股权融资和留存收益，因此产权比例还在一定程度上反映了一家公司的资本结构是否稳健合理。

$$产权比率=\frac{总负债}{所有者权益}$$

产权比率是一种比较重要的衡量公司长期偿债能力以及资本结构合理性的指标。一般来说，产权比率越小，表明一家公司的资产中自有资金越多而债务越少，公司的偿债压力越小。但是，这并不能说明公司的产权比率越小越好。与总负债比率类似，过小的产权比率可能反映一家公司未能充分利用财务杠杆。对于一个有大量资金需求的公司来说，应该在保障公司偿还性的前提下，尽可能提高产权比率以满足公司发展需求。

3. 利息保障倍数

另一个用于衡量公司长期偿债能力的指标是利息保障倍数，顾名思义，利息保障倍数就是公司用息税前收益按时偿还其债务利息的能力，是公司期末息税前利润EBIT与报告期内支付利息的比率。

$$利息保障倍数=\frac{息税前利润}{利息}$$

科大讯飞2019年利息保障倍数为16.31倍，这说明对于每1单位的利息费用，科大讯飞有16.31单位的息税前收益来保障支付。利息保障倍数越高，表明公司的息税前利润负担当年所需支付利息的能力越强，长期偿债能力越强。反之，利息保障倍数越低，尤其当其小于1时，表明该公司当年的息税前利润难以覆盖当年的债务利息。

利息保障倍数同样存在缺点。一方面，一家公司的债务包括到期应支付的本金和到期应支付的利息，而利息保障倍数只衡量了公司按期偿还利息的能力，而未将应偿还本金纳入考虑范围。债务到期不能还本付息导致公司破产的案例不在少数，衡量公司偿还应付利息能力的同时也要衡量其偿还本金的能力，因此利息保障倍数只体现了持续经营的基本条件，还不能反映长期偿债能力的总体水平。另一方面，公司的利息是要用现金去支付的，权责发生制下利润高并不代表公司就有充足的现金流量，故使用这一指标分析公司偿债能力时，利息保障倍数高并不能保证公司有足够的现金流量去支付债务。

总的来看，一般可以使用总负债比率、产权比率和利息保障倍数等指标衡量公司的长期偿债能力。但是正如前文所述，这些指标传达的信息有时会引人误解。负债比率低、产权比率低不一定是好事，负债过低的公司可能并未充分利用财务杠杆，以至于公司投资过于保守，错失很多高回报的投资机会。另外，长期偿债能力指标较高也不一定是坏事，因为高负债可能是因为公司正处于高速发展阶段，或者目前正投资于前景较大的项目而有较大资金需求。但这并不是说公司的总负债比率、产权比率越高越好，因为负债过高会致使公司面临较大的财务风险，甚至会因为负债管理不当而破产。因此，这些比率仅仅为评估偿债能力提供了一种指引而不是定论。要想深入了解某家公司的财务状况，还需要更为全面的分析，包括所属行业分析、业务能力分析、商业逻辑分析等。由于本书侧重点并不在此，故不深入进行讨论，感兴趣的读者可以自行了解这部分内容。

【案例2-4】民营巨头资不抵债：晨曦集团400多亿营收仍申请破产

晨曦集团曾是山东排名第二的民营企业，2018年以前连续7年入围中国民营企业500强，董事长邵仲毅曾以190亿元身家登上《2016胡润全球富豪榜》，成为山东首富。晨曦集团自1999年成立时就是中国一等一的民营企业，主营业务涉及石油石化、粮油加工、国际贸易、文化旅游等板块。2016年，晨曦集团实现432亿元的营销收入，表面风光无限。然而，这样一家营收过百亿的公司竟然在2018年主动提交破产申请，不禁让人大跌眼镜。2018年7月20日山东省莒县人民法院公布的关于山东晨曦集团破产民事裁定书显示，山东晨曦集团早已资不抵债，2015年拖欠员工4成工资，而2016年以后又被民生金融租赁、农银金融租赁等公司采用诉讼方式追讨债务，晨曦集团2018年的破产，是无数个债务无底洞的集体吞噬。

（三）营运能力指标

接下来把注意力转移到公司的营运能力分析上。营运能力指标用于反映一家公司利用其资产的效率和能力，揭示了一家公司资产周转的快慢，同时集中体现了一家公司的总体管理水平。反映公司营运能力的指标很多，本部分接下来将讨论其中两种指标：存货周转率和应收账款周转率。其他反映营运能力的指标，如总资产周转率、流动资产周转率、固定资产周转率等，其原理与即将讨论的这两种指标类似，不再赘述，有需要时直接参照定义理解使用即可。

1. 存货周转率和存货周转天数

存货周转率与存货周转天数是同一枚硬币的两面，这两个指标从不同角度反映了公司的销售效率。存货周转率用一家公司年末的主营业务成本与存货平均余额的比率表示，反映某公司一年内出售产品的次数，即存货周转的快慢；存货周转天数则是在存货周转率的基础上计算出来的，反映一家公司一年内存货周转一次所用的天数。在计算各种反映公司营运能力的指标时，时间上一般只简单地计算某一年，因此本部分与平均余额相关的概念均是资产负债表中某项资产期末余额与期初余额的平均值，即：

$$平均余额=\frac{年初资产余额+年末资产余额}{2}$$

现在不妨看一下科大讯飞的存货平均余额，根据科大讯飞资产负债表，2019年其存货平均余额为9.33，可以理解为2019年科大讯飞平均持有9.33亿元的存货。

回到即将讨论的两个指标上来。前面提到过，存货周转率是一家公司年末主营业成本与存货平均余额的比率，有了存货平均余额，进而可以得到科大讯飞2019年的存货周转率以及存货周转天数。

$$存货周转率=\frac{营业成本}{存货平均余额}$$

$$存货周转天数=\frac{360}{存货周转率}$$

为什么说这两个指标就反映了一家公司的销售效率呢？营业成本可以看作一家公司一年内公司销售的存货总量，因为从会计的角度来说，只有出售的存货才能进入利润表的营业成本科目；而存货平均余额是该公司一年内的平均存货总量，前者与后者的比值即可看作一年内某公司周转存货的次数。科大讯飞2019年存货周转率为5.83，表明其一年内存货周转次数为5.83次，存货周转一次需要耗费61.75天。

一般而言，存货周转率越高，周转一次的时间越短，表明公司一年内存货周转次数越多，存货周转速度越快，出现存货积压的可能性越低，从侧面反映出一家公司拥有较强的管理水平。反之，存货周转率越低，存货周转一次的时间越长，表明公司一年内存货周转的次数越少，存货周转速度越慢，存货可能会存在积压的情形。当然，一家公司的存货周转率并不是越高越好，过高的存货周转率可能是由公司大量赊销带来，过多应收账款对于一家公司来说未必是好事。

【案例2-5】安科公司ABC管理模式提高存货周转率

安科公司是一家专门经营进口医疗用品的公司，2001年该公司经营的产品多达26种。对于安科公司这样的贸易公司而言，进口产品交货期长，库存占用资金大，每个客户的订单量不稳定且数量不同，库存管理显得尤为重要。为改善库存管理，提高存货周转率，安科公司按照总销售额从大到小，把经营的26种产品排序并分为ABC三类，其中排在前三位的产品归为A类，其余划分到B类和C类。对于占销售额97%的A类产品，安科公司实行每日连续性检查策略，每天检查库存状况，及时了解库存信息，并认真分析运输时间，制定出严格的订货时间及流程。为预防突发情况，安科公司对于A类产品还设置了一个安全库存，一旦手上的实际库存加上在途产品数量小于下两月的预测订单数量与安全库存之和，就下单订货，订货数量为第三个月的预测数量。对于B类和C类产品则实行周期性检查。该公司对库存实行ABC管理模式以后，虽然花费时间较之前更多，但是得到了满意的存货周转率，不仅降低了资金占用率，还提高了客户服务水平。

2. 应收账款周转率和应收账款周转天数

应收账款周转率和应收账款周转天数用于反映一家公司的应收账款周转效率，集中体现了一家公司管理应收账款的能力。两大指标的计算公式如下：

$$应收账款周转率=\frac{营业收入}{应收账款平均余额}$$

$$应收账款周转天数=\frac{360}{应收账款周转率}$$

就应收账款周转率而言，分母是应收账款平均余额，即该年期末应收账款与期初应收账款的平均值，表示该年某公司平均持有的应收账款总额；分子为营业收入，是一家公司该年出售产品获得的总收入。该比率隐含条件为公司的所有产品销售都是以赊销方式出售，因此用赊销方式获得的全部营业收入比上平均持有的应收账款，就可以得到该公司一年内应收账款的周转次数。2019年科大讯飞的营业收入为100.79亿元，2018年年底应收账款余额33.89亿元，2019年年底为50.87亿元，应收账款平均余额为42.38亿元，应收账款平均周转率为2.38，也就是说科大讯飞收回应收账款后又将其赊借出去2.38次。换成应收账款周转天数，其含义又会更加清晰，表明科大讯飞收回赊销货款需要151.39天。

从理论上来讲，公司的应收账款周转率应该是与公司收回的赊销货款相联系，即用营业收入中赊销货款部分比上应收账款平均余额来反映公司应收账款的周转效率。但是这在实际操作上会遇到很大的困难，市面上很少有公司会将其营业收入进行区分，所以很难判断其中究竟有多大部分是由赊销产生的。因此这两个指标只是大致反映了应收账款的周转效率。

（四）盈利能力指标

众所周知，公司的价值主要来自于其开展业务所获得的收入或盈利。无论是公司股东、管理层，还是债权人甚至员工，都会关注公司的盈利问题，利润作为分配收益的来源，处于各方关注的中心。同时，公司的利润水平也是衡量管理层表现的一个重要维度。任何时候如果试图从财务角度分析一家公司，盈利能力是一定会被提及的考虑因素。由于不同公司规模不一，很难直接以净利润的绝对数值来衡量公司的盈利能力，所以需要消除规模的影响，衡量公司利用单位资产或股东权益创造利润的能力。本部分对盈利能力指标的讨论将分为收入的利润创造、资产的利润创造以及股东权益的利润创造三部分进行。

1. 收入的利润创造：销售利润率与税息折旧及摊销前利润（EBITDA）率

显然，作为进行分工生产的组织，公司盈利大多来自其产品或服务的销售收入。但天下没有免费的午餐，公司进行生产销售需要一定的成本或费用，如原材料、差旅、员工薪酬等。如果某项业务的成本相较收益而言过于高昂，公司就应该考虑是否有继续开展该业务的必要。通过第一节有关利润表的介绍，可以知道营业收入减去成本、费用并扣除折旧摊销、税费等项目后，最终得到的净利润才是真正归属于公司的收益。所以，为了衡量这一过程的效率，就需要考虑对于每一元的销售收入，公司最终能拿到多少净利润——这就是销售利润率。计算中，销售利润率公式为：

$$销售利润率=\frac{净利润}{销售收入}$$

它衡量了每一元的销售收入，有多少能够转换为净利润。相对于后面将介绍的用来衡量资产或股东权益转换为收入的效率指标，销售利润率关注的盈利能力更偏外层，也最接近业务本身。当然，不同行业的销售利润率也有不小区别，金融、白酒饮料等附加值高的行业往往也有着更高的销售利润率。图2.2与图2.3显示了近五年科大讯飞经营净利润与销售利润率的变化情况，虽然公司净利润总体呈上升趋势，但销售利润率却在下降，进一步印证了通过比率来消除规模差异衡量公司盈利能力的必要性。

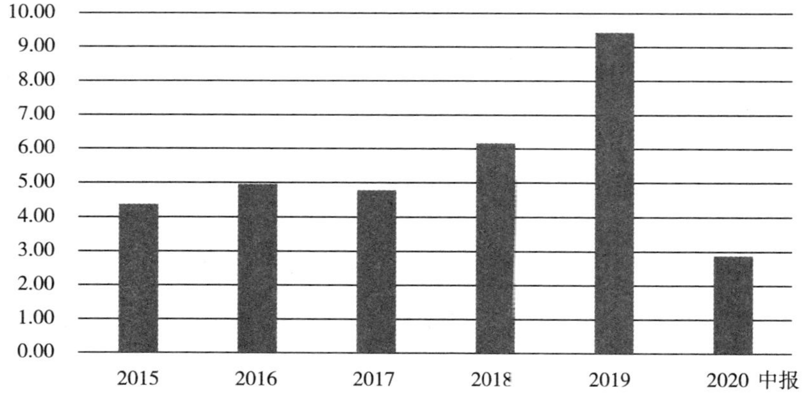

图 2.2 科大讯飞近五年净利润（单位：亿元）

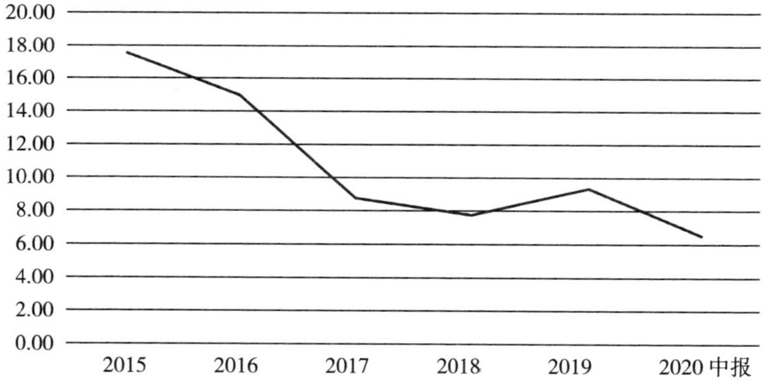

图 2.3 科大讯飞近五年销售利润率

除了销售利润率以外，EBITDA利润率也是衡量收入的一个常用指标。EBITDA即息税、折旧及摊销前利润，见本章第一节。和净利润相比，EBITDA加上了利息、税收等费用，更加接近经营中的现金流。计算上，EBITDA利润率用公式表示为：

$$\text{EBITDA利润率}=\frac{\text{EBITDA}}{\text{销售收入}}$$

相比于销售利润率，EBITDA利润率更加贴合实际经营中的现金流，可以进一步聚焦关注业务本身的盈利能力。

2. 资产的利润创造：资产收益率（ROA）

相比销售利润率与EBITDA利润率，衡量资产利润创造能力的指标往往更加全面而深入。此话怎讲呢？这里再次借云梯公司的例子来理解。假如鲁班主管的云梯公司只有云梯制造与销售这一项业务，那么销售利润率或EBITDA利润率衡量的就是公司在销售云梯的收入中，有多少可以留存为公司的净利润或EBITDA，这些指标都是从销售出发，仅关注制造销售云梯业务本身。然而，公司的业务经营活动都是建立在资产的基础上，比如做云梯用的厂房、各种机器等，这些资产来自于云梯公司的负债及权益，有了资产，公司才得以开展云梯的制造与销售从而创造利润。所以，作为财务管理者，有时会希望直接了解公司用资产创造利润的能力，更为直接全面地考量公司盈利能力。资产收益率就是所用指标之一，其计算公式为：

$$资产收益率=\frac{净利润}{总资产}$$

该指标主要衡量每一单位总资产所能创造的净利润。在后面的章节中，本书还会再一次涉及资产收益率，它将有助于公司进行融资决策相关的判断。

除资产收益率外，还有一些指标也用来衡量资产对利润的创造，比如在资产收益率的公式中用EBIT或EBITDA取代净利润等。其中，用EBIT代替净利润得到的指标也被称为基本盈利能力（BEP），后文同样将展开讨论。但在衡量资产创造利润的能力时，最流行且使用最广泛的还是资产收益率。

3. 股东权益的利润创造：净资产收益率（ROE）

净资产收益率也叫权益收益率，同样能较为直接地衡量公司利用资产创造利润的能力。不同于资产收益率等指标，净资产收益率更加精确地关注总资产中股东权益那部分的利润创造能力或效率。这对于本书来说是十分有意义的一个指标，因为最大化股东所持股份价值就是公司金融管理的目标。该指标公式为：

$$\text{净资产收益率}=\frac{\text{净利润}}{\text{净资产}}$$

这里以及上面的资产收益率都需要注意一个问题，就是时间点与时间段的匹配，也就是流量和存量的问题。先来解释流量和存量。想象向一个空的游泳池注水，只注一五分钟。这十五分钟内注的水属于流量，它取决于时间段，也就是这十五分钟；而任何时刻泳池内的水量属于存量，它取决于所选的时刻。流量和存量是不同的两种事物。在上面的公式里，利润就像不断流入公司的水，属于流量，利润率也是一样；而总权益或总资产是某一时刻股东权益或公司资产的记录，属于存量。时间上，利润或利润率对应的是财务报表所定义的某一段时间，但总权益或总资产记录的是这段时间开始或结束时的情况，用哪个时间点都不太合适，这就需要在计算时做一定处理。实务上一般取时间段开始和结束时的平均值，这样，计算公式就变成了：

$$\text{净资产收益率}=\frac{\text{净利润}}{（\text{期初净资产}+\text{期末净资产}）/2}\text{。}$$

此外，还有另一种摊薄净资产收益率，分母用的是计算期内的净资产。但大部分时候，讨论的都是前一种平均法计算出的净资产收益率。图2.3显示了科大讯飞近五年的净资产收益率，可以看出，2017~2019年间虽然销售利润率表现整体不佳，但净资产收益率还是有较好的增长。这也又一次提醒读者，在分析时不能仅着眼于某一项指标，而要多方综合考虑。

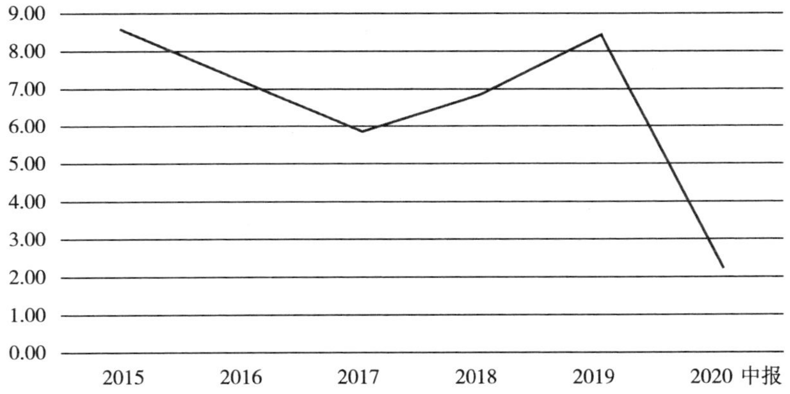

图 2.4　科大讯飞近五年净资产收益率

当然，还有很多衡量一家公司盈利能力的指标，这里仅就最常见的几种进行介绍。很多指标之间仅有口径上的差异，而且对于其他各种盈利能力指标，都可以采用与上文类似的方法分析。另外，对于指标相近但结果差距甚远的情况需要格外注意，问题很可能就藏在不同口径之间的缺口里。

另外，需要特殊注意的是，虽然盈利是一家公司价值的来源，上述指标也很大程度上反映了公司的盈利能力，但这并不意味着盈利能力很高就说明公司健康且表现良好，反之亦然。比如上市公司的增资扩股会增大总权益与总资产，进而使资产收益率与净资产收益率下降，但公司盈利能力并未发生变化。即使不存在增资扩股，净资产收益率很高可能是由于股东权益在总资产中占比太小，反而意味着不健康的资本结构，具体将在后面详细解释。现在只需要了解到，公司不能一味追求更好看的盈利能力指标而忽略经营财务上的其他方面。

（五）市场价值度量指标

最后讨论的是关于市场价值方面的指标，这些需要用到财务报表之外也就是市场上的数据。市场价值的度量仅针对上市公司，公司股票在市场上的价格波动会给股东造成一定的损益。这部分介绍的指标主要度量公司一定的资产或收益对应的市场价值。

市场价值的度量正常以每股股票来计价，这就需要以单位股票为基础，即考虑每股股票对应的资产或收益。首先需要认识一个指标——每股收益（EPS），其计算方法为：

$$\text{每股收益}=\frac{\text{净利润}}{\text{流通在外的股数}}$$

它用来衡量每股股票对应了多少净利润。虽然每股收益本身并不用来度量市场价值，但为以下指标的建立提供了很大帮助。

1. 市盈率（PE）

上文提到了公司盈利对价值的重要性，而市盈率正是将公司收益与市场价值联系起来的指标——它衡量公司的每一份单位净利润在市场上所对应的价格。计算上，市盈率公式为：

$$\text{市盈率}=\frac{\text{每股股价}}{\text{每股收益}}$$

更高的市盈率说明投资者们愿意为单位利润支付更高的价格，进而通常意味着该公司有较好的发展前景。比如云梯公司刚成立时，业务并未完全展开，利润不是很高，但投资者们都相信楚王雄厚的资金实力以及鲁班的技术和管理能力，纷纷抢购公司股票，股价一时攀升，进而市盈率也随之上升。但同时也要注意硬币的另一面：市盈率高同样意味着公司的每股收益相对较低，需要加以格外关注。

2. 账面市值比（BM）

正如市场上往往会出现交易价格与历史成交价格偏移的现象，公司股票的市场价格也会与账面价格不一致，这就引出了另一个时常被提到的指标——账面市值比（BM）。

账面市值比衡量公司每单位股价所对应的账面价值，相应公式为：

$$\text{账面市值比}=\frac{\text{每股净资产}}{\text{每股股价}}$$

与账面市值比类似的指标还包括市值面值比、市净率等，它们与账面市值比是互为倒数的关系，就像一枚硬币的正反面，其实质是一样的，都是研究股东权益与市场价值之间的关系。像市盈率一样，账面市值比也通过当前的股票价格来体现投资者对未来公司价值的看好程度。事实上，曾有研究发现账面市值比高的公司平均月收益率往往好于账面市值比低的公司。

最后，读者还是要清楚地认识到度量市场价值的指标很大程度上由二级市场上的交易价格所决定，也就是说股市的波动与不理性会影响到这些指标的表现。在作为公司管理者评价一家公司表现好坏的时候，应该注意到这些因素对指标的影响，并主要聚焦于公司的长期价值。

二、对财务分析的进一步讨论

（一）比较分析

本章的第一节与第二节第一部分介绍了三张财务报表，并讨论了如何通过计算某些比率来研究公司的某些特性。在这一过程中，可能读者已经注意到，本章分析这些指标或者比率时往往并不是关注其绝对数值的大小，而是按照一定的参照进行对比。接下来的章节将会整理这些对比原则，形成一套使得指标分析更有条理的工具。

比较分析的意义几乎是显而易见的。人们日常生活生产中相当一部分的观察结果，都需要和一定的参照来做对比，才能了解其内涵。就像老掉牙的笑话说的那样："如何确定自己跑得足够快，不会被熊追上吃掉？——确保自己跑得比熊快或者比自己的同伴快即可。"又或者，对于一个身高1.78m的成年男性，对其身高水平的评价要取决于所选参照：在大部分国家这都是很不错的正常身高，但在平均身高1.82m的荷兰（2019年数据），就属于偏矮的水平。某种情况下，例如物理世界中的某些观察结果，可以仅就绝对数值来分析；但对于公司这种社会组织，其财务表现的意义更多由人来赋予，仅观察绝对数值是不够的。

对于比较分析，需要谨记的一点便是：一切比较都要为特定的分析目标来服务。比如要分析一家公司与竞争对手市场份额的差异，纵向比较就显得没必要。所以，本部分接下来将按照不同的分析目的，展开介绍各种比较分析的方法。

首先，当试图分析公司某项指标的好坏时，一个很自然的想法就是去比较这项指标和过去相比是增长、降低还是不变。就像人们总是用“战胜过去的自己”这样的话语来给自己鼓劲一样，很多时候比起公司所处的行业地位、市场占有等情况，管理者会更加倾向于对公司指标做纵向比较，这就是趋势分析。比如当云梯公司已经多年保持七国市场龙头地位时，即使鲁班再怎么和其他小公司去比较以显示自己运营的成功，也很难让楚王对公司盈利的下滑表示满意。通过指标的历史比较，可以看出公司策略、整体环境的变化，进而对未来情况形成更加精细合理的预期。例如，当看到云梯公司的制造销售业务收入整体占比突然上升，就需要进一步深究增长来自于哪里，如果是来自某些国家的订单突然增长，就应该意识到其爆发战争的风险并提前撤出工厂、人员等。

接着还有关于预算的比较分析，也就是目标值和实现值之间的分析。比如在年初，鲁班向楚王信誓旦旦地保证收入增长20%，结果年末只增长了5%，这就需要通过比较分析来明确这个缺口来自哪里。注意，目标值和实现值之间的差距很容易指出，但真正重要的是找出这个缺口背后的问题，例如是否在计划实施过程中受到了某些因素的影响，所受影响是否可控，影响是否预期持续以及估计的方法是否准确等。通过找出这些问题，管理层就可以更清楚地了解公司发展与规划存在的问题以实现改进。

当然，还有最常见也是最熟悉的方法，即横向比较，也就是和同一时间市场上的其他公司进行比较。通过横向比较，可以对公司目前的行业地位、市场占有、周转等情况有更加深刻的了解。这样做的好处是直观简单，但在使用时一定要注意确保所选对象的可比性。比如对于一家初创公司来说，很难要求其在发展初期拥有媲美成熟公司的利润率，更不应该因此来否定它。另外，有些公司之间看似业务可比，但实际在比较中会发现不小的问题。比如齐国有一家生产工程用长梯的公司，和鲁班云梯公司的产品在原料、制造上都较为类似，但生产销售的周期比云梯公司短得多，因为云梯的用户主要是各国军方，审批测试付款的流程长得多。这是整个军用市场的特点，不能因为比齐国这家公司的周期长就否定鲁班的经营。

这里所做的很多分析内容都回归到了公司的生产经营，这也是财务报表分析在很多时候试图做到的：通过公司公布的数据倒推出其真实经营状况。本书主要聚焦于公司金融层面的各种决策，所以后面不会涉及很多实际生产运营有关的内容。不过，分析财务报表指标的这些思路与方法对于本书后续的介绍仍然是很有帮助的，它们将在后续不断穿插出现，特别是在对案例的介绍分析中。

最后，在进行比较分析时，需要根据目标选择合适的数据形式。比如在比较公司规模时一般采用绝对数值；分析发展情况时一般使用增量或增长率；而比较利润率等属性时一般使用比率这样的相对数值。

（二）因素分析：指标的拆解

比率分析和比较分析分别从工具和方法的角度帮助管理者分析财务报表，使其得以更好地分析目标，并且更直观地理解财务报表的哪一部分出现了怎样的问题。但对于已经明确存在的问题，仅仅就问题表面做分析，很多时候不足以帮助理解其本质。这就需要对问题进行一定的拆分，通过拆分出来的因素，更加直观准确地了解到某些结果背后的实际驱动因素。当然，很多财务指标都能够以不同方式进行拆分，但并不是所有的拆分都有必要，拆分中需要考虑因素之间的逻辑、相关性等。本部分将通过较为经典的拆分净资产收益率（ROE）的杜邦分析法，详细说明拆分的过程。

虽然此前保证过尽量不让数学影响本书的阅读体验，但难免有例外。读者对此不必担心，数学在本书出现的作用主要是提供进一步精确的说明，不会影响到基本思想的表述与理解。就像在本部分，仅会涉及最基本的分式相乘和约分，以作为主要内容的补充。

从前面科大讯飞的财务报表中，可以注意到公司的净资产收益率（ROE）从2017年开始逐年上升。根据本节上一部分介绍的内容，可以知道这代表公司自有资本创造收益的效率在不断提升，这是一个较宽泛的层面，但还不够完整——效率是一个较为抽象而笼统的说法，管理层需要更清楚地知道公司是在哪些方面做得更好。这就需要对所研究的指标（本例中是ROE）进行拆解，以从更底层的能力上分析。

现在已经知道，净资产收益率是净利润与净资产的比率，反映了股东权益创造利润的效率。接下来，就要具体分解出这一创造过程中所蕴含的各种能力。首先从利润出发，正常情况下利润来自于销售，但销售收入还需要扣除成本费用等，不能直接转换成利润，这就需要对销售的利润创造能力进行衡量；而销售的展开是建立在公司的各类资产上的，前面提到，销售与总资产的关系可以用来考量公司资产从投入到产出的流转速度，这也正是要衡量的第二项能力；最后，经营销售所需的总资产和净资产收益率中的净资产具有口径上的差异，这一差异反映了总资产对股东权益的放大，体现了公司财务杠杆的大小（本书将在融资决策部分介绍财务杠杆，这里只需要知道公司可以通过债务实现总资产的放大作用，像通过杠杆撬起更大质量的物体一样）。这样，虽然还是从净利润出发，到净资产结束，但已经把这一过程拆成了三个因素的综合，即：

$$净资产收益率=销售利润率\times总资产周转率\times权益乘数$$

用分式的相乘可以更清楚地看出这三个因素是如何组合成净资产收益率这一指标的（再次注意公式中所用的是平均总资产与平均净资产，即年初年末的平均值）：

$$\frac{净利润}{平均净资产}=净资产收益率=\frac{净利润}{销售收入}\times\frac{销售收入}{平均总资产}\times\frac{平均总资产}{平均净资产}$$

如果不用分式相乘，也可以用语言和逻辑来描述上面的公式，这次从公式右端的净资产出发：首先看每份股东权益（净资产）对应了多少总资产，结合总资产创造销售收入的效率以及每份销售收入创造利润的能力，就可以得到每份股东权益创造的净利润。

有了杜邦分析法这一拆分工具后，现在来试图把它应用到科大讯飞的例子中。表2.4 展示了对2017年到2019年科大讯飞的净资产收益率进行杜邦分析所得的各项因素。从表中可以看出，从2017年到2018年，公司的销售利润率在下降而其他两因素在上升，因此净资产收益率的提升要归功于权益乘数和总资产周转率的增长；2018年到2019年，公司的权益乘数没有发生变化，净资产收益率的提升要归功于销售利润率和总资产周转率的增长。

表2.4　　　　2017年到2019年科大讯飞ROE杜邦分析

	净资产收益率（平均）	销售利润率	总资产周转率	权益乘数
2017	5.882%	7.982%	0.458次	1.607
2018	6.910%	6.851%	0.552次	1.815
2019	8.450%	8.130%	0.569次	1.826

虽然通过分解能够知道近两年净资产收益率增长的驱动因素，但仅仅知道驱动因素是什么往往还不够。进一步地，可能还需要了解各因素的影响程度，这样才能够更有针对性地解决问题。接下来将介绍两种常见的判断方法，对于公司管理层而言，方法的具体过程可以不需要完全掌握，但了解其思想还是很有帮助的。

1. 连环替代法

简单讲，连环替代法就是把净资产收益率的变化拆成三步，第一步只让第一个因素变化，第二步在第一步的基础上只让第二个因素变化，第三步在第二步的基础上让最后一个因素变化，后一步减前一步的差值就是所变化因素的影响程度。

比如对于科大讯飞，2017年公司的净资产收益率为5.882%，等于销售利润率（7.982%）乘以总资产周转率（0.458次）乘以权益乘数（1.607）。（各因素取近似值，故乘积5.875%与直接计算的ROE有一定偏差。）在连环替代法中，第一步首先把销售利润率替换成2018年的数据，其他不变，所得结果为销售利润率（6.851%）乘以总资产周转率（0.458次）乘以权益乘数（1.607），等于5.042%。因此2017~2018年这一年中，销售利润率的影响程度就可以表示为第一步的结果5.042%减去初始值5.875%，也就是-0.832%。接下来进行第二步：在第一步的基础上，把总资产周转率也替换为2018年的数据，所得结果为销售利润率（6.851%）乘以总资产周转率（0.552次）乘以权益乘数（1.607），等于6.077%。这一年中总资产周转率的影响程度就可以表示为第二步结果6.077%减去第一步的结果5.042%，也就是1.035%。最后，在第二步的基础上把权益乘数也替换成2018年的数据1.826，所得结果为6.905%，因此权益乘数的影响程度就可以表示为6.905%减去第二步结果6.077%，也就是0.828%。用这样的方法，同样还可以算出2018年到2019年各因素的影响程度，结果见表2.5。可以看出，两年间对净资产收益率影响最大的因素分别是总资产周转率与销售利润率。

表2.5　科大讯飞净资产收益率变化中各因素影响程度（连环替代法）

	销售利润率	总资产周转率	权益乘数
2017~2018年	−0.832%	1.035%	0.828%
2018~2019年	1.289%	0.252%	0%

2. 差额分析法

差额分析法是连环替代法的一种简化形式。不像连环替代法一样需要一步步推进，差额分析法只需要将所需分析的因素变化并求差额即可。从原理上说，连环替代法关注的是在之前因素已经变化的情况下，新的因素变化给整体带来的影响；而差额分析法是在其他因素都保持初始值的情况下，分析新的因素变化给整体带来的影响。

在科大讯飞的例子中，对于2017~2018这一年度，要衡量销售利润率的影响，只需要算出销售利润率在这一年的变化，也就是6.851%减7.982%等于−1.131%，再乘以上一步变化中两因素的值，此外即为初始值0.458与1.607，所得−0.832%就是其影响程度。按这种方法可以算出近两年所有因素的影响程度，见表2.6。分析结果与连环替代法一致，两年间对净资产收益率影响最大的因素同样分别是总资产周转率与销售利润率。

表2.6　科大讯飞净资产收益率变化中各因素影响程度（差额分析法）

	销售利润率	总资产周转率	权益乘数
2017~2018年	−0.832%	1.035%	0.828%
2018~2019年	1.289%	0.252%	0

（三）财务报表分析的局限性

本章前面已经介绍了财务报表分析常见的各种比率以及一般的分析方法。关于财务报表的分析还有许多更加深入的讨论和研究，但即使能够对财务报表做到十分全面而详尽的分析，也很难摆脱一些固有属性带来的局限性。在实际应用中，如果对这些局限性不加以注意，就容易出现分析不够全面或有失客观公允的问题。

首先，要认识到财务报表分析的实质一定程度上无异于盲人摸象。把上市公司想象成股东请管理层代养的大象，管理层根据监管的要求，每隔一段时间从三个不同角度拍摄照片向投资者汇报。一般来说，管理层的确可以通过分析这三张照片对大象的情况有一个简单的判断（体型、肌肉、皮肤等），但仍有很多信息是无法得到的，比如大象内脏是否健康。这是财务报表本身的局限性导致的。数字只是对所关心的一些属性的描述，仅通过这些描述往往容易忽略某些重要因素，所以分析时需要尽可能仔细地关注这些内容，以防遗漏重大问题。

其次，需要格外注意不同业务之间的可比性。随着现代公司规模的增长以及生产经营边界的扩张，一家公司为了多样化往往会同时布局不同业务，这些业务有些是较为相似的，但有些业务在所处行业、面临市场与竞争对手等方面可能都截然不同。这时，将不同业务的报表合并起来再与其他公司比较就会互相造成干扰。一般来说，可以按照不同业务类型分别对公司的财务数据进行分析研究——每种业务都和其所在行业的对手去比较收入、利润率、周转率等表现，这样才能得到更为精确的经营情况判断，并就每部分业务存在的问题对症下药。但即便如此，很多时候也不够精细。公司财务报表往往按照较大的板块划分，所以在寻找比较标的时很难找到真正和公司某板块所含业务相近的对象。比如，云梯公司的财务报表将业务分为军用设备制造销售、军用产品维护更换等板块，其中军用设备制造销售板块下不仅提供云梯的制造销售服务，还提供攻城锤的制造销售，它们的财务数据被合并到了一起展示。那么，与其严格可比的对象不仅要提供同样种类的两种服务，两种服务的比例也需要基本相同，这无疑是很难找到的。所以很多时候，需要在比较前进行一定合理估计和调整。

最后，财务报表分析的局限性来自于报表本身的一些性质。前面已经介绍过，财务报表是会计的产物，自然遵守会计的一些假设和原则：历史成本计价法使得报表难以反映公司财产的真实价值与重置成本；币值稳定假设忽略了不同程度通货膨胀的影响；谨慎性原则又使得报表中费用较实际偏高而收益偏低……当然，这并不是说财务报表分析没有价值，这一章前面的部分也都是在介绍如何通过分析报表得到所需信息，只是在分析时需要格外注意现实中可能干扰判断的复杂因素。

本章总结

作为公司管理层，最终的职责是基于最大化股东权益这一目标开展经营活动，进行各项决策。但由于公司股票不一定在二级市场实时流通，且股票价格也不一定能反映公司内在价值，因此一般不用股价作为公司或管理层表现好坏的衡量手段。那么应该选择何种方式进行衡量呢？这就引入了本章的主题——财务报表。

当然，财务报表的出现是为了记录、反映公司一定时期内的资金、利润状况，以辅助投资者、债权人、监管机构等相关方了解和分析公司的财务状况、经营成果和现金流量情况，报表对管理层表现的衡量仅是附加作用。

一般来讲，通常所指的财务报表包括三种：资产负债表、利润表和现金流量表。资产负债表是特定时点（如季末、半年度、年终等）公司资产负债权益状况的描述，比如“截至2020年12月31日，公司总资产2.5亿元”，整张表反映的都是一个时间点的数据。在资产负债表中，左栏表示公司所实际控制的资产；右栏上方是公司的负债，下方是代表股东利益的所有者权益。对于资产、负债和所有者权益，报表科目都是从上到下流动性逐渐降低。左右两栏所得总数相同，也即“资产 = 负债 + 所有者权益”。与资产负债表不同，利润表反映的是公司在一段时间内的经营盈利状况，比如“2020年1月1日到2020年12月31日，公司实现主营业务收入3000万元”，整张表记录的是一段时间内的流量。利润表不分左右栏，反映的是公司从获得营业收入，到减去各项成本费用，考虑到折旧摊销以及利息税费后的利润形成过程。在分析某段时期公司表现时，利润表往往是使用参考最多的财务报表。现金流量表是反映公司在一定会计期间现金和现金等价物流入和流出的报表，主要分为三大类：经营活动产生的现金流量、投资活动产生的现金流量以及筹资活动产生的现金流量。三大类分别对应于公司日常最重要的经营、投资、筹（融）资三大活动。其中，投资和融资的活动都属于本书后续章节讨论的范围。

得到三张财务报表并不是结束，反而是分析的开始。虽然三张报表的各种科目非常详细地展示了公司经营的各项数据，但对于看报表的人来说，这仍是一个盲人摸象的过程。报表的各项数据就像是对大象不同角度的观察，只有通过联系分析才能将它们拼到一起得到对公司全貌的认识。这就是财务报表分析所做的事情，其中最常用的方法是财务比率分析，也即通过对公司财务上一些指标比率的计算分析，快速了解目标公司近几年的财务状况和盈利水平。一般来说，常见指标分为五大类：短期偿债能力指标、长期偿债能力指标、营运能力指标、盈利能力指标与市场价值度量指标。每一指标的侧重点不同，但在分析一家公司时，一般会五个指标一起使用使得分析更加全面。除比率分析外，常见的分析方法还包括比较分析与因素分析。比较分析指通过在同行业选取合适目标，对指标或比率横向或纵向比较来判断变化情况。因素分析法主要依据各种指标形成的渠道将某一指标如净资产收益率（ROE）拆解成不同指标的组合，也即将一个综合性的指标按照不同构成进行拆分。其中，对ROE进行拆解，得到销售利润率、总资产周转率以及权益乘数三项因素的方法被称为杜邦分析法。本章以杜邦分析为基础介绍了对拆分出的不同因素进行分析的两种方法：连环替代法和差额分析法。

最后注意，财务报表仅是一个工具，对于不同的使用主体来说，目的不同，关注重点也有所不同。比如股东会更加关注公司的盈利以及长期发展潜力；债权人会更加关注公司经营的稳定性以及财务状况是否健康；监管层主要关注在其所辖领域内公司表现合规与否。站在本书的立场来说，作为公司管理层，主要关心公司的经营状况以及各种活动对于公司价值的潜在影响，比如之后在融资决策的讨论中，会关注财务杠杆的增加对于公司价值的影响。仔细合理地研究财务报表，是本书所讨论公司金融管理的基础。

第三章 投 资

NBA球星的薪资让人颇为羡慕。现在的NBA，过亿美元的年薪已经屡见不鲜。回望20年前，NBA球员薪资不过数百万元，直到1996年华盛顿奇才队给德怀特·霍华德开出了一份7年1.05亿美元的大合同，NBA正式开启了“亿元合同时代”。然而仅仅过了21年，斯蒂芬·库里和金州勇士队就签下了5年2.01亿美元的超级大合同，NBA就此进入“2亿元合同时代”，NBA球星合同收入过亿再也不是什么稀罕事了。科怀·伦纳德加盟洛杉矶快船队的工资达到4年1.42亿美元，达米恩·利拉德和波特兰开拓者队的合同更是高达4年1.96亿。在2019年发布的福布斯运动员排行榜中，3名NBA球星登上该排行榜的前10位，分别为第8名的勒布朗·詹姆斯，第9名的斯蒂芬·库里和第10名的凯文·杜兰特，而前100名中NBA占据了35个位置。表面来看，NBA球星确实拿到了让人心生羡慕的天价合同，但是他们的工资真的如这些数字所呈现的那么高吗？NBA球员的薪资并不是在签订合同初期一次性支付的，聪明的资本家都会选择分期支付雇员的薪资。以库里薪资为例，不考虑个人所得税，斯蒂芬·库里5年总计可以获得2.01亿美元薪资，但其最终得到的工资现值要低于2.01亿很多。那么，这种现象为什么会存在，前文所提到的现值又是什么？本章将和读者一起探讨资金的时间价值等问题，帮助理解这个奇怪的现象。此外，本章还就我国金融市场、金融工具等实际情况进行介绍，帮助读者对公司投融资活动的环境形成一个大概印象。

第一节　时间的价值

一、今天的“1”和明天的“1”

在第二章介绍现金流量表时，本书分别介绍了经营、投资、筹资三种活动产生的现金流量。在这一章中将详细介绍其中投资活动的原理和应用。

假如现在A有10 000元打算存款，银行提供给A以下两个选择：一是在两年后拿到11 000元；二是第一年末拿到5 500元，第二年末再给A以5 500元，这时选择哪种更划算呢？绝大多数人都会选择第二种，因为只要A在第二年中能用在第一年末拿到的5 500元赚到哪怕1元，那么第二年末A的总财富就是11 001元，大于第一种选择下的11 000元。

通俗地理解，公司或其他主体的投资活动就是在努力使今天的1块钱能够比明天的1块钱更值钱，使得现有的资金数量能够在未来变得更多。任何投资活动从投入到收获必然存在一个时间差，而正是由于这个时间差的存在，财富才有了升值的机会。换句话说，是时间赋予了资金实现“1大于1”的魔法，获得资金的时间价值。而在现有资金基础上如何使时间价值发挥到最大，就涉及投资活动的选择。选择投资项目是一个十分复杂的问题，判断项目好坏的标准不止一个，风险与收益的权衡是永恒的课题，关于这些本书都将在之后章节中与大家细细探讨，下面就先来介绍一些投资中涉及的基本概念作为铺垫。

二、单利与复利

计算收益率或说计算投资回报，首先就要明确计算方式，明确单利和复利这一字之差带来的巨大区别。简单来说，单利就是利不生利，在整个投资周期内本金固定，前一期产生的利息不会记入下一期投资本金中，因此每期所得到的利息都是固定数量；复利就是日常俗称的利滚利，与单利相反，上一期的本金与利息共同作为下一期的本金来计算，因此每期所得到的利息都会较前一期有所增加。两种计算方法产生的差距会随着本金数量的增加、投资收益率的上升和投资时间的延长而越来越大，在本部分之后的说明中，利息计算方式均采用复利标准。

【案例3-1】惊人的复利——历史上的曼哈顿

1626年，一位荷兰人——更具体来说是荷属美洲新尼德兰省总督Peter Minuit，用价值24美元的货币和珠宝从印第安人手中买下了曼哈顿岛，也就是如今集聚了华尔街、联合国总部、时代广场的纽约CBD，全世界最昂贵的地区之一。到2000年1月1日，曼哈顿岛估值已经达到2.5万亿美元，如今曼哈顿岛上仅产业估值已经达到3万亿美元。

假设印第安人进行投资，并且能使投资的年收益率达到7%，那么运用单利的计算方式，到2000年，24美元会变成652美元，远远小于2.5万亿美元的数字；但假设采用复利的计算方式，1626年的24美元到2000年已经达到2.34万亿美元，印第安人基本可以买回曼哈顿岛；如能使投资的年收益率达到8%，那么在复利的计算方式下这个数字将会变为75.98万亿美元，印第安人在2000年结束时能轻松买下数十个曼哈顿岛。

三、现值与终值

与字面表达无异，现值就是指一项资产在当前时间的价值，终值则指一项资产在未来某一时间的价值。相比于单利与复利，现值与终值的含义更为直接。实际上在刚刚讲述“复利”时，已经使用了终值的概念，只是未给出具体定义。在曼哈顿岛的例子中，站在1626年的时间点上作为“现在”，分别按照7%和8%的年收益率对24美元进行复利计算，得到2000年这一“未来”节点上的2.34万亿美元和75.98万亿美元这两个数字，这两个数字就是同一项资产在同一时点上不同收益率下的终值，这似乎是一个顺理成章的过程。下面的内容将重点对现值的计算问题进行详细说明。

假设现有一家房地产公司要购买一块地皮作为投资，目前价格是160万，预计一年后地皮价格会上涨到166万。在这种场合中，往往将目前价格160万叫作现值，166万叫作终值。同时，这家公司面临着另外一个投资机会，预计投资收益率为5%。请问它现在该如何选择？

通过非常简单的收益率比较可以得出：第一种方案投资收益率为3.75%，显然小于5%，因此，它应该选择第二种。其实除收益率比较外，通过现值或终值分析，同样可以得到一致的结论，下面以现值分析为例对其进行说明。在第一种投资方案中，预计一年后可以收获价值166万人民币的资产，如果在5%的收益率水平下，今天就需要投资166除以（1+5%），得到约158万。也就是说同样为了在一年后收获166万，按照第一种方案需要160万（现值），而在第二种方案中仅需投资158万（现值）即可，进而得到与上述收益率比较中的相同结论：公司应该选择投资方案二。因此，不直接计算收益率，通过固定现值或终值中的一个，同样可以进行优劣比较：终值固定，现值越低越好；现值固定，终值越高越好。

注意，在进行现值分析的过程中，使用到了一个新概念——折现，简单来说，折现或贴现就是将终值折算成现值的过程，倒推得到158万的过程就是折现。而在折现过程中，计算上往往会需要根据已知条件合理确定并使用一个贴现率或叫作折现率，比如正文例子中所使用的5%，和曼哈顿案例中所假设的7%、8%。这也将是本书之后最频繁使用的概念之一。读者可能会很自然地发现，折现的过程与终值计算的过程恰好相反，事实就是如此，可以进一步说，现值是在给定利率水平下，未来的资金折现到现在时刻的价值，是资金时间价值的逆过程。

第二节　现实中的投资

一、金融市场

前面两章中，本书的关注点一直都集中在公司本身，探讨资金在公司融资、投资与分红等过程中的配置。接下来的内容将沿着资金这条线索，从公司出发去了解更多关于金融市场的内容。当然，读者可能会产生这样的疑惑：在一本公司金融的书里有讨论金融市场的必要吗？答案是肯定的。虽然很多实业公司看上去与金融市场的联系并不那么紧密，但在公司金融这一范围内，不仅需要了解资金在公司内部如何流转分配，也需要了解资金从何而来、如何分配，这就涉及公司外部的其他主体。要全面清楚地认识这些主体以及它们和公司之间的活动联系，就需要一个将这些主体与经济活动包含在内的场景——金融市场。

什么是金融市场呢？不太了解的读者第一反应可能是早期股票交易所的大厅，交易员们耳朵上夹着铅笔，在拥挤喧闹的环境中喊出自己的报价。当然了，这是一种非常片面的刻板印象，而现在这种场景也随着电子交易系统的推行而成为了历史。金融市场，一言概之，即为货币资金流动融通的场所。资金从盈余方流到短缺方手中，短缺方对其承诺以未来的收益，在此基础上还有各类纷繁的金融产品工具相关的交易。这个场所并不是说如今还存在一个所有人都去进行金融交易的实体建筑，而更多是一个抽象的概念。再次借助云梯公司的故事里来理解它的本质。楚国的百姓经过辛勤劳作，在一年的花销之外还剩下来一部分资金，而云梯公司为了扩大经营，需要进一步引入外部资金。对于盈余资金较多的百姓，可以和云梯公司商议，以合适的方式直接将资金入股或者借给云梯公司，换取合适的回报；而对于盈余资金不多的百姓，云梯公司一一向其直接融资太过麻烦，而且没有足够能力了解其偿还能力，所以就有了金融机构充当中介，从百姓手中吸收存款并贷款给云梯公司，或者云梯公司发行证券经由金融中介出售给这些百姓。当然，现实中的金融市场运作比这个简化的例子复杂得多，比如融资工具远不止普通借贷，还包括证券公司、保险公司等各类金融机构以及存在政府监管等，但基本上都是资金盈余方通过直接或间接的方式为资金短缺方融资。

展开讨论金融市场上各方的角色职能以及各种机制的细节，需要很多篇幅，也没有必要。这里只需要了解公司如何在市场上与各方接触，并在后续章节中进一步对各类金融工具有一定了解认识即可。就像上面例子中提到的一样，公司在金融市场上一般作为资金的需求方寻求融资，而融资方式包括直接融资和间接融资。直接融资主要指公司不经过金融中介而直接向其他公司或个人寻求融资，就像某二手车平台宣称“没有中间商赚差价”一样，这种融资方式有利于投资者获得更大收益而公司承担更小的成本；缺点则在于投资者可能需要承担更直接更大的风险而公司很难找到匹配的融资方来提供支持。相反地，间接融资需要金融中介机构的参与——投资者不直接把资金给公司，而是用资金进行存款或购买证券、保险等金融产品，收到资金的金融机构再以贷款、购买证券等方式去支持公司。这种方式下资金集中于作为中介的金融机构并受到政府严格监管，因此对投资者而言风险较小，公司也可以更方便地直接向金融机构申请融资。当然，其代价在于金融机构会分配走一定收益，给投资者和公司带来一定的直接损失。

实务中，较大型的公司会偏向采取直接融资比如发行股票，而小公司由于规模等条件的限制会更多采取银行贷款这样的间接方式进行融资。本书第六章会专门讨论公司的融资决策，但之后的内容会淡化直接或间接融资的区分，而更多关注使用不同金融工具（主要指债券与股票）带来的影响。

二、资本市场

刚刚提到，对于规模相对较大的公司来说，在股票市场进行融资是很好的选择。一方面，公司获得更大规模的融资来支持未来经营发展；另一方面，公司股东所持有的资产将拥有更高的流动性。所以，通过上市公开发行股票也是很多初创公司一定时期内所追逐的目标。一般来说，公司公开发行股票获得融资的市场被称为资本市场。本部分将立足我国资本市场的实际情况，为读者简单介绍其不同组成部分以及各自对公司融资的支持作用。

有资格选择上市公开发行的公司一般都是行业内生产经营较好的那一批，因此作为这些公司融资的重要渠道，资本市场的稳定和高效运作关乎一国经济的健康有序发展。通过前文介绍也可以知道，市场上融资投资双方就风险收益达成一致观点时交易才会发生，但市场上寻求融资的公司以及投资者的风险偏好类型又是各不相同。因此，想要建立对公司融资有足够支持的资本市场，一个需要重视的方向便是发展多层次的资本市场。简单来说，就是给资本市场的不同部分设置不同的定位，这样，不同风险偏好的投资者便可以到适合自己风格的板块选择公司进行投资；需要融资的公司则根据要求选择合适的部分登陆上市，以获得适当的融资支持。观察世界各国资本市场的情况，较成熟的资本市场也往往都发展出多层次来适应参与者的细分需求，使得市场上投融资双方的匹配更有效率，资金流动性也有所提升。在我国，资本市场的不同划分部分被称为板块，包括主板、中小板、创业板、科创板、新三板等。

截至2020年，我国的资本市场建设已有三十年时间。1990年12月19日，上交所成立，标志着我国资本市场的创立。2004年“国九条”颁布，从战略高度确立了发展我国多层次资本市场的正确方向；同年6月，深圳证券交易所推出中小企业板。2009年10月，深圳证券交易所又正式推出创业板。2012年7月，新三板正式设立，并不断向全国推广；同年，证监会发布《关于规范证券公司参与区域性股权交易市场的指导意见》，从政策层面首次确认中国多层次资本市场包括四个层次，即主板和中小板（一板）、创业板（二板）、全国中小企业股份转让系统（新三板）和区域性股权交易市场（四板）。2019年6月，沪交所推出科创板，标志着我国资本市场体系进一步完善。目前，我国的多层次资本市场基本形成，主要由主板、中小板、创业板、科创板、全国中小企业股份转让系统（新三板）以及区域性股权交易市场（四板）构成。按照2015年7月证监会颁布的《场外证券业务备案管理办法》定义，主板、中小板、创业板、科创板和新三板都属于场内市场，而区域性股权交易市场属于场外市场。

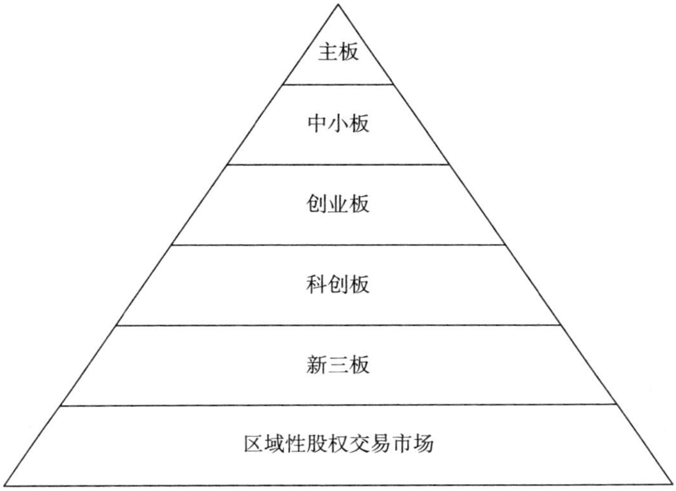

图 3.1 我国多层次资本市场结构

其中，主板市场主要面对大型成熟公司，对发行人（公司）的营业期限、股本大小、盈利水平、最低市值等方面的要求标准较高，需要其具备较大的资本规模以及稳定的盈利能力。中小板面对相对于主板规模较小的公司，准入门槛同样相对较高。创业板服务于无法在主板或中小板上市的创业型公司、中小企业和高科技公司的融资发展需求，为这些成立时间短、规模小的创业期公司提供融资途径和成长空间。主板、中小板对于公司的上市门槛要求相对较高，进而对应合格投资者的门槛很低，无明确要求；创业板在注册制改革之后对投资者的风险承受和识别能力做出了一定的限制，要求投资者最近20日内证券投资资产不少于10万元且有至少两年的交易经验。

科创板的设立目的是鼓励支持那些符合国家战略、突破关键核心技术、市场认可度较高的科技创新公司，这些公司在科创板上市面临的门槛更低。在审核制度上，科创板不同于其他板块，采取了注册制而非核准制，呼应了国家建立有章可循、透明、开放、活跃和灵活的资本市场这一战略目标。相比起核准制用“有形的手”干预资源配置，注册制仅对上市公司做形式审查，由投资者自行对风险进行判断，理性投资，因此对应合格投资者的门槛也就更高（最近20日证券投资资产不少于50万元加两年交易经验）。

【专栏3-1】核准制与注册制

打算登陆资本市场公开发行股票的公司，往往会受到证监会与交易所的审核，这是保护公众投资者的必要之举。试想如果公司不受到证监会的披露等要求限制，公众投资者将很难获得与公司相关的信息，买股票将无异于赌博。一般来说，对公司上市进行审核的方式有两种：核准制与注册制。

二者的根本不同之处在于监管的职能。核准制下，监管层对公司进行审核的目的是确保公司的资质足够好，也就是说在投资者从市场上筛选优质公司之前，监管层会在上市时先一步筛选。注册制下，监管层对拟上市公司的审核主要是为了确保其运行规范，披露合规，而对于公司的资质不做过多要求，将选择更多留给投资者。在后者的情况下，往往会对投资者有一定要求，比如科创板和改革后的创业板。由于核准制流程复杂冗长，且双重筛选扰乱了正常资源的配置，因此一般在成熟市场上，更多采取注册制的方式。但这并不意味着核准制百无一是，在资本市场发展的初期，比如较长时间以来我国的主板中小板，投资者对资本市场有关情况了解甚少，为了保护这些风险识别能力弱的投资者，监管层以核准制的方式作为过渡，避免了投资者亏损严重可能衍生的各种问题。不过，随着资本市场的发展成熟，培养具有风险意识和一定风险识别能力的投资者十分必要，因此开放注册制也成了必然要求。相比起核准制，注册制流程简单，无须经历各种繁复的审批工作，而仅需做形式审查即可。由于门槛的相对降低，注册制满足了一部分公司本来在核准制下无法得到满足的融资需求，有助于形成更加开放流通、有序成熟的资本市场。但注册制改革并非皆大欢喜，在由核准制放开注册制的短期内，市场上可能涌现一批资质相对较差的公司，给投资者带来较大考验，对于风险识别能力弱的投资者来说，很容易造成亏损。当市场上普遍亏损较多时，还会形成恐慌性的下跌。与注册制伴随而来的是更加完善流通的退市途径，在进入变得更容易的同时，公司退出也变得更容易了，这就使得登陆资本市场不同部分对公司估值的影响变小，市场对公司的估值更多回归到公司本身价值。

新三板市场在主板和创业板之外，专门为处于起步期的高潜力公司提供融资和退出渠道。层级上，新三板市场分为基础层、创新层和精选层，公司挂牌门槛以此顺序逐层上升。满足一定条件的基础层公司可以升至创新层，满足一定条件的创新层公司又可以升至精选层。精选层公司在竞价方式等方面较之基础层和创新层具有一定优势，且可以不经过首次公开发行直接转板上市。而在创新层或基础层的公司，如果未能满足一定要求则会在定期调整中被降层。

区域性股权交易市场的设立主要是为了促进中小企业发展，解决“中小企业多、融资难，社会资金多、投资难”，即“两多两难”的问题。区域性股权交易市场由地方政府管理，主要承担非公开发行证券，是资本市场服务小微企业的新组织形式和业态，是多层次资本市场体系的组成部分。

未来，我国资本市场将向全面注册制改革推进。2020年10月15日，证监会主席易会满表示，将选择适当时机全面推进注册制改革，着力提升资本市场功能。在全面注册制下，我国资本市场将更多地以披露为核心，完善退出机制，给中小规模企业融资带来更多便利。同时，市场对公司的估值与投资也将更加理性。

最后，对于有融资需求的公司而言，要针对自己的实际情况以及不同板块的定位要求来选择合适的登陆板块。对于已经登陆资本市场某一板块的公司，也可以换到其他板块。具体操作方式包括退市后进行首次公开发行，退市后借壳上市（借壳上市将在第八章介绍）以及新三板精选层直接转板等。

三、金融工具

（一）债券

本节开始涉及公司在市场中的角色以及和其他参与者之间的联系。联系的媒介或手段就是金融工具。像任何市场一样，金融市场的买方与卖方各取所需进行交易。不同的是，产品或生产要素市场上的交易对象往往都是实际存在的商品或服务（比如原始社会中的人们用两把斧头换一只羊），而现代金融市场上买卖双方的交易对象可能一开始并不存在。本质上，买卖双方的需求都是不同形态的现金流，比如云梯公司现在需要一笔资金，可以两年后连本带利返还；而楚国的百姓们现在有一笔盈余资金，希望两年后有所收益。这样，当二者的需求互相匹配后，就形成了一笔交易，交易的结果是资金供给方与需求方按约定方式支付现金流的协议，也就是金融工具。随着金融市场发展成熟，金融中介机构推出了越来越多的标准化产品，投资者或融资者可以按自己的需求选择交易。但很多时候交易双方会根据各自的特殊需求去设计产品，其中某些金融产品非常复杂，以至于定价上需要用到很多数学知识与计算机编程来实现。但不必担心，本书仅仅介绍这些工具如何关乎管理层在公司金融方面的决策，不会拘泥于某些产品的细节。

一般而言，公司金融主要关注的金融工具包括债券和股票，它们将构成后面公司资本结构的重要讨论。但除此之外还有可转债等性质介于股票和债券之间的产品，以及期权等收益取决于某一基础资产的衍生金融工具。这里不会仔细研究这些复杂的金融工具，但会做原理和应用上的介绍，毕竟公司管理层会有可能在实务中接触到与其相关的问题。

债券是最基本的金融工具之一，借贷也是日常生活中最熟悉的融资方式。从人类社会很早期的阶段开始，借贷这种信用融资形式便已出现。按照日常的理解，借贷关系在于资金盈余者缓解资金短缺者的一时之需，后者在约定时间连本带利返还。但在如今各类金融产品层出不穷的金融市场上，光有这样的定义并不足以将债券从类似产品中精确分割出来——毕竟很多产品都一定程度上符合“缓解资金短缺者需求”以及“连本带利返还”的描述，而债券的本金也并不一定是最后返还。这就需要认识到债券真正区别于股票等其他产品的特性：固定收益。仔细想一下，其他金融产品并不满足这一条件，如股票的收益取决于未来不确定的股利分红与股价增长等。一般来说，最常见的债券会承诺每期固定支付一定数额的利息，并在最后连本金一起返还。但也有很多其他种类，比如每期支付同样数额资金的等额本息债券。

注意这里的固定收益并不意味着每年支付等额的资金，那只是其中一种特殊情况；甚至有时固定收益都不意味着可以提前知道每期支付具体的数值：有时支付金额会取决于浮动利率比如银行间同业拆借利率，虽然不能知道未来这个浮动利率具体是多少，但只要约定好了浮动利率，就同样可以看作固定收益。

【专栏3-2】债券违约潮

一直以来，债券都以其固定收益的特性而被认为具有更低的风险，受到很多保守型投资者的追捧。但实际中的债券并不是完全无风险的，公司经营状况的变化可能会大幅影响其未来的现金流，一旦短期现金流无法偿付存续债务的利息或本金，债券就面临违约的风险，投资者不仅无法获得应有的收益，甚至连本金都难以收回，损失惨重。在之前的债市上，很多时候存在一定的“刚性兑付”现象，即为了维持金融市场的稳定有序，保护识别风险能力弱的投资者，监管会在债券面临违约时帮助其偿还投资者，出现了投资债券无论如何都能获得收益的现象。这样的管控行为无疑是不利于金融市场资源有效配置的，因为那些经营风险高的公司付出为数不多的成本就可以融到资金。随着金融市场不断发展成熟，不再需要“刚性兑付”来维护市场的稳定，而更多需要关注资本有效配置的问题，也即允许债券的有序违约。

债券违约潮指的是大批企业债券短时间内接连出现违约的现象。一般来说，这种现象产生的原因包括前期门槛放低、宏观经济形势变化等。设想当某一时刻发行债券的准入门槛变低，利率降低，通过债券融资显得格外划算，这就吸引了较多的公司考虑发行债券融资。其中很多公司的资质可能并不足以偿还未来的债务，但在过热的市场下仍得到了较高的评级。到了这批债券需要偿还较大数额现金流的时候，其中很多资质不好的公司就会违约。很多时候，如果从违约潮发生的时间根据债券期限向前推，便可以找到债市过热的一段时期。2020年10月下旬起，又一轮公司债券违约出现苗头，先是辽宁知名国企华晨集团发行的总额约10亿元的"17华汽05"私募债出现违约，紧接着是沈阳盛京能源的两只存续PPN（非公开定向债务融资工具）违约，再之后是青海国投宣布对处于赎回期的永续债不实施赎回。11月10日，地方知名国企永煤集团发布公告称，因流动资金紧张，公司未能按期筹措足额兑付资金，"20永煤SCP003"未能按期足额偿付，已构成实质性违约。由于永煤的债券评级是AAA级，在一般情况下可以被认为基本没有风险，因此其违约给市场带来了很大的震撼。

这些债券违约的案例也一再提示大家，在投资某种金融资产的时候，无论债券、股票还是优先股，都只是交易的工具。要想正确评估某项金融资产的实际收益与风险情况，最终还是要回归到公司本身业务、前景的分析上来，仅仅因为金融产品的形态便盲目做出投资决策是切不可取的。

（二）股票

股票同样是常见的金融工具，本质是股东的所有权凭证。通过投资股票，股东在未来可以获得可能的股息、分红以及股价变动带来的损益。在前面讲公司金融目标的时候，本书已经做过一些关于股东权益的讨论，但那时针对的是所有公司，而这里所说能够发行股票的仅包括股份制公司，经过严格审核后，股份制公司可以向公众发行股票来募集资金。在公司通过首次公开发行（IPO）上市后，股东们还可以在二级市场上互相交易所持的股票。

虽然股票市场给人们的印象经常伴随着无限风光与万众关注，但这里还是要强调一点，即股票实质上是公司的剩余索取权。如何理解“剩余索取”呢？假如鲁班因为对市场把握不到位而造成经营出现重大问题，云梯公司面临破产清算，那么各方都想拿回属于自己的资金份额。一般来说，当公司进行破产清算时，往往会优先支付员工工资和债务，之后是或有的优先股，最后才轮到普通股股东。也就是说，在支付木材公司的债务以及制造工人的工资后，楚王才能从剩余的资产中拿到属于自己的份额。剩余索取的逻辑不止在清算时体现，对于健康运营的公司而言，其营业收入要扣除掉各项成本、息税费用等，最后的净利润才能分配给股东。

股票和债券是公司在融资时最重要也是最常见的两种工具，二者在所代表的持有人权利、融资成本等方面有着较大的差别，公司进行融资决策时需要格外关注股权与债权的比例分配。

（三）债券与股票之间

除了债券和股票，还有一些其他的金融工具，它们既在支付上具有债券的特点，又和股票这样的权益类工具有相通之处。有时这些金融工具会被归为股票或债券，但在这里将它们独立于债券和股票一起介绍，以强调其不同于二者的特殊性质。本部分主要介绍实务中时常可能遇到的两种：可转换债券和优先股。

可转换债券是一种特殊的金融产品。齐王现在不确定云梯公司未来的发展前景，但如果股价上升的话也不希望错过分一杯羹的机会，因此就更偏向这样一种金融产品——开始和普通债券无异，但宽限期过后有权按照提前约定好的价格将债券转换为股票以享受可能的增长，同时，即使不行使转换的权利也还可以拿到固定收益。可转换债券在不转换时具有债券的性质，转换后又具备了股票的性质，因此很难将其划分为二者中的任意一种。对于投资者来说，享受转换的权利意味着债券的固定收益有所降低，而公司则可以通过这种方式享受到更低的融资成本。当然，在发行可转换债券时也要注意其给资本结构方面带来的潜在的变化，这一点在融资决策部分还会再次提及。

优先股听上去像是股票的一种，的确，和普通股股票一样，它的持有人是公司股东而非债权人，但从收益的角度看，优先股并不像普通股票一样股利分红不定，而是能够获得固定比率但不强制发放的股息。当公司面临破产清算时，优先股的优先级高于普通股，可以更靠前获得清偿。对于公司来说，由于不能抵免所得税，优先股成本相较于债券更高，但优先股股利不强制发放的性质为公司在财务困境时赋予了更大的灵活性。

（四）期权

事实上，除期权之外还有非常多的衍生金融工具，如期货、远期、互换等等，它们的收益取决于某一标的资产的价格，但管理层可能和期权的接触更多。怎么理解“取决于”这一概念呢？以期权为例。在鲁班的经营下，云梯公司的业务蒸蒸日上，齐王很看好公司股票的增长，希望通过这一预判赚取尽可能多的收益。但他手头的钱无法购买很多股票，直接买股票的话收益规模很小，于是找到秦王，提出希望获得以当前股价在一年后向秦王购买云梯公司的股票的权利。当然秦王也不傻，意识到了股票价格增长的可能性，因此要求一定的补偿。这就是期权产品的本质——付出一定代价来换取在未来以某一价格购买或卖出股票的权利。首先注意到，期权可以是买入或卖出，也就是说如果齐王并不看好云梯公司的增长，就可以提出获得以当前股价在一年后卖出的权利。其次，期权代表的是一种权利而非义务。齐王在一年后如果发现股价并没有像所预判的那样增长或下跌，可以放弃行使权利，仅仅损失了购买期权的费用。这方面与之相对的是期货以及远期合约：无论损失多大，任意一方都必须按照规定完成交易。

前面的故事里，齐王不直接买股票的原因在于资本报酬率低，这就涉及了期权等衍生品的杠杆作用。杠杆是日常中广泛使用的工具，就像阿基米德的名言“给我一个支点，我可以撬动地球”，期权就是用来撬动更多收益的那根杠杆。直接购买股票的话，每买一股才会获取这一股股票价格变化带来的损益；而通过购买价格一般低于股价的期权或其他衍生品，同样可以实现一股股票价格变化带来的损益。这样，对于相同数额的总资金，购买期权等衍生品就可以实现更多数量股票的价格变化带来的损益（注意：在可能的收益增大的同时，可能的损失也增大了）。

当然，期权的作用不只在于像齐王一样进行投机，还包括对冲风险和套利等。由于收益和股价相关且不需要强制交易，期权往往成为一种代替奖金激励管理层的方式——当股价上涨时管理层持有的期权价值也随之上涨，从而可以激励管理层为最大化股价而奋斗。但管理层可能为短期套现而做出损害股东利益的决策，因此在期权合约设计上往往会规定雇员不能出售期权以及在冷静期内不能行权等，以确保管理层为了最大化股东权益而努力。

【案例3-2】衍生品：越荡越高的秋千

期权是一种衍生品，它的价格由所标的的基础股票资产价格所决定。前面提到，除了普通期权之外，还有各种其他衍生品，它们也已经发展出巨大的市场与海量的交易频次。这种收益风险依赖于本身之外某一基础资产的形式，可以通俗地理解为对某件事情下赌注。很多时候，这样的赌注越下越大，当大家都向着同一个方向下注结果却输了的时候，就会出现市场上资产价格大幅缩水，金融机构破产等现象。2008年美国金融危机正是如此。

简单来说，2008年之前的很长一段时间，美国房地产市场势头良好，使得大家几乎都坚信房地产市场只涨不跌，纷纷希望分一杯羹。越来越多收入前景并不理想的人都拿到了看上去特别划算的房贷合同，使得市场上积压了较高的风险。如果仅仅是房价炒高，结果还不会如此惨烈，然而华尔街的金融机构利用金融衍生工具给市场这一本来就越荡越高的秋千不断地增加推力。具体做法是使用担保债务凭证（CDO）这样的结构化产品以及信用违约互换（CDS）这样的衍生品把房贷本身的现金流进行各种拆分、重新打包和转换并发行证券，使得很多证券拥有与实际不符的信用评级（就像水果店把不新鲜卖相不好的水果切成块做成拼盘）。这样的证券在市场上大行流通，但在一切的最底层还是那些还款前景不明的贷款。于是，当越来越多的证券发生违约，就像从秋千最高点飞出去一样，剩下的便只是自由落体了。十年后旧金山联储的一份报告指出，2008年金融危机与后续的经济衰退使得每个美国人终生收入平均损失7万美金，约合人民币近50万元。

第三节　收益与风险

一、投资的动力：收益及收益率

（一）揭开收益的神秘面纱

收益和风险就像一对孪生子，要想获得更多的收益就必然要承担相应的风险。在此先以一个小故事引入对于风险和收益的讨论。

【案例3-3】吕不韦的“投资”

历史上记载着这样一段故事。战国时期纷争不断，各国为了相互牵制都会派出皇室后代血脉充当人质，秦国向赵国派出的人质即为秦异人。赵国著名商人吕不韦在机缘巧合下与秦异人相识并产生了较好的交情。有一天秦异人问吕不韦：“你可否愿意助我回秦国登基做皇帝？”

吕不韦回去问自己的父亲：“父亲，耕作农田可以赢利几倍呢？”

他的父亲回答说：“十倍。”

“那么朱玉生意呢？”

“朱玉生意可以赢利百倍。”

“若助一个人登基成为帝王呢？”

“此事成功之赢利无法用金钱衡量。”

听闻父亲此言后，吕不韦欣然答应了秦质子的请求，并在秦赵恶战时帮助秦质子回到秦国，秦质子随后也在秦国顺利继承王位。

吕不韦为什么愿意帮助秦质子回秦国争夺王位？仅仅是因为二者交情吗？众所周知，除是秦国丞相外，吕不韦还是精明的商人。吕不韦帮助秦质子继承王位就好比进行一项风险投资，在这之前必然会经历过一番盘算和权衡。他愿意帮助当时一无所有的秦质子，是因为他深知这件事情成功后必然会给他带来高额回报。正如市场上的PE和VC一样，高风险必然伴随高收益，一旦秦质子顺利取得王位，先不讲吕不韦财力如何壮大，光是帮助秦质子继承王位这件事就可以让他建功立业，功成名就，流芳百世。

在案例3-3中，吕不韦做出的投资会面临巨大的风险，投资失败可能致使吕不韦破产甚至是家破人亡，但他最后还是选择承担风险帮助秦质子。有的读者可能会想，要是自己位于当时的处境，会做出同样的选择吗？这就涉及收益和风险的权衡问题。本节接下来将为读者一一揭开收益和风险的神秘面纱，并介绍风险偏好的不同类型以及风险和收益的权衡问题。

吕不韦帮助秦质子继承王位获得的回报有豪宅良田等直接回报，也有地位名望等间接回报；公司投资某个项目可以获得资本增值，投资股票可以获得股息、分红和买卖差价，投资债券可以获得固定利息，这些都是投资产生的收益，当然也可能出现亏损。从历史上看，收益这一概念最早出现在经济学中，著名经济学家亚当·斯密（Adam Smith）将收益看作是财富的增加，随后另一著名经济学家阿尔弗雷德·马歇尔（Alfred Marshall）将收益这一概念引入公司，提出要区分实体资本和增值资本的经济学收益思想，将收益看作是资本的增值。所谓收益，读者可以简单地理解为相对于投入资本增值的那部分资本。举个例子，作为专业证券投资公司的投资经理，你2019年花费100万元购买了M公司10万股股票（当然，大部分投资经理在投资时并不会只选择投资一种股票，所谓不把鸡蛋放在同一个篮子里就是这个道理。关于通过投资组合分散风险的问题，主要将在下一部分讲到），2019年该公司经营良好，每股股价上涨了2元并向股东每股分红1元，此时你的收益就包括两部分，一部分是M公司派发的10万元分红，还有一部分是因股价上涨而持有的20万元资本利得。因持有股票而获得的两部分收益，都是在原投资100万元的基础上产生的资本增值，因此都叫作该项投资的收益。这里需要特别指出，假若持有的股票目前不卖出去，资本利得还能算是收益的一部分吗？答案是肯定的，即便你目前没有卖出股票的打算，但是这并不能改变你想把股票卖出去时就可以获得这部分利得的事实。

在此不妨先短暂停下来思考这样一个问题：为什么投资就会产生收益呢？回顾一下本章第一节内容，在那里本书为读者介绍了资金的时间价值。投资会产生收益的第一个原因是资金具有时间价值，可将这部分报酬看作无风险收益率。但那并不是故事的全部，所谓高收益高风险，投资会获得收益的另一个原因是投资一般都会承担一定的风险，这部分收益就被称作风险溢价。只有当这种投资风险有可能获得相应的回报时，才会有人愿意去投资。总而言之，投资因资金的时间价值和投资风险而产生收益。而对应地，从公司这样的资金需求者的角度来说，市场上投资者所要求的收益率，其实就是自己为了达成交易，未来所需要付出的代价，也就是所谓的资本成本。在不考虑税收的前提下，投资方所获得的收益和融资方所付出的资本成本本质上是一样的，只是考虑的角度不同。在关注投资回报时往往用收益指代，而关注公司融资决策时往往用资本成本这样的说法。

（二）常见的收益率

再次回到上面的案例。假设2019年初你以100万元购买了M公司股票，2019年全年获得分红10万元，同时每股股价上涨2元。由于公司销量下降和大环境变化，你预期未来该公司股票可能会下跌，于是你决定以12元每股的价格卖出持有的10万股股票，获得资本利得20万元，总获利为30万元。收益率是用来衡量某项投资获利能力的指标，30万元的收益仅是你获利的绝对数，它无法衡量某项投资的获利程度，也无法对投资额不同的两个项目的获利能力进行比较；将其转化为收益率形式则可以克服这些困难。收益率一般用R表示，下面简单介绍常见的几种收益率。

1. 持有期收益率

持有期收益率是指投资者对某项投资持有期间的平均收益率。这里还是引用之前投资M公司的例子。为了计算公司2019年该项投资的持有期收益，需要一些假设限定从而简化计算，如回避分红资金再投资问题等。在这些假设前提下，本年度公司的持有期收益率为：

$$\text{持有期收益率}=\frac{\text{股利}+\text{资本利得}}{\text{初始投入}}\times 100\%=\frac{30}{100}\times 100\%=30\%$$

由上面公式可以看出，2019年该项投资的持有期收益率为30%。倘若真的存在这样一项投资，那么该项投资的回报将会非常可观。

2. 无风险收益率

所谓无风险收益，就是将资本投资于一项没有任何风险的资产时所得到的收益率。当然，这只是一种理想状态下的收益率，因为市场上总是存在各种各样的投资风险。通常把以本币发行的且对通货膨胀进行调整的国债利率作为无风险收益率。当然，这只是对无风险收益率的一种近似表示，因为即便是靠国家信用背书发行的国债也不是完全无风险的。但是对通货膨胀进行调整后，国债风险会很小，可以基本看作一种无风险资产。

3. 期望收益率

期望收益率是指在未来不确定的条件下，投资者预期某项资产会获得的收益率。持有期收益率是站在现在的维度看待过去的投资表现，假如是在当前时点想了解某项投资在未来的表现呢？显然，未来具有很大的不确定性，投资者不是先知，无法准确预测某项投资未来会赢利还是亏损，更不用说准确预测未来收益率。但是根据某项投资过去的表现以及大环境走势等，往往会对该项投资的未来收益率形成一个预期，这种收益率就被称为预期收益率。还是以上一个例子为例，假若2019年底，你从该项投资中取得了很可观的回报，你决定继续持有这项投资。根据该只股票近几年数据，你认为2020年一年期间，你有20%的可能或者说概率会获得15%的收益率，50%的概率获得20%的收益率，30%的概率获得25%的收益率，那么该项投资2020年的期望回报率是多少呢？这里只需要将各收益率及其概率相乘再求和即可以得到，也就是：

$$期望收益率=20\%\times15\%+50\%\times20\%+30\%\times25\%=20.5\%$$

结合该只股票过去的表现及投资者对未来的预测，预期该只股票2020年的资产收益率为20.5%。也可以将这种期望收益率理解为2020年投资者可能获得的平均收益率。

二、收益的孪生兄弟：风险

（一）什么是风险

现在开始把讨论焦点聚集到风险上。金融上对于风险的定义和现实中一般理解的风险类似，都是指某种不确定性。一般所说的某项投资的风险就是指该项投资在整个持有期间所能够获得的收益的不确定性。在期望收益率部分就曾谈到，当站在当前视角看未来时，并不能准确判断未来的投资是赢利还是亏损，收益率的具体大小更是无法掌握，因为未来存在各种各样的风险，如违约风险、通货膨胀风险、利息风险等，所以投资者对未来收益率只能采取期望收益率的形式加以描述。

在统计上，一般会使用方差这一统计量来描述风险。方差经常被用来描述各种可能取值对期望值的偏离程度，这里记为σ^2。一般来说，方差越大，表明各种可能的收益结果对于期望值的偏离程度越大，未来收益率的波动越大，风险越高；方差越小，表明各种可能取值对期望值的偏离程度越小，未来收益率的波动越小，风险越低。

（二）投资组合与风险分散理论

有这样一个关于农妇的故事。从前有一个农妇养了好几十只鸡，由于喂养得当，农妇很快就积攒了很多鸡蛋。有一天，农妇决定把鸡蛋拿到集市上去卖，她便把所有鸡蛋都装在同一个篮子里。她的丈夫建议她把鸡蛋分装在几个小篮子里，不要一个大篮子装那么多鸡蛋。但是农妇却不这样认为，于是她丝毫没有理会丈夫的建议，用大篮子提着鸡蛋赶往集市。由于大篮子长期不用，篮子底部一下子就豁开了，鸡蛋全数掉出来碎了一地。

这就是著名的“不要把鸡蛋放在同一个篮子里”的故事。虽然把鸡蛋放在同一个篮子会减少运输成本，但是风险也大大增加了。故事虽然简单，但是却具有很好的启示作用：公司管理者在做投资决策时，不应该把所有的资金放在同一种证券或者同一个投资项目上，而是要尽量通过投资组合分散风险，在控制风险的同时实现收益最大化。但是现在就有一个问题：为什么投资组合就比单个资产拥有更低的投资风险呢？

相信大部分投资者都不会把自己的资金只用于购买一种资产，而是用于购买多种资产，多种资产构成的集合即为投资组合。投资组合的期望收益率就是资产组合中各种资产收益率的加权平均，权重为每种资产投资价值在总投资价值中所占比重。假设一家公司在两种资产上投资了100万元，其中30万元用于购买收益率为10%的股票，70万元用于购买收益率为6%的债券，则该投资组合的期望收益率为：

$$\text{组合的期望收益率}=\frac{30}{100}\times 10\%+\frac{70}{100}\times 6\%=7.2\%$$

投资组合的风险会稍微复杂一些，它不像期望收益一样可以通过各种证券的收益加权计算出来。不难理解，如果投资多种不同的证券，并且这些证券的收益率存在某种关系，就不能简单地将各证券的风险进行加权来计算投资组合的风险。一般来说，证券之间的收益率关系存在三种情况。第一种是最简单的情况，即证券各自的收益率相互独立，不存在任何相关关系，此时资产组合的风险就等于各证券风险的加权平均。第二种情况是一些证券收益率具有负相关关系，所谓负相关，就是当资产组合中某些证券的收益率由于某种原因下降时，另一些证券的收益率会由于这些因素而上升，这样两类证券的收益率变动相互抵消，相对于第一种情况，资产组合的风险就会降低。第三种情况是一些证券收益率具有正相关关系，所谓正相关，就是当资产组合中某些证券的收益率下降时，另一些证券的收益率也会下降，这时证券收益率呈同向变化，相对于第一种情况，资产组合的风险就被拉大了。

证券收益率的相关关系具有一定的启发意义。既然证券之间收益率的波动关系为负相关时，整体来看投资组合的风险会被降低，就可以在市场上寻找那些收益率波动关系为负的证券以达到分散风险的效果，这也是在做投资时，大部分投资者并不会“把鸡蛋放在同一个篮子里”的原因所在。

（三）系统风险与非系统风险

现在来思考这样一个问题，既然风险可以分散，那么是不是说可以在市场上寻找收益率波动方向相反的证券，一直分散风险直至风险消失？答案是否定的，假如风险真的可以分散至0，那么同样市场上所有的证券或者证券组合都应该具有相同的收益率，因为既然这些风险可以通过投资多种证券进行分散，那么没有人会愿意为这些可以分散的风险支付成本。市场上总存在一些风险不可以通过投资组合进行分散，这被称为系统风险；而另一类可以被分散的风险，被称为非系统风险。

非系统风险，又称可分散风险，是指由只对某个证券收益率产生影响的因素所带来的收益不确定性，例如发生于个别公司的罢工、新产品开发失败等。非系统风险只与单个证券相联系，因此当投资者持有多种证券时，有些证券在一定时期内可能会受某种因素的影响而自身收益率下降，另一些资产则可能收益率上升，这种增减变动就会相互抵消形成风险对冲，使得投资组合风险下降，因此非系统风险又被称为可分散风险。

但是并不是投资组合的证券越多，非系统风险越能充分分散。当投资组合中证券的数目较少时，通过增加收益率相关性为负的证券可以很好地分散非系统性风险，但如果投资组合中证券的数量已经很多了，再增加证券以分散风险的效果就会很差，研究表明，投资组合中证券的数量以15~20个为宜。

系统风险，又称不可分散风险，是指由对市场上所有资产收益率都会产生影响的因素所带来的收益率不确定性，这些因素包括国家政策、宏观经济等。由于一家公司总是受国家政策的约束，受宏观经济形势的影响，因此无论如何配置投资组合，其中的所有资产都会受制于不景气的宏观经济等不利因素而出现收益率下降的情况，也就是说这种风险无法通过投资组合进行分散。虽然系统性风险不可以通过投资组合加以分散，但是不同证券的系统风险大小是不一样的，因为每个行业的特点和每家公司的经营方式存在差异。例如比起餐饮行业，旅游行业对经济环境的依赖程度会更高，一旦国家经济不景气，旅游业受到的影响会超过餐饮行业受到的影响。

三、风险收益权衡

在本节开始的部分，讲到了吕不韦助秦质子登基前，向父亲咨询了这项举动与各种生意收益的比较情况。虽然最后作为一代名相赢得了生前身后名，但这个故事里吕不韦的决策方式按照投资的视角看并不明智——仅仅听到助人登基可能的荣华富贵就答应秦质子的请求，似乎并没有考虑随之而来潜在的杀身之祸。前面已经提到过，风险与收益像孪生子一样相生相随，忽视任何一方都是片面而不明智的做法。

应该如何综合考虑风险与收益呢？一般来说，人们喜欢丰厚的收益，而反感风险带来的不确定性，所以很自然地，大家也就会喜欢那些高收益而低风险的投资项目。问题是，这样的项目真实存在吗？想象一个信息交流非常充分、所有人交易不受限制的金融市场，有一天在市场上突然出现了一个优质项目，收益高于其他任何项目，风险也远低于其他项目。显然，所有的投资者都会蜂拥而上，希望抢到这个赚钱的好机会。但项目所需要的资金是有限的，在众多投资者中应该选谁呢？这时，一些自觉无望抢到项目的投资者就会提出，如果拿到项目则愿意接受稍低的收益（这总比没有项目可投要强），于是他们拿到项目的机会一下子变大了。但这样做的后果是大家竞相模仿：只要项目还有利可图，就不断会有人提出接受更低的收益……最后，这个项目的收益会达到一个足够低的水平，以至于在它对应的风险水平上，没有人会觉得它格外诱人了。而一个收益过低风险过高的项目，将压根不会有人问津，直到最终无奈退出市场。随着不断有新的各种项目出现，市场会持续处于这样一个动态调整至均衡的过程。也就是说，极端情况下投资者将永远不可能在市场上找到一个收益特别高而风险特别低的“优质”项目——当然，实际中由于信息交流不充分、信息不对称、交易限制等因素，这样的“优质”项目并非不存在。所以对于具体项目，还是要具体分析其收益与风险，也就是进行风险与收益的权衡，以选出最为合适的项目。但在面对“优质”项目匆忙做出决定前，不妨先问问自己：“为什么别人没有发现这个好机会？”

最后来对风险做进一步思考。虽然前面内容一定程度上默认了大家都追求高收益低风险的逻辑，但事实真是如此吗？显然，不同的人对于风险的感知不同，有的人天生热爱冒险带来的刺激感，有的人更喜好稳定带来的安心和平静。经济研究中把投资者对风险不同的感知称为其风险偏好的类型。一般来说，大多投资者都是风险厌恶的，更加偏好确定性的收益，也有少部分投资者是风险偏好的，就像沉醉于心跳加速感觉的赌徒。理论上，公司的财务决策应该按照本书前面介绍的股东权益最大化目标来进行，但实际中公司的运营往往会受到管理层风险偏好类型的影响。公司所处境况也会影响到管理层的风险偏好类型，在公司陷入财务困境濒临破产时，很多管理层会选择“赌一把”，做一些激进的投资，以期万一成功后公司得以起死回生，但在公司规模壮大、春秋鼎盛之时，管理层往往会表现得更加保守而规避风险。基金是这种行为最为明显的行业之一，基金经理保守或激进的投资风格往往反映出其风险偏好的类型，也吸引着类似的客户加入，造就了其所管理基金的风格与特点。

【专栏3-3】基金经理的投资风格

在前文介绍的金融市场中，有一类较为特殊的投资者即基金经理，他们的主要任务是对客户资产进行管理投资以实现增值，从而获得酬劳奖金。基金经理面向的市场既包括一级市场（如投资未上市股权的私募基金）也包括二级市场（如相当数量的权益类公募基金）。对于大部分投资基金的公众投资者来说，常见的基金经理大多面对二级市场，也即主要关注公司已发行股票的交易流通。虽然基金经理不直接相关于公司的经营和融资，但作为基金管理人，其关注目标同样是股东权益的最大化。而作为金融市场的重要主体之一，基金经理（主要指权益类）主要通过将所管理资产在其看好的各股票或指数上进行配置，获得最大的预期收益。由于手中管理资产规模巨大，具有一定的市场影响力，加上名校、高薪等光环，基金经理往往受到市场较多的关注。不同的基金经理在投资逻辑、风格等方面都有着较大的差异。对于投资者来说，选择基金经理时一方面需要考虑到自身资产的风险承受能力，一方面也要考虑到自身的风险偏好，从而实现自身效用的最优。

在实际工作中，基金经理的投资组合往往是根据某种特定的策略配置得出。根据招商证券基金评价团队的观点，按照基金经理的关注重点、投资理念进行划分，目前我国基金经理的投资风格大概可分为价值风格、价值成长风格、成长风格、均衡风格、中观配置、行业/主题六种。

本章总结

本章开篇引入了关于时间价值的讨论：今天的1元钱和明天的1元钱，价值该如何比较？由于存在延迟满足和各种风险，不同时期的价值并不能直接划为同类：把一块钱存到明天再花，今天就不能用它进行消费，因此这就需要考虑到资金的时间价值。有了这一概念，便能够以收益或折现的方式对不同时期的现金流进行比较。此处还需要对现值终值之间的关系有所理解，认识到贴现率和收益率作为同一硬币两面的本质。

然后，本章第二节步入到实际的金融市场中，认识市场上的各类主体，以及公司大多数时候作为融资者的角色。在股权融资方面，专门介绍了我国多层次资本市场的构成，了解主板、中小板、创业板、科创板以及新三板各自不同的定位以及现状，并介绍公司进入不同板块的途径和方法。随后概述了金融市场上不同的金融工具，包括债券、股票、可转换债券、优先股、期权等，特别关注了其固定收益、剩余索取权、杠杆等不同特性。

最后，第三节结合本章前述的资金时间价值以及金融市场和金融工具，对投资活动本质上的收益和风险权衡进行了更加深入的了解和认识。细节上关注了投资活动中常见的收益率如无风险收益率、风险作为均值偏离的衡量方式以及系统性风险、非系统性风险等概念。最后，第三节还考虑了投资组合的风险收益衡量方式。

第四章 估　值

爱尔眼科医院集团股份有限公司成立于2003年1月24日，主要业务范围涉及眼科疾病诊疗、手术服务以及医学验光配镜等。公司于2009年10月30日在深圳证券交易所挂牌上市，经过多年全球战略布局和海内外并购发展，目前已成为我国最大的眼科医疗机构。自2014年大规模业务扩张以来，爱尔眼科市场表现亮眼，二级市场业绩表现良好，市值已由2009年的50亿元左右上升至如今的2800亿元左右，涨幅达40多倍。纵观爱尔眼科成长史，其营业收入及利润表现为市场承认，股价节节攀升，市场声誉明显提高，市场价值受市场多方高度认可。2016年爱尔眼科曾被《新财富》评为“年度十佳资本运作项目”；2017年有49份券商研报看好爱尔眼科基金运作模式；高瓴资本等知名投资机构则通过其定增计划成为公司股东，充分显示了爱尔眼科受到市场的高度认可。乍看爱尔眼科公司市值，读者可能会感到吃惊，因为爱尔眼科仅用了17年时间就把公司市值提高了40多倍。不难理解，公司价值与公司的营收能力和利润创造能力是密不可分的。但是事情远没有这么简单，想要弄清楚爱尔眼科市值狂飙的秘密，就必须先搞清楚公司价值和估值的逻辑。那究竟什么是公司的价值或股票的价值？除上述因素外，在给公司做估值时管理者还应该考虑哪些因素？公司的估值方法又有哪些？本章将和读者一起，探讨与估值相关的一些事情。

第一节 公司价值与估值

一、什么是公司的价值

在开始本章主题之前，停下来认识何为公司价值很有必要。不妨以这样一个问题开头：如何衡量公司价值？接下来本书将从公司的历史、现在和未来三种视野出发介绍公司价值的三种衡量方式，以说明何为公司价值本质及其更为合理的衡量方式。

第一种，从公司历史出发，考虑用历史成本衡量公司价值。所谓历史成本表示法，即用公司资产的历史购置成本衡量公司价值。这种衡量方式合理吗？假设楚王云梯公司在十年前购买了各类生产用固定资产，购买成本共计100万元，其中包括一栋生产用厂房，除固定资产外，云梯公司未购入其他资产。由于房价上涨，十年后厂房价值上升至1000万，若用历史成本，即仍以账面价值100万去反映公司真实价值可行吗？显然这会使云梯公司真实价值被低估很多。因此，实务上不能简单用历史成本衡量公司的真实价值。

第二种，从公司当前状况出发，以重置成本估计公司价值。重置成本法，即以当前市场价格重置公司资产所需成本为依据衡量公司价值。以这种方式衡量公司价值同样不太合理。回顾鲁班开展投资活动的本质，是以当前资金获取更多未来现金流。经营活动的目标是通过投资在未来获取利润，而重置成本法并未考虑公司未来发展状况，因此重置成本法也不是最为合理的评估公司价值的方法。

因此从未来出发衡量公司价值更加合理。金融经济学家一般将公司价值定义为公司未来预期产生的经营现金流量按公司资本成本折现的现值，其关键取决于公司未来所能创造的经营现金流量和资本成本。从公司价值的定义也可以看到，公司的价值不是公司现有资产的账面价值，而是以未来现金流量为基础进行折现的公司的内在价值。

二、为什么要进行估值

从一个虚拟的案例开始。A是某投资机构的合伙人，他在2019年发现并跟进了甲科技有限公司。在此之前，A并未进行过任何投资项目，也不知道应该如何去开展这次收购业务。于是他去寻求另一位合伙人B的建议。B是一位具有丰富投资经验的合伙人，他告诉A，投资最重要的一环是要对目标公司进行评估，以确定自己的收购价格，这个过程就被称为估值。就好比你在购买某种商品之前，也会先评估商品价值，然后决定商品的价格以和商家讨价还价。巴菲特曾说，学投资，你只要学会两件事，一是如何给公司估值，二是如何利用市场先生的情绪。可以说，估值是投资者进行投资决策的核心问题和重要前提。一方面，估值这种方法更侧重于反映一家公司的未来长期表现，因为它是建立在未来业务基础之上的；另一方面，这种评估方法可以满足更多人的需求，因为公司价值及未来整体获利能力几乎受到公司所有利益相关者的关注。总的来说，投资者和公司都希望通过估值来了解公司的未来盈利能力，从而辅助他们做出更合理的投资决策。B还告诫A，估值就像一门“玄学”，一是因为估值只是对公司未来盈利能力的一种预测，预测必然带有某种主观性；二是估值依赖于所做出的会计假设，但是追根溯源，会计假设离不开对公司的会计数据进行考察，一旦会计数据造假，依赖估值做出投资决策可能会出现巨大偏差甚至遭受巨大损失。所以必须谨记，估值只是辅助投资者做出投资决策，管理者或投资者不能完全依赖估值做出投资判断。

第二节　债券的价值

一、贴现率/收益率

现在正式开始讨论对资产价值的评估，但在此之前还是需要尝试回忆第三章第一节关于现金流的内容。简单来说，不同时间的现金流难以直接相比或加总，对此情况可以通过贴现率这一工具将它们转换至同一时间再进行比较或相加。事实上，本章接下来对债券、股票甚至公司的估值都是这个思路的延续：绝大多数情况下，管理者都关心资产现在的价值以便在当下做出合理的决策。对此读者可能会产生疑问：如果只关心当下价值的话，要是公司未来能够创造出更大的价值怎么办呢？回答是：公司未来的表现已经包含在当下评估的价值中。回到云梯公司的故事来理解：假如鲁班宣布云梯公司已经研发出一种新型云梯，明年即可投产盈利，那么投资者在当下评估公司股票价值的时候一定会考虑到未来现金流的增长，从而给出更高的估值结果。这和现金流贴现的原理也是相一致的，即将未来的信息折算汇总到当下进行加总估计。

首先来考虑债券的估值。从第三章可以知道，债券是一种固定收益证券，这就为估值带来了很大的便利。不需要再去估计债券未来的现金流，因为它本身就是一个未来确定现金流打包好的产品——就像糕点店的礼盒一样，只不过盒内不再是豆花饼、枣泥酥，而是明年支付的利息、后年支付的利息等等。现在要做的，就是对这个确定的礼盒定价。由于现金流已经确定，估值上就只需要将其转换至同一时间后加总，因此面临的主要问题就是：用来转换的贴现率该如何确定？

在第三章第一节已经介绍过，贴现率其实就是资产增值的收益率，二者是同一事物沿不同时间角度观察的投影。本书在第三章第三节简单讨论过收益率包括无风险收益率等，但真实世界的收益率包含了对各种复杂因素的考虑，这里将讨论其中的一些主要风险因素。确实，在实务应用中，往往只需要知道利率是多少而不必刨根问底地了解它是由什么决定的。但了解利率中包含的一些风险因素，将有助于对利率以及债券价值的走势有更清楚的认识甚至形成一定预判。这里可以将收益率想象成由一个个模块组成，就像乐高积木一样，每一个部件代表不同的影响因素。无风险收益率就是积木的底座，反映了投资不含任何风险资产时的收益率，也即资金的时间价值，所有债券的收益率都包括这一部分；其他影响因素就是搭在底座上的各种部件，一般将其称为风险溢价。底座加上各种部件构成一个独特的乐高形象，而无风险利率加上各种风险溢价也就构成了一只债券的收益率。无风险收益已经在第三章有过介绍，下面主要讨论各种风险溢价。

图 4.1　债券收益率常见影响因素

首先很自然地，可以想到债券发行方不支付的风险，也即违约风险。当然，正常情况下如果债券发行方有偿还能力而拒绝偿还，会有法律保护投资者的正当权益，要求其强制支付。比较棘手的情形是当对方资不抵债面临破产时，其资产不足以偿还投资者——这时不仅得不到收益，很可能本金都无法收回。因此作为债券投资者，需要格外注意后者发生的可能：不指望公司高速发展成长，但求其在债务存续期内稳定经营。比如，云梯公司发展陷入停滞，再不积极拓展就会面临衰退，这时出现了一个具有一定风险的项目可以开拓市场。作为股东的楚王会希望公司去实施这个项目，因为如果不拼一把，迟早也会被竞争对手淘汰；而作为最大债权人的齐王就不希望公司在这个项目上太过冒险，只要平稳度过债券期限就好。因此，在投资债券类资产时，投资者往往要仔细审查融资方的背景、财务状况与资金用途，以防出现投资无法收回的难堪境地。同时，由于公司存在潜在的违约风险，投资者就会对收益率要求更高的补偿。

当然，大多数时候公司债务违约的可能性不高，而公开发行更是对公司的资质有一定要求。但即使不违约也可能存在其他风险：如果投资者确定将债券持有至到期，那么只要发行方能够保证支付即可；但很多时候投资者会在二级市场上交易所持有的债券，这时估值就需要考虑到其价格的波动。这是因为债权人的收益不再仅取决于原来约定好的现金流，而取决于市场上对这一债券价格的评估，这就受到了一些其他风险因素的影响，比如通货膨胀率与流动性溢价等。

通货膨胀是任何时刻打开财经频道几乎都能听到的一个词，它的意思是社会中流动的货币量增加时造成的物价普遍持续上升，也对应着货币的贬值。一个很自然的疑问是：物价普遍上涨的话不是相当于都没涨吗？确实，但这样理想的事情从未发生。首先，物价的上涨往往并不同步，大部分产品的价格变化会有一定的滞后性，由此导致的需求变化使得原来的经济活动受到了一定扭曲；其次，很多时候人们无法区分是自己的收入变了还是物价增长了，于是消费活动会发生变化（比如收到更高工资的员工高兴地购买了最新款的手机，而没想到衣食住行等消费都会随之上升）。一般来说，适当温和的通货膨胀有利于刺激消费与拉动内需，但急速剧烈的通货膨胀会给社会正常运作带来很大影响（参见部分拉美国家经历的恶性通货膨胀）。通货膨胀率会对债券的价值或收益率产生很大的影响。显然，如果以后的钱不如现在的钱值钱，放弃了现在消费机会的投资者会希望从债券投资中获得更多收益。

流动性听上去比较抽象，但实际并不难理解。把拥有的资产想象成一池水，人们总是会希望这些水能及时引出一部分来解自己所需。这种资产换手变现的能力就是流动性。类似地，人们总会希望自己的钱在银行账户里躺着随时可用以备不时之需，但投资债券或其他资产意味着这一需求受到了妥协——同样，这样的妥协会要求收益率上的补偿。

【案例4-1】“14利源债”的“闪崩”与违约

该案例与债券的价值并没有太大的关系，引入本案例只是为了提醒读者这样一个事实：看似安全的投资背后可能也隐藏着巨大的风险，即便是安全系数较高的债券投资，“闪崩”起来也可能让市场毫无招架之力。近年来，债权违约事件屡见不鲜且有愈演愈烈之势，2018年和2019年是我国债券违约爆发的高峰年，其中以“14利源债”违约事件为突出代表。

“14利源债”违约事件的主角为利源精制股份有限公司（以下简称利源精制），该公司创立于21世纪初，于深圳中小板上市。利源精制是东北、华北地区主要的铝材供应商，主营业务涉及轻型轨道交通配套设备的生产和销售、电子设备铝型材、建筑铝型材等，并有着铝材零部件制造、整车制造到整车组装的轻型轨道交通装备完整生产链。在沈阳市政府的大力支持下，利源精制通过银行借款和民间借贷筹措了大量资金用于发展生产，试图向垄断性较强、科技含量较高的行业下游延伸。2014年12月3日，利源精制通过发行债券共筹集10亿元资金，债券名为“14利源债”。该债券期限为“3+2”年，即在债券发行期满3年，债券持有人有权要求债务人将债券赎回，也可以选择在接下来的2年中继续持有债券。2017年8月，“14利源债”到达回售期，实际金额共计2.76亿元，但是由于公司战略规划严重失误，投资过于激进，公司资金链断裂，利源精制在偿付安排上出现困难。在之后一年左右的时间里，公司主要控制人被曝出对外提供30多笔融资担保，担保金额共计28亿，且这些担保大多涉及民间借贷。2018年9月18日，利源精制就本公司风险提示进行披露，民间借贷担保及公司流动性短缺等问题瞬间引爆公司债券，“14利源债”在短短3天内“闪崩”下跌80%，评级机构将其评级下调为C。2018年9月25日，利源精制发布公司实质性违约公告后，该公司成为我国金属加工行业第一个出现大规模债券违约的上市公司。

“14利源债”“闪崩”违约的原因是多方面的。从宏观层面来看，近几年我国金融改革总基调为去杠杆，融资渠道变窄，加上金融环境不确定性加大，资本市场持续低迷，融资难度进一步加大。从公司内部来看，利源精制投资过于激进且发展规划出现严重失误，盈利能力大幅降低，公司流动性严重短缺。另外，利源精制融资结构不合理，高度依赖外部融资，特别是在融资渠道变窄的情况下，过于依赖民间借贷甚至是高利贷，大大推动了利源精制的融资危机。借贷成本不断增加使公司的融资能力大大降低，而外部融资环境的不理想又使得利源精制不断续借民间债务，这种借贷模式在难以按期偿还的情况下形成恶性循环。

二、一些细节

虽然本节描述的债券估值仅包含现金流和贴现率这两个要素，但在实务应用中存在一些更加具体细节的定义与说法。其中一些定义与变量在学术上有很多讨论，但这里只需要和前面一样，关注其原理与作用即可。

在传统的债务借贷中，占大部分金额的本金都是最后返还，并在期限内每隔一段时间支付一笔利息。因此在对债券的描述中，重点就是最后返还的金额和平时支付的利息。一般情况下，将借款期末被清偿的数额称为债券的票面价值或面值，而每隔一段时间支付的定期利息叫作债券的票息，它占面值的比例被称为票面利率，最后清偿面值的时间叫作债券的到期日。注意，虽然票面价值听上去像是购买债券时标注的价格，但它并不是购买债券付出的价格，后者往往被称为债券的发行价格。一般债券发行价格略低于面值，称为折价债券；当然也有很多发行价格与面值相等或高于面值的债券，分别称之为平价与溢价债券，它们的票息相对更高，以补偿其更高的发行价格。

到期收益率（YTM）是一个相对较难理解的概念，所以这里还是借前面的一个例子来理解。之前说到过，给债券的固定收益估值就像给包含了各种点心的糕点店礼盒定价，各种点心代表了不同时间收到的现金流，可以用收益率这一工具将它们换算后汇总定价。这是一个从收益率到价格的过程。但其实这一过程也可以反过来，即在知道了礼盒的价格以后，反过来可以确定换算工具。这就是到期收益率的定义思路：当购买债券获得的未来现金流量现值等于债券当前市价时的贴现率，它表示了将债券持有至到期所获得的收益率。

所以，在债券的现金流等其他要素固定的情况下，其发行价格与到期收益率实际可以理解为硬币的两面，当你知道其中一面后，另一面也就随之确定了。而就像硬币的两面正反相对一样，到期收益率与价格在数值变化上也是相反的关系，如果到期收益率即贴现率很高，那么未来固定的现金流在现在就更不值钱，因为投资者只需要更少的投入就可以在未来获得这么多的收益，债券的价格也就会变低；而如果债券的价格上升，在未来回报金额不变的情况下，投资者所需付出的成本上升，自然到期收益率也会下降。总体来说，二者是一种此消彼长的关系。

第三节　股票的价值

一、股票估值：由简入深的讨论

（一）股利贴现模型——苹果树的价值

股票的估值在原理上和债券估值类似，都是将证券未来的现金流折算到今日进行加总。但不同于债券的固定收益，股票未来的收益是不确定的。第三章提到过，股票代表了股东对公司资产的剩余索取权，进而很大程度上依赖于其未来创造的收入。因此，在对股票进行估值时，很大的一部分工作在于尽可能准确地估计其未来收入。如果你打开一份证券公司或者投资机构对某家公司的深度报告，往往会在最后发现估计股票价值的内容，而收入预测则是这部分内容的核心。这里从一个简单的故事出发，并进一步探讨从而得到更加符合现实的通用模型。

把所投资公司的股票想象成一颗苹果树，每隔一段时间，树上会长出苹果，这就是作为股东所分得的红利。如果不考虑出售股票赚取买卖差价，这些股利就是所持有股票的价值来源。确实，有时候投资股票的收益主要来自于买卖股票的差价，但首先市场价格并不一定真实反映了股票的价值，其次有时是公司经营情况的变化使其股票价值变化，这两种情况占了股票投资收益的很大部分。而由于市场价格的波动以及公司经营情况的变化是非常具体而复杂的，往往需要证券公司、基金等投研机构专门分析，这里就还是专注于以股利作为股票估值的基础。事实上，这部分所介绍的方法一般也被称为股利贴现（DDM）模型。

首先，从最简单的情况出发。苹果树在固定时间内长出固定重量的苹果，比如每年5斤。那么拥有这棵树的收益就是从现在起每年都能固定收获5斤苹果，直到永远。这种情况实际上属于永续年金，它是债券的一种，特点是无限期地支付固定收益。因为期限是无限的，苹果的重量也是无限的，看上去苹果树的价值似乎无法计算。但别忘了，第三章说到过时间同样是一种成本，未来收获的苹果在当前的价值会有所减少，无穷远的未来收获的苹果在当前的价值会非常之小，以至于无数个它们的价值之和仍然是一个可计算的数。本书保证过不会用数学计算过程扰乱读者的思路，所以这里直接给出其非常简洁而容易记忆的价值计算方式——固定年金数额除以贴现率。对于苹果树来说，假如外生给定贴现率为10%，那么它的现值就是5斤苹果除以10%的贴现率，结果是50斤苹果。未来无穷的苹果收益在当下的价值仅为50斤苹果，这个结果看上去有些不可思议，但考虑到前面所讲的时间价值以及复利的效果，这个结果是比较合理的。

接下来考虑稍微复杂但也更加贴合实际的情形。随着苹果树的生长发育，其每年结出的果实会逐渐增多。这和实际中的公司情况是一致的，一家公司随着其规模扩大与业务成熟，分配给股东的利润也预计会增长。因此，这里不妨来想一下，假如从种下这棵树开始，其长出的苹果就从5斤开始每年增长10%，也就是第二年长出5.5斤，第三年长出6.05斤……这样无限的增长给之前的简单模型带来了冲击，因为在无穷远的时间之后，每期收获的苹果重量也趋向于无穷。这样一个无穷远的无穷收益在如今的价值很难确定，因为有收益自身增长与贴现率这两个相互对立的影响因素。一方面贴现率使得未来收益在当前的价值下降，另一方面收益自身的增长又在提升其当前的价值，在期限无穷的情况下这种效应也会被无限放大，进而决定能否对资产正确估值。

为了清楚地看到这一点，现在从苹果树当前的情况入手。苹果树长出的苹果从5斤开始每年增长10%，而贴现率正好也是10%，即第二年长出的5.5斤苹果相当于第一年的5斤苹果用10%的贴现率投资一年后的结果，也就是说第二年收获的苹果正好相当于第一年的5斤苹果。同样的道理应用到后来，第三年收获的6.05斤苹果正好相当于第一年的5斤苹果以10%的贴现率连续投资两年的结果……也就是说，未来每年收获的苹果，都相当于当前的5斤苹果。因此，这棵树的价值就是无数期的5斤苹果相加，结果是无穷大。因此，当贴现率与收益增长率相等时，债券的价值无穷大。自然地，当收益增长率高于贴现率时，未来收益折算到当前的价值更大，股票的价值更是无穷大。

那么如果收益增长率低于贴现率呢？比如贴现率是20%，此时第二年收获的5.5斤苹果就相当于第一年约4.58斤苹果以20%的贴现率投资一年的结果，而第三年收获的6.05斤苹果就相当于第一年约4.20斤苹果以20%的贴现率投资两年的结果……换言之，第二年的苹果在当前的价值约为4.58斤，而第三年的苹果在当前价值约为4.20斤。越往后所收获的苹果在当前的价值越低，这是一个很重要的性质，正因如此，在期限趋于无穷时未来苹果的现值才会趋于零，进而各期收益相加时能够得到一个有限的数值。同样地，这里略去具体的计算过程，直接给出简单且容易理解的估值方法：初始年金数额除以贴现率减股利增长率的差。当贴现率为20%、增长率为10%时，第一年长出5斤苹果的苹果树价值即为5斤除以20%与10%的差，结果是50斤。

总之，在考虑股利增长的情况下，估值时需要比较贴现率与股利增长率大小。当贴现率小于等于股利增长率时，股票价值无穷大；而当贴现率大于股利增长率时，股票价值可以通过初始年金数额除以二者差值来计算。当然了，尽管世界上有很多富可敌国的巨无霸公司，但它们的价值都不是无穷大，因为没有哪家公司能够保证无限期足够大的股利增长率。

最后，进一步来看一个更复杂些的分阶段情况。虽然上面的估值中加入了对股利增长这一现实因素的考虑，但现实中公司的增长往往不是一成不变的。很多时候，公司会先经历一个快速成长的阶段，而后保持较为缓慢而稳定的增长；也有些时候，为了抢占市场份额立住脚跟，公司在前期不会给股东分配股利，而是等公司进入稳定增长的阶段才开始发放。假设苹果树的生长会经历两个时期，前一阶段每年长出的苹果是非固定增长，而后一阶段每年长出的苹果以固定速率增长。对这样的苹果树估值其实并没有复杂很多，只需按照其不同阶段分别折现即可：前半段虽然非固定增长，但因为期限非无穷（实务中往往设为三或五年），实际上相当于前面第二节提到的债券估值，方法是将不同时间的现金流贴现加总；后半段的持续增长则和刚刚讨论的情形是一致的。在分别计算其价值之后，就相当于将原来无穷期限的股利收入转换成了只有两期收益的债券，第一期收益就在当前，是前期非固定增长阶段转换到当前的价值；另一期收益则是在第二阶段的开始，是固定持续增长阶段转换到第二阶段期初的价值。最后给这个包含两期现金流的债券估值，从而得到两阶段增长股票的价值。

（二）关键因素的决定

在前面苹果树的例子里，反复提及的就是贴现率（收益率）和股利增长率如何作用于现金流而影响到股票的价值。初次股利发放作为现金流的一部分取决于具体的公司情况，往往将其视为外生给定，因此，估计股票价值主要在于估计收益率和增长率。

首先观察收益率。对于购买一家公司股票的投资者来说，其收益从构成上看包括股利支付以及买卖股票的差价。那么是股利支付和买卖差价决定了公司股票的收益率吗？并不是这样。拿苹果树来说，投资者种下苹果树的收获主要由苹果的量和是否好吃这两部分构成，在实际分析收获表现时也可以从这两方面衡量，但真正决定了苹果树产出水平的还是土壤、光照、养分等因素。类似地，股利支付和买卖差价可以是投资者或分析师分析股票投资收益的两个方面，但收益率的决定因素要复杂得多。这里介绍业界普遍使用的一种理论想法：资本资产定价模型（CAPM），它最早由美国学者夏普（William F. Sharpe）、林特尔（John Lintner）等人发展起来。这个模型建立在很多假设与推导之上，但基本思想就是在解释股票的预期收益率。就像前面讲到债券的收益中包含了无风险收益率以及对各种风险因素的补偿一样，资本资产定价理论将股票的预期收益率进行了类似的拆分——在这个理论框架下，公司股票的收益率由无风险收益率和公司接触到的市场风险决定。其中，公司接触到的市场风险涉及两部分：市场的风险以及公司在市场风险的暴露。前者一般用市场指数的收益率减去无风险收益率来进行衡量。

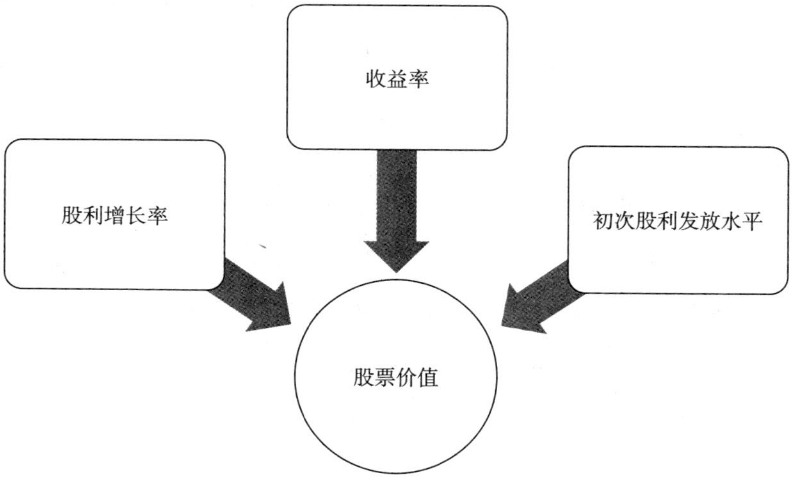

图 4.2　股利贴现模型下股票价值的主要影响因素

最后是股利增长率。不难理解，股东获得的股利发放来自于公司盈余利润的分配，所以想搞清楚股利的增长，就需要回归到盈利的处理上来。对于一个公司来说，如果没有投资新的项目，业务没有扩张，那么默认按照市场环境不变来考虑，其未来盈利不会发生变化。如何才能获得盈利的增长呢？就像俗语所说，“没有付出就没有收获”，公司需要付出额外的净投资以获得盈利增长。而要想用资金来进行这样的净投资，就不能把所有的净利润都当作股利发放给股东——公司需要留存一部分来进行投资，而投资的回报进一步促成了股利的增长。因此，决定股利增长的主要因素由两部分构成：留存收益占净利润的比例和留存收益的投资回报率，二者的乘积对应了盈利的增长率。前者可以通过财务报表分析得到，但后者由于项目的未知而难以确定，一般可以使用历史上的权益资本回报率（ROE）来估计。

二、绝对估值与相对估值

截至目前，关于债券和股票的估值方法都是直接对其未来的现金流进行折算，一般称之为绝对估值——因为是直接对其未来现金流的绝对价值数额进行估计。与之相对的是相对估值法。什么是相对估值法呢？假设云梯公司未来收入的现金流非常复杂而不易预测，用绝对估值法很难得到令人信服的数字，对于这样的情况，投资者们想出了一种直觉上很容易理解的办法，即找到一家和云梯公司差不多情况的公司去类比。当然，类比对象和标准的选择需要深入的讨论，但整体来说，相对估值法就是通过假设公司和所选比较对象具有相似的价值比率，进而倒推出公司的价值。一般来说，用来相对估值的比率包括市盈率、市净率、市销率等。这里以市盈率为例进行解释。第二章提到过，市盈率反映了投资者对公司股票增长机会和风险的预期，那么自然地，估值时需要选择和所研究公司增长机会以及风险相近的比较对象。首先需要处在同一行业内，因为不同行业公司的增长机会不一样（比如传统能源和互联网）；而即使在同一行业内，也不能直接对业内所有公司的市盈率求平均（行业龙头和濒临破产的公司增长机会及风险显然有别）。

虽然市盈率考虑到公司未来的增长机会以及风险，但它也存在一些问题。首先对于成长初期的公司来说，不仅很可能无法盈利，还在不断亏钱，这样用比较对象的市盈率估计出的公司价值会出现负值，这显然不符合现实，这时可以考虑转向市销率等替代工具；另外，会计政策处理也会影响到市盈率——会计处理比较保守的公司所记利润相对较少，得到的市盈率也会相对偏高。

第四节　如何给公司估值

一、经营现金流折现法

（一）关于经营现金流折现

估值分为相对估值法和绝对估值法，接下来的部分将对这两种估值方法展开运用。再次回到本章第一节中A对甲科技有限公司的收购故事中。自上次与B交谈后，A对公司估值的兴趣渐浓，于是他开始刻苦研究市面上的估值案例。从这些案例中，A发现许多方法可以用以公司估值，除了常用的绝对估值法和相对估值法，还有资产基础法等其他方法。本部分将和A一起了解如何用经营现金流折现法（绝对估值法）给公司估值；在本节接下来的第二部分和第三部分，主要介绍公司估值的另外两种常用方法：资产基础法和相对估值法。市面上估值方法很多，每一种都有其存在的理由，但是没有哪种是十全十美的，因此在介绍各种估值法的估值逻辑时，也会展开讨论每种估值方法的适用范围和优缺点，期望让读者对各种估值方法有更全面的了解。

A发现，大多数公司估值案例都会使用经营现金流折现法给公司估值。经营现金流折现法也就是前文提到的绝对估值法，是对公司未来产生的经营现金流量进行折现而得到公司价值。假设存在这样一家公司Q，为方便起见，它进行无限期投资，不缴纳公司所得税，且只有单一项目M，Q公司在t_0时刻投资于项目M并且在每一期都获得数量为X的经营现金流量。通过第三章可以理解，明天的1元与今天的1元是不等价的，公司未来产生的现金流不能直接相加，需要进行折现才能得到这些现金流的价值。于是，把公司未来的经营现金流进行折现即可得到公司的价值，如果Q公司的资本成本为R，那么Q公司的价值就为：

$$\text{Q公司价值}=\frac{\text{经营现金流量X}}{\text{公司资本成本R}}$$

这是最为简单的现金流折现公式。可以看到，Q公司的价值受公司未来经营现金流和资本成本的影响。运用经营现金流折现法给公司估值必须对公司的未来现金流进行预测，同时还要计算公司的资本成本。

在用现金流量折现法进行估值时，必须谨记一个重要的原则：所使用的现金流量必须与使用的折现率相匹配。举个例子，如果你选择的现金流为公司的经营现金流量，资本成本就要包括“股权资本成本”和“债权资本成本”两部分，如果只采用某一种折现率，评估出来的公司价值和真实的公司价值可能相去甚远。如果你选择的现金流为归属于公司股东的现金流，那么你的折现率只需要包含股权资本成本。在对甲科技有限公司进行估值时，A决定从两个方面出发来给该公司进行估值：一是估计甲科技有限公司的经营现金流量，二是计算与该现金流量相匹配的资本成本。

（二）预测甲科技有限公司的经营现金流量

经营现金流量代表了一个公司每年可以自由支配的现金。值得注意的是，经营现金流量是扣除各项支出后可以分配给股东和债权人的现金流量，即公司利润在支付必要的税费、营运资本（比如购买存货、支付员工工资和偿付应付账款）和资本性支出（比如建造厂房、购买机器设备）后所剩余的现金流。根据经营现金流量的定义，A便可以采用“税后净营业利润+折旧+摊销-净营运资本增加-资本性支出”的方式计算经营现金流量。

在A研究如何计算甲科技有限公司经营现金流量时，以下几个问题引起了他的注意。一是税后净营业利润的计算。税后净营业利润是指公司息税前利润扣减公司所得税之后的现金流量，用于反映公司的营运能力和公司对资产管理的效率。二是公司的经营现金流量要加上折旧和摊销。因为折旧和摊销是公司为固定资产和无形资产计提的一种费用，它属于留存于公司内部的资金，不是一种真正意义上的现金流出，不会影响公司的现金流量。三是营运资本的概念。营运资本是指维持公司正常运作所需要的资金，广义的营运资金又称总营运资本，一般使用公司经营流动资产与经营流动负债的差额来表示净营运资本。四是资本性支出如何来理解。简言之，资本性支出是指用于建造厂房、购买设备等的支出，这种支出购买的资产会在两个或两个以上会计年度使用，例如某公司在本年购入机器设备支出为100万元，机器设备一般可以使用数十年之久，这100万元就属于资本性支出，计算经营现金流量时需要减去。

A花了九牛二虎之力才给甲科技有限公司的经营现金流量做了一个简单的预测，但是他发现预测一家公司的经营现金流量实在是太复杂了，因为需要考虑的相关因素众多，比如公司的业务状况、未来发展策略、实际经济环境、行业进入壁垒、竞争对手竞争力等等。考虑这些因素后，A认为接下来四年甲科技有限公司业务发展会迎来快速增长，2026年以后业务会保持平稳状态，他对甲科技有限公司未来五年经营现金流有如下预测：

表4.1　　　甲科技有限公经营现金流量预测数据　（单位：万元）

	2022年	2023年	2024年	2025年	2026年
息税前利润	1000	1100	1200	1250	1200
公司所得税（按25%税率计算）	250	275	300	313	300
税后净营业利润	750	825	900	938	900
折旧	10	10	10	10	10
摊销	10	10	10	10	10
净营运资本增加	15	20	27	30	32
资本性支出	20	24	26	28	29
经营现金流量	735	801	867	900	859

（三）经营现金流量折现法的资本成本

运用现金流量折现法给公司估值时，现金流与折现率一定要具有一致性。经营现金流量是扣除各项支出后可以分配给股东和债权人的现金流量，那么相应地，估值所使用的折现率也要与股权资本成本以及债权资本成本相关，这里对应使用的是加权平均资本成本WACC，它是以公司股权资本与债权资本占总资本的比例为权重计算出的一种加权平均成本。经过计算，A得出甲科技有限公司的WACC为15%（具体计算方法将在第六章展开介绍），将各年经营现金流对WACC进行折现加总后，得出甲科技有限公司的价值约为5600万元。

（四）经营现金流折现法是完美的吗?

现在来简单地回顾一下本节内容。A尝试用经营现金流量折现法为甲科技有限公司估值。经营现金流量折现法在实务中运用广泛，其关键在于准确预测标的公司的现金流量和资本成本。值得一提的是，现金流量折现法虽然因逻辑框架完美且具有一定的实操性，而成为公司价值评估时常用方法之一，但是其在实际运用时会存在以下问题。一是现金流的预测是一个相当复杂的问题，预测各项收入和支出往往需要结合公司的经营状况和所处环境做出假设，然而每个人对于未来的判断都带有一定的主观倾向，使得运用现金流量折现法对公司进行估值具有很大的不确定性。二是就资本成本的计算而言，学术界已经发展出各种各样的模型用以计算股权资本成本，其中以资本资产定价模型和MM第二定理为代表，现实中，公司也可能采取在公司资金成本的基础上，通过公司财务风险等因素对其进行调整而得出公司的资本成本。但是，公司经营活动是处于动态变化中的，这会导致公司风险出现变化，使得公司价值的估计不再那么准确。正如前文所言，估值就像一门“玄学”，不同人对同一个标的的估值结果可能相差甚远，甚至同一个人采用不同方法对同一标的估值的结果也会大相径庭。因此在给公司估值时，往往需采取两种或两种以上的方法。

二、资产价值基础法

资产价值基础法是另一种公司估值方法，通过对目标公司表内外资产重新估价，得到目标公司的价值。本章开头提到，由于资产负债表的各科目是按照历史成本入账的，因此不能简单使用资产负债表上的账面价值来表示一个公司的价值。但是，可以通过某个标准对资产负债表上的资产项目进行调整，以调整后的价值为基础估计公司的价值。一般来说，各资产科目特征不同，所使用的价值调整标准也不同，常用的标准包括市场价值法、重置成本法、清算价值法、收益法等。

市场价值法是相对简单的公司价值评估方法。这种估值方法根据市场上相同或相近资产的价格来确定公司的资产价格，进而确定目标公司价值，通常适用于处于较规范市场、有效性较强环境下的上市公司。重置成本法可用于简单的并购中计算标的公司的价值，它是按照现时的条件，在重新建造或购置某项资产所需的全部支出上扣除该项资产的各项损耗后的余值，进而确定目标公司的价值，这种方法主要考虑了资产成本变化带来的资产价格变动情况，因而能比较准确地反映资产的实际成本。清算价值法适用于不能持续经营的公司的价值评估，它是以清算时公司资产快速变现可以获得的价格作为公司的价值。收益法是指将持续经营公司在未来所产生的预期收益，按照一定折现率折算为现值，以确定该项资产价值的一种方法。

资产基础法以资产负债表为基础，各项资产的价值应当根据具体情况选用适合的评估标准得出，如流动资产主要采用市场法，机器设备、房屋建筑等一般采用重置成本法，无形资产一般采用收益法。

总的来说，评估一家仅进行投资或仅拥有不动产的控股公司，以及被评估公司的假设前提为非持续经营时，适合采用资产价值基础法进行估值。但是资产价值基础法很难考虑到那些未出现在资产负债表上的资产，比如公司的销售能力、公司文化、管理效率等，因此很难衡量一家公司的有机组合因素可能产生的整合效应。另外，资产价值基础法只是从静态的角度对公司价值进行评估，没有考虑公司未来的发展及现金流。鉴于资产价值基础法的局限性，国际评估准则、美国评估准则、欧洲评估准则以及我国的资产评估准则都明确规定，除非是基于买方和卖方通常惯例的需要，资产价值基础法不得作为评估持续经营公司的唯一评估方法。

三、相对估值法

除上面介绍的两种估值方法外，A发现相对估值法也是市面上常用的公司估值方法。相对估值法也被称为比较法，是通过在市面上类似公司中寻找比较对象，给公司进行大概的估值。相对估值法的基本原理是以某种指标为基础，如市盈率、市净率，在市面上寻找与标的公司相类似的公司或者案例进行对比，反向推算出标的公司的股票价格或公司价值。相对估值法的核心在于可比公司或者可比案例的选取，选取时要综合考虑两家公司的风险、增长率、资本结构、所处行业、业务规模等因素。运用相对估值法时，通常不会只选用一家可比公司或者可比案例，而是选取多家可比公司或者多个可比交易案例求取指标平均值，以反向求出标的公司价值。

在给公司股票估值时，一般会选择用市盈率、市净率和市销率等指标。若给一家公司估值，通常可以选用公司价值乘数指标，其中最常用的是公司价值（EV）/息税折旧摊销前利润（EBITDA）。EV即公司价值，是指收购一家公司所需要支付的对价，简单来说，EV=股票市值+公司债务－被收购公司现金，而EBITDA（息税折旧摊销前利润）用以反映股东和债权人所获得的息税折旧摊销前利润水平。EV/EBITDA和PE指标都反映了市场价值和收益指标间的比例关系，只不过前者是从公司全体投资人的角度出发，而PE是从股东的角度出发。本节将主要以EV/EBITDA指标为例，结合具体案例与读者讨论如何运用相对估值法给公司估值。

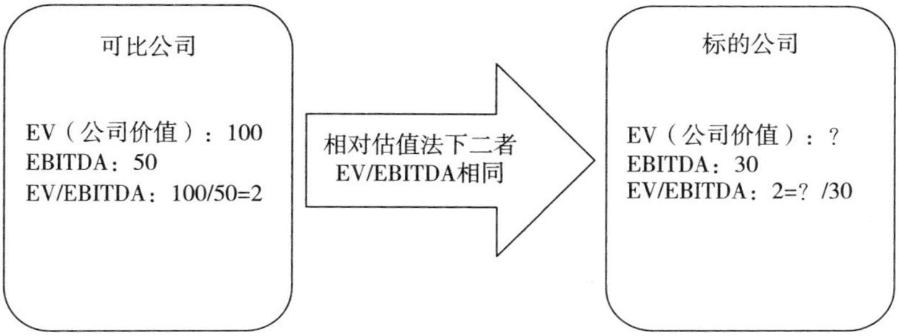

图 4.3　相对估值法估值原理：以 EV/EBITDA 为例

【案例4-2】用相对估值法给格拉默公司估值

格拉默（Grammer）是全球领先的汽车座椅及内饰供应商，在商用车座椅、头枕、扶手、中控系统等多个细分领域处于行业龙头地位，主要客户为梅赛德斯—奔驰、宝马汽车公司、大众汽车、奥迪等国际知名整车厂商，在美国、俄罗斯、捷克等国家有分支机构。2005年格拉默进入亚洲市场，在上海、北京、天津、江苏、吉林、陕西等地成立有子公司。本案例旨在运用相对估值法对格拉默公司进行估值，根据格拉默公司所处行业、主要业务、公司规模等因素，选取22家上市公司为参照对象。

22家可比公司的平均EV与平均EBITDA分别为73.45亿元、12.26亿元，EV/EBITDA值为5.99。根据格拉默公司利润表，计算出格拉默公司的EBITDA值为12.21亿元。相对估值法下22家上市公司EV/EBITDA值与格拉默公司的EV/EBITDA值相等，可求得格拉默公司的公司价值为EV=12.21×5.99=73.14（亿元）。

表　　可比公司与格拉默公司EV/EBITDA值　　单位：亿元

22家可比公司		格拉默公司	
平均EV	73.45	格拉默公司价值EV	?
平均EBITDA	12.26	格拉默公司EBITDA	12.21
平均EV/EBITDA	5.99	格拉默公司EV/EBITDA	5.99

本节内容讨论了相对估值法中如何使用EV/EBITDA值这一比例对公司进行估值。当然，实务上还可以借助其他指标运用相对估值法，只是EV/EBITDA值是最常用的。在此读者无须纠结于选取何种指标，因为具体指标的选择需要结合标的公司的实际情况进行判断。这里只需聚焦于相对估值法的估值原理，即在市面上寻找与标的公司相类似的公司或者案例进行对比，以反向推算出标的公司的股票价格或公司价值。

第五节　案例分析

一、概况

简单介绍有关估值的基本知识及常用方法后，下面引入一个完整的收购案例，来系统地介绍估值的实际应用。由于高科技定位和注册制改革试点等特殊属性，科创板自2019年6月13日正式开板以来就一直热度不减，表现势头强劲。而由于板块内公司业务模式较新，业绩波动可能性较大，不确定性较高，科创板的股票交易相比传统主板市场也受到更多关注。2019年12月，备受关注的科创板第一股并购案落下帷幕，华兴源创以10.4亿成功收购欧立通，现在将就其中的估值部分展开分析。

先来简单介绍一下两家公司的背景。华兴源创全称苏州华兴源创科技股份有限公司，成立于2005年，2019年7月在上交所科创板上市，成为科创板首家招股的公司。该公司是国内领先的检测设备与整线检测系统解决方案提供商，主要从事平板显示及集成电路的检测设备研发、生产和销售，公司主要产品应用于LCD与OLED平板显示、集成电路、汽车电子等行业。凭借优秀的研发设计与生产能力，公司已成为国内外许多知名公司优质的合作伙伴。另一位主角欧立通——苏州欧立通自动化科技有限公司，成立于2015年，致力于为客户提供各类自动化智能组装、检测设备，广泛应用于以可穿戴产品（如智能手表、无线耳机等）为代表的消费电子行业。凭借在研发和技术领域的持续开发，以及研发团队的技术积累和创新能力，欧立通已成为业界独具特色和优势的消费电子智能组装检测设备供应商。

在并购发生前，两家公司的财务状况如表4.2所示。

表4.2　　公司财务状况对比　　单位：万元

		华兴源创	欧立通
根据2019年12月31日资产负债表	资产总额	213 678.23	23 366.73
	负债总额	23 917.86	2271.54
	所有者权益	189 760.36	21 095.19
根据2019年利润表	营业收入	125 773.73	28 142.00
	利润总额	17 645.06	13 837.63
	净利润	17 758.96	11 673.44
主要财务指标	资产负债率	11.19%	9.72%

之所以能够收购成功，是由于双方都能够在交易中获益，双

方的交易对价是可以平衡的。在这场收购中，作为收购方的华兴源创通过利用两者在采购渠道、技术开发、客户资源等各方面产生的协同效应，使自己能够进一步拓展产品种类，获得新的利润增长点。而作为被收购方的欧立通则直接借助上市公司平台提升市场认可度，节省了独立上市的成本和风险，同时通过集约采购、交叉营销等方式降低生产成本，提高运营效率，并借助华兴源创的平台拓宽融资渠道，进入发展快车道。

除了上面所说的基本情况，还有不得不提的一点：欧立通为何愿意被收购而不是独立上市？欧立通是一个看似完美的收购标的，仅成立三年，净利润就超过7000万元人民币，2018年净资产收益率达到128%，这样的盈利能力足以让所有A股公司眼热。而讨论焦点欧立通，实际成立于2009年，前身为苏州市福岛自动化设备有限公司，该公司在2016年停止经营。对比时间线可以发现，作为前身的福岛自动化公司与欧立通曾在2015~2016年间在市场并存过一段时间。此外，对于注销原公司重新注册新公司，公司负责人给出的解释是“迁址手续繁琐复杂”，但关于背后原因的猜测也是层出不穷。通过观察欧立通财报，可以发现公司实际存在大量的逾期应收账款，数字超过7000万元；同时欧立通在2019年的业务订单大量下滑，同比下降76%，说明其业务驱动结构很可能存在较大问题。这些都可能是促成最终并购的动力因子。

二、估值过程

（一）收益法

在多种并购方案中，双方最终达成的共识是在总交易对价

10.40亿中，30%（3.12亿）通过现金对价，剩下70%（7.28亿）通过股份对价实现。华兴源创选择在股价下行时推动并购，使得对方实际获得的股份价值超过7.28亿元。同时，在对标的进行估值时，华兴源创也采取了相对保守的估值方案，整个交易过程是较平和的。10.40亿元的数字计算过程，也可以通过多种估值方法得到验证。

在本章第四节提到过收益法。收益法的具体计算公式为“公司整体价值=经营性资产价值+溢余资产价值+非经营性资产价值-非经营性负债价值-有息负债”。逐项计算，得出公司经营现金流预测如表4.3所示。

表4.3　　经营现金流预测　　单位：万元

年份	2020	2021	2022	2023	2024	永续期
经营现金流	3172.74	6429.00	7682.12	9161.89	11618.88	15519.44

计算折现率（采用WACC），结果为12.22%，进而可以得到公司经营性资产价值为101 552.33万元。剩余四部分的计算结果见表4.4。

表4.4　　余项预测　　单位：万元

	账面价值	评估值	注释
溢余资产	2450.57	2450.57	以评估基准日账面货币资金为基础，考虑1个月付现成本作为最低现金保有量，剩余的货币资金即为溢余货币资金
非经营性资产	110.61	110.61	
递延所得税资产	110.61	110.61	
非经营性负债	46.62	46.62	
工程应付账款	27.00	27.00	
设备应付账款	1.42	1.42	
应付股利	18.20	18.20	
有息负债	0.00	0.00	

按照公式对各项进行加总，可以得到，通过收益法计算的估值结果为101 552.33 + 2 450.57 +110.61−46.62−0=104 066.89万元。

（二）资产价值基础法

资产价值基础法最重要的是对资产进行估值，这种资产包括有形资产也包括无形资产，而实际运用中往往很难考虑那些未在财务报表上出现的资产，如公司的管理效率、自创商誉、销售网络等，很难把握一家持续经营公司价值的整体性，也难以衡量公司各项资产间的工艺匹配和有机组合可能产生的整合效应，因而在持续经营假设前提下，不宜单独运用资产基础法进行价值评估。鉴于资产基础法的局限性，国际评估准则、美国评估准则、欧洲评估准则以及我国的资产评估准则都明确规定，除非是基于买方和卖方通常惯例的需要，资产基础法不得作为评估持续经营公司的唯一评估方法。表4.5是通过资产基础法对欧立通进行的估值计算。

表4.5　　资产预测　　单位：万元

项目	账面价值	评估价值	增减值	增值率%
	A	B	B-A	(B-A)/A
流动资产	19788	20575	787	4
存货			677	
非流动资产	3586	23962	20376	568
其中：长期股权投资	60	-41	-102	-169
固定资产	3097	3659	562	18
设备			123	
房屋建筑			438.08	
在建工程	26	26		
无形资产	276	20209	19933	7214
土地使用权			39	
专利权评估			6243	
客户关系			13650	
递延所得税资产	127	111	-16	-13
资产总计	23375	44538	21163	91

续表

项目	账面价值	评估价值	增减值	增值率%
	A	B	B-A	(B-A)/A
流动负债	2271	2271		
非流动负债				
负债合计	2271	2271		
净资产	21104	42267	21163	100

通过资产基础法进行评估后公司增值约21163万元，增值率约100%，净资产总额为42267万元。

（三）相对估值法

欧立通所处行业为专用设备制造业，因此在该行业中选取一些与欧立通主营业务相似的上市公司作为可比公司（主要选取公司包括赛腾股份、华兴源创、天准科技、科瑞技术），进行市盈率计算，发现可比公司的平均市盈率为73.39倍，中位数为56.63倍。本次交易中，标的公司100%股权作价为104 000万元，交易对方业绩承诺期承诺平均年度净利润10 475.00万元，计算的平均交易市盈率为 9.93倍，欧立通静态市盈率为12.63倍，低于行业平均值和中值。属于一个保守估值。

本章总结

也许读完本章，读者仍然只记得与估值相关的一些概念，这也是本章期望读者可以获得的东西。本章只为读者抛砖引玉，介绍常用的估值方法以及估值背后隐藏的逻辑，因为估值本就是一门玄学，若想要有更进一步了解还需要大量实操练习。

本章第一节为读者介绍了公司的价值是什么，以及为什么要对公司或者股票等资产进行估值。关于公司的价值，可以把它看作是公司未来可能产生的所有现金流现值之和，原因在于投资主体投资某项资产时，看中的是公司未来的盈利能力，而站在当下看，以未来现金流估计公司未来的盈利再合适不过了。至于为什么要对公司或者股票等资产进行估值，站在不同的角度，对这个问题的回答可能存在差异，但是总的来看，对投资标的进行估值是管理层进行投资的基础，它不能直接决定是否进行某项投资，但可以为实际的投资决策提供指引。

本章的第二节，主要为读者介绍了债券的价值。从类型上看，市面上比较常见的估值方法包括绝对估值法和相对估值法。绝对估值法即现金流折现法，用它来评估债券的价值相对容易一些，因为债券发行初期交易合约就已经对每期偿付金额做出了确定性的安排，此时不存在预估未来现金流的麻烦事。就债券估值的折现率而言，本章再次回顾了无风险利率的概念，一般认为国债是无违约风险债券的典型代表，但并不是所有债券都不存在违约风险，公司债的违约风险明显高于国债，因此投资者所要求回报率也明显高于国债。除违约风险外，债券风险还包括通货膨胀风险、流动性风险等，债券的收益率或者说折现率，就是由这些风险共同决定的。

在本章的第三节，主要为读者介绍了股票的价值。股票估值包括绝对估值法和相对估值法，绝对估值法又分为股利贴现模型、两阶段模型和三阶段模型等，这里采用苹果树这个形象的比喻，带领读者一起了解股利贴现模型和两阶段增长模型。绝对估值法是市面上比较常用的股票估值方法，但是在某些情况下，比如对于未形成稳定现金流的初创型科技公司来说，就难以对其未来现金流做出合理的估计和预测，因此相对估值法就有了用武之地。相对估值法分为可比公司法和可比案例法，主要采用市盈率（PE）、市净率（PB）、市销率（PS）等指标与选取出的可比公司或者案例进行比较，以得出公司的股票价值。

本章第四节，主要为读者介绍了如何给公司估值。其实，无论给公司估值还是给股票等资产估值，基本都会用到绝对估值法和相对估值法，但是采用上述两种方法给公司及股票估值会存在细微的差别。若采用绝对估值法，在给公司估值时，要求现金流为公司的经营现金流，折现率为公司的加权平均资本成本；而给股票估值时，则要求现金流为股权自由现金流量，折现率为公司的股东要求的回报率。若采用相对估值法，一般会使用公司价值/息税折旧摊销前利润（EV/EBITDA）等与公司价值相关的指标给公司估值，而采用市盈率（PE）、市净率（PB）等指标给股票估值。除以上两种方法外，经常还会采用账面价值法、清算价值法、重置成本法等方法给公司估值。

面对如此多的方法，在做价值评估时应该怎样选择呢？每种估值方法都有其缺点和优点。绝对估值法的优点在于逻辑简单，易于理解，但是操作复杂且工程量大，单是预估公司未来现金流可能就要花费很大的精力。另外，对于那些现金流量不稳定的初创型公司来说，绝对估值法也难以适用。相对估值法则恰好解决了这些问题，这种估值方法不存在预估公司现金流及折现率的麻烦事，但是该方法在操作上也存在困难，因为市面上不存在两家经营状况基本相同的公司，所以在选取可比公司或者可比案例时往往也比较困难。

第五章 做出投资决策

2007年11月29日至2008年6月30日，中国平安保险集团以总计238.74亿元人民币先后购入荷兰富通集团（Fortis）1.21亿股股票。长期以来，富通集团的一体化金融服务使其获得了“银保双头鹰”的美誉，而这也一直被中国平安视作参照和榜样。然而2008年5月，由于信贷市场动荡，富通净收入较上年下降31%，其中，银行业务和保险业务下降幅度均超过20%。加之受美国次贷危机影响，富通集团还面临着巨大的流动性压力，股价暴跌60%以上。随后通过一系列交易，富通被解体为一家国际保险公司，由于巨额亏损，2008年中国平安集团对富通集团的股权投资总共计提227.9亿元减值准备。同年10月6日，富通集团正式瓦解，中国平安此次海外投资亏损高达上百亿元人民币。

不难理解，投资决策对一个公司来说至关重要，公司某些项目的投资时间可能跨越数十年，比如煤炭投资、钢铁生产投资，如果投资失败，公司就要赔钱甚至破产。对于管理层来说，了解如何做出合理的投资决策至关重要。第四章主要讨论了估值的原理和方法，本章将聚焦于公司如何做出投资决策，帮助读者理解项目投资相关的具体事项。本章将分为两部分，第一部分介绍公司的项目现金流量，第二部分介绍公司的投资众法。

第一节　项目现金流量

一、项目现金流量的基本构成

（一）初始现金流量

乙公司是一家以生产酱油为主营业务的股份有限公司，凭借酱油的独家秘方，目前已占有行业大部分市场份额。为进一步扩大销量，乙公司最近正苦思冥想是否要引入一条新生产线，该条生产线预期使用寿命为5年。正如第四章所述，现金流量的分析与预测尤为重要，分析项目现金流量是进行项目可行性分析的基础。乙公司对新生产线未来现金流量进行了如下预测（见表5.1）。上一章中简单介绍了公司估值时经营现金流量的计算，接下来的内容将为读者详细介绍公司的项目现金流量。

表5.1　　乙公司生产线预估现金流量　　单位：十万元

年份	0	1	2	3	4	5
固定资产投入	-100.00					21.77
净营运资本变化量	-10.00		-6.32	-8.65	3.75	21.22
其他费用	-150.00					150.00
净资本投入	-260.00		-6.32	-8.65	3.75	193.00
营业收入		100.00	163.20	249.70	212.24	129.89

续表

年份	0	1	2	3	4	5
营业成本		50.00	88.00	145.20	133.10	87.85
折旧		20.00	32.00	19.20	11.50	11.50
息税前利润		30.00	43.20	85.30	67.64	30.55
企业所得税		10.20	14.69	29.00	23.00	10.39
税后净营业利润		19.80	28.51	56.30	44.64	20.16
折旧		20.00	32.00	19.20	11.50	11.50
经营现金流量		39.80	60.51	75.50	56.14	31.66
净现金流量	−260.00	39.80	54.19	66.85	59.89	224.66

根据现金流量发生时点的不同，乙公司把新生产线的现金流量分为初始现金流量、营业现金流量和终结现金流量。由于现金流量，特别是净现金流量是项目投资决策的基础，这里将花一些篇幅为读者讲解净现金流量的组成部分以及计算净现金流量时需要注意的问题。

初始现金流量是指为使某个项目建成并投入使用的初始资本投入，主要包括固定资产投入、净营运资本投入以及其他相关费用。另外需要注意，固定资产成本不仅包括其购买成本，为使固定资产投入使用而发生的一切费用，如运输费、安装费等，都要计入固定资产成本，并算作初始现金流出。净营运资本投入是指公司用于购买流动资产的现金流量，包括公司购买原材料、预支工资和其他与流动资产相关的各项费用。初始现金流量还包括一些相关的其他费用，比如职工培训费、谈判费、注册费等。结合该项目实际情况，乙股份有限公司预计投资项目会支出1000万元用于固定资产购买，净营运资本投入为100万元，其他费用投入为1500万元，初始现金流量总计投入2600万元。

（二）营业现金流量

营业现金流量指项目投入使用后，在使用寿命内因生产经营活动产生的现金流量。这种现金流量既包括现金流入也包括现金流出，主要包括产品或服务销售得到的现金流入以及各项营业现金流出，如销售费用、管理费用、制造费用、原材料购买等，还包括每年的税金支出以及净营运资本新增投入。表5.1中，净营运资本变化量一项值得注意。净营运资本变化量为负表示该项目在上一年的基础上增加了净营运资本投入，为正表示净营运资本的收回。为什么在计算项目的现金流量时不用净营运资本的绝对量而用净营运资本的变化量呢？举个小例子，假设某厂商现在要生产桌子，生产周期为3年，期初时需要投入50万元购买原材料。可以把这个项目看作一个池子，当桌子卖出去以后，由于持续经营的设定，往往不会把这50万元提取出来，而是放在里面反复使用，循环购买各种原材料。如果第2年扩大生产需要购买80万元的原材料，便只需要再投入30万元，因此投入的净营运资本只需要计入多投入的30万元。

（三）终结现金流量

终结现金流量是指项目结束时所发生的各种现金流，包括固定资产的变现收入、净营运资本的收回，以及为结束项目而发生的各种清理费用和清理收入。在此强调一点，终结现金流量包含净营运资本的收回部分。之所以要在期末把净营运资本收回计入项目现金流入，是因为之前已经重复扣除了这部分资金。这里还是以生产桌子为例，在计算公司净现金流量时，可以把期初净营运资本投入看作该项目的一项现金流出，这是第一次把净营运资本从项目现金流量中扣除。在计算税后净营业利润时，会使用营业收入减营业成本，而营业成本包含了公司购买原材料的成本，这是第二次扣除净营运资本。由于公司的净营运资本重复扣除，所以在项目结束时还需要把它加回。

二、估计现金流量时需要注意的问题

（一）现金流量不是会计利润

上一部分主要介绍了项目现金流量的构成。到目前为止，读者可能觉得预估项目现金流量是一件很简单的事，事实上，就连经验丰富的投资人也需要花费很大精力才能给出一个项目未来现金流的大致预测。正如第四章所讨论的，预估未来的现金流量是一个很复杂的问题，因为不仅要考虑公司本身的情况，还要对市场或者竞争对手未来的发展策略等问题做出预判。然而项目现金流量是很多投资决策方法的基础，通常能做的只是力求利用收集到的所有信息做出一个更为合理的预测。在预测项目现金流量时，还需注意现金流量和利润的区别、沉没成本、机会成本等问题。

公司金融和会计的关注点是不一样的，公司金融通常运用现金流量这一概念，而会计更多关注公司的收入和利润。之所以用现金流量而不是利润来考虑是否接受一个项目，是因为会计上的利润更强调责任发生制，即便你的现金流出或者流入发生在当期，计算利润时也不一定把它们考虑进去，因此利润自然也不是公司当期实际拥有的可以支配的现金流；而财务管理者在做资本预算时，不可能拿没有现金流支撑的利润去支付项目所需要的各种费用。

【专栏5-1】现金流量与会计利润差别在哪？

乙公司需要花费1000万元购入新生产线，假设该生产线使用寿命为5年，净残值为0，采用年限平均计提折旧，那么每年计提折旧为：

$$每年折旧=\frac{生产线购入成本}{使用年限}=200（万元）$$

在计算会计利润时，一般不会在第0年就把这1000万元全部计入乙公司的制造费用，而是会在该生产设备使用寿命内进行折旧，把每年计提的200万元折旧计入公司的制造费用。但是显然这1000万元公司已经花费出去了，当期利润并没有考虑已经发生的800万元现金流出，而在做资本预算时，则需要把第0年已经发生的1000万元支出扣除，这才能反映公司实际的现金流情况。

（二）沉没成本

沉没成本是公司已经发生而且不能收回的成本。增量现金流原则指出，如果投入一笔资金能带来更多的现金流入，那么这笔投入就是可行的。根据增量现金流原则，沉没成本是不应该计入项目现金流量的。比如乙公司在决定是否购进该条生产线之前共发生咨询费用10万元，在使用寿命内，该条生产线预计还会发生100万元的营业支出，带来的收入现值共计109万元，那么乙公司应该接受该项目吗？答案是肯定的。虽然该项目投资支出共计110万元，但是增加的100万元营业支出可以为公司带来109万元的营业收入，这给公司额外带来了9万元的现金流。10万元的咨询费用属于已经发生且无法收回的费用，为什么要用过去发生的费用左右公司金融管理者现在的投资决策呢？

（三）机会成本

假如乙公司安装新的生产线需要使用公司的一处空置生产车间。按照市场价格，该车间的售价最高可达到100万元，这100万元就是该车间的机会成本。所谓机会成本，就是指当公司使用某项资源时，就要同时放弃这项资源的其他用途，在其他用途中该资源可以带来的最高回报就被称作使用该资源的机会成本。显然，这100万元是要计入乙公司新生产线的初始成本的，因为假如这间车间不被新生产线所占用，它将预计给公司带来100万元的现金流入。这里可以看作新生产线的安装导致这100万元收入流出了公司，自然应该计入公司的初始现金流出。

（四）折旧对现金流的影响

上一章曾经提到过，折旧是公司为固定资产消耗而计提的一种费用，它仍然留存于公司内部，并不会导致现金流流出，因此在计算公司的净现金流量时不应予以扣除。此处有一个问题值得注意：即便折旧本身不会改变公司的现金流，但是由于折旧可以在纳税前计提，因此它会通过减少公司的应纳税收来改变公司的现金流量。如表5.2，现在假设乙公司的新生产线预计净残值为100万元，且该公司按照年限平均法计提折旧，因此每一年公司的折旧额为：

$$每年折旧额=\frac{1\ 000-100}{5}=180（万元）$$

折旧额改变会带来一系列联动效应，纳税额和经营现金流量的变动最终会改变项目的净现金流量。

表5.2　　折旧对现金流量的影响　　单位：十万元

年份	0	1	2	3	4	5
固定资产投入	-00.00					21.77
净营运资本投入	-10.00		-6.32	-8.65	3.75	21.22
其他费用	-150.00					150.00
净资本投入	-260.00		-6.32	-8.65	3.75	193.00
营业收入		100.00	163.20	249.70	212.24	129.89
营业成本		50.00	88.00	145.20	133.10	87.85
折旧		18.00	18.00	18.00	18.00	18.00
息税前利润		32.00	57.52	86.50	61.14	24.05
企业所得税		10.88	19.45	29.41	20.79	8.18
税后净营业利润		21.12	37.75	57.09	40.35	15.87
折旧		18.00	18.00	18.00	18.00	18.00
经营现金流量		39.12	55.75	75.09	58.35	33.87
净现金流量	-260.00	39.12	49.43	66.44	62.10	226.87

（五）分摊费用的计算

乙公司引入新生产线会产生一些分摊费用，比如车间电费、水费等，这些费用是安装该条生产线以后才增加的费用，很显然应该计入项目的现金流。但是某些分摊费用，比如车间管理人员或者总部行政人员的工资就不应该计入该项目的现金流，因为这些费用是在引入该条生产线以前就需要支出的费用，自然不应该由该项目来分摊。在考虑各项分摊费用是否计入项目现金流时，一定要谨慎分析。

（六）项目的正负效应

公司作为一个整体，其各个项目不是孤立存在的，新项目对公司原有项目会产生一定的影响。这里把公司新项目对其他项目的影响分为两类：项目的正效应和项目的负效应。假如云梯公司打算在一代攻城云梯基础上推出新的二代优化产品，该产品预计能够给公司带来10000万元的净销售收入，但是由于这款产品会对一代产品形成一定的替代，其推行上市预计会使一代攻城云梯的产品销售收入减少500万元，则新产品带来的净现金流入不是10000万元而是9500万元，这就是项目的负效应。但是另一方面，由于新推行上市的云梯产品不附带保养维修服务，预计会带动300万元的运维服务收入，则新产品带来的净现金流入为9800万元，这就是项目的正效应。新项目把原本应该流入公司的部分现金流量给侵蚀掉了，而另一方面又给公司带来了新的现金流，因此在计算新项目的现金流量时要对正负效应予以考虑。

第二节　项目评估众法

一、各种评估因素与标准

从本节开始，本书将正式进入对公司项目投资决策问题的讨论，也即对于潜在项目来说如何判断是否应该投入开工。实际中，一个项目的各种信息纷繁多样，但最后只是需要回答一个问题：投还是不投？这就需要处理这些信息，从中提炼出一个能够回答这个问题的关键因素，从而决定这个项目是否值得投资。这个因素应该是什么呢？对投资项目有不同偏好的公司，考虑的因素可能有所不同，但一般来说，公司对项目的评估不外乎流动性、价值、回报等方面。接下来将针对不同因素的评估标准一一讨论。

首先是流动性。投资时，投资者或管理层需要考虑到什么时候获得回报。有时候，一个收益很理想的好项目可能需要数十年的投入建设才能看到回报，那么很显然，这样的项目不适合一家需要在一年后见到收益的公司。对应这样的情况，公司会关注投资金额多久能够收回这一因素。这就产生了回收期（payback）等评估标准。

其次是投资的价值考虑。财务管理者投资项目是为了获得增值回报进而最大化股东的权益，价值自然也是投资决策中无法避免的考虑因素。从最基本的直觉上说，投资项目在于获得比投入更多的收益，实际中的评估标准也是同样的道理。当然，如前所述，评估时不能直接把明天收益的五百元和今天投入的五百元相比较，而是用第四章提到过的现金流折现法，这就是马上要讨论到的净现值（NPV）法。此外，盈利指数（PI）也是类似的价值评估指标。

如果公司更加看重投资项目的收益回报比率，也即投资效率的话，会更多关注内部收益率（IRR）。它在判别上的结果很多时候和净现值法是一致的，但也有一定的局限性，后面会在对应部分讨论。

最后，上述标准都是用来判别单一项目的好坏，但实际上，公司面临的情况往往是从众多备选项目中决定哪些可以投、哪些不可以投。指导此类决策的原则将会在后面结合不同指标进行解释，这里先来了解不同项目之间的两种关系：独立项目与互斥项目。顾名思义，独立项目指项目之间的决策相互独立，一个项目投资与否和另一个项目没有关系；互斥项目指一个项目的投资会导致另一个无法进行，这种情况很多时候是源于预算的限制，当然有时也来自项目本身的特点，比如一块闲置用地是出租还是用作厂房等。在对不止一个项目进行投资决策前，需要先正确判断它们之间的关系属于相互独立还是互斥，如果是前者，可以分别单独考虑，而如果是后者，就需要结合评估标准分析，选出最合适的投资项目。

二、净现值法

前面章节已经简单提到过，净现值法将项目投资带来的净现金流像债券一样进行贴现估值。和债券稍有不同的是，债券作为一种产品，其产生的现金流全都是正向流入，将这些贴现加总后得到债券价值，实付价格等于或低于这一值时投资便有利可图；而净现值法包括了项目从最初期以来各种可能的投入与收益，这些现金流流入或流出以及对应的时间价值、风险等都一并考虑在内。因此，在应用净现值法判断一个项目是否可行的时候，所有的投资成本和收益都已经包含在内，只需要结果为正，就说明这一项目有利可图，应该投入推进。一言概之，净现值法是通过计算投资项目带来的所有现金流贴现到当下的净值进行投资决策，结果大于零即意味着收益高于成本，可以投资；反之则不应投资。净现值法还可以拓展到更多项目的情形：首先确定项目之间的关系，独立的话只要净现值大于零的都可以投资；而如果项目之间互斥且净现值均为正，显然则应该选择净现值更高的那个。

继续以乙酱油公司为例。第一节中已经得到了公司新建一条生产线所带来的净现金流。就像大部分项目一样，生产线也是在项目初期有一大笔投入，然后慢慢获得收益，最后处理掉固定资产获得一笔正的现金流。当然，有些项目可能在中间或最后还有现金流出，但对于净现值法来说，这不构成影响。

假如将贴现率设定为10%，接下来就可以将每一期收益的现金流贴现到第0年也就是现在，加上现在已有的2600万元流出，可以得到净现值为516万元。净现值大于零，所以项目可以投入生产。

表5.3　　　　生产线各年度净现金流量　　　　单位：十万元

年份	0	1	2	3	4	5
净现金流量	-260	39.8	54.19	66.85	59.89	224.66

注意，对于这一个给定形态的现金流，其净现值多少并不是确定的，而需要依赖于贴现率，也即WACC，就像债券的价值依赖于贴现率一样。在不同的贴现率下，项目的净现值不同，因此也就不能保证在某一贴现率下值得投资的项目在另一贴现率下依旧可行。但并不代表其中没有规律可依：对于除了第一期投入之外后面都是现金流流入的项目来说，前面曾经提到过的债券价格与贴现率之间的反向变化关系在这里依然成立。也就是说，随着贴现率升高（降低），项目的净现值会随之降低（升高）。这是因为未来的收益在当前的价值随着贴现率的降低而升高。

图5.1展示了当贴现率从1%上升到约20%时，对应项目净现值的变化。可以看出，当贴现率低至1%左右时，项目拥有高达1600多万元的净现值；而当贴现率升高到15%与16%之间时，净现值降到了零并在更高的贴现率下都为负。

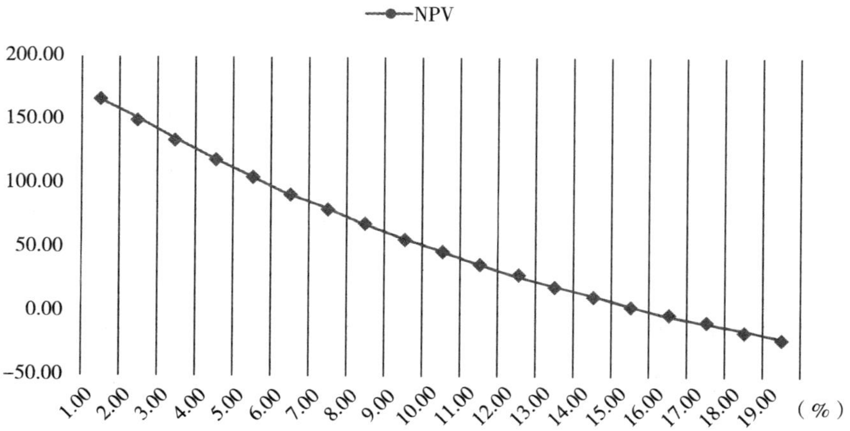

图 5.1　不同贴现率下的项目净现值（单位：十万元）

净现值随贴现率的这种变化，同样会对互斥项目的投资决策造成一定影响。对于两个互斥项目来说，虽然它们都满足净现值随着贴现率的升高而降低，但降低的幅度并不一定相同。图5.2中的项目A和项目B就是很好的例证，随着贴现率的上升，项目B的净现值逐渐超过了项目A。这种现象产生的原因在于二者现金流形态的差异，B的收益更多集中在前期而A的收益更多集中在后期。为什么这样的结构会导致B的反超呢？主要原因是贴现率在折现的时候以复利方式进行，所以越靠后的现金流受贴现率变动的影响越大，以至于这一影响超过了现金流本身的差异。相比起项目A，项目B的优势在于受贴现率影响小的前期，因此随着升高的贴现率磨平了二者后期现金流的差异，项目B前期现金流更多的优势也就显现了出来，得到了比项目A更高的净现值。

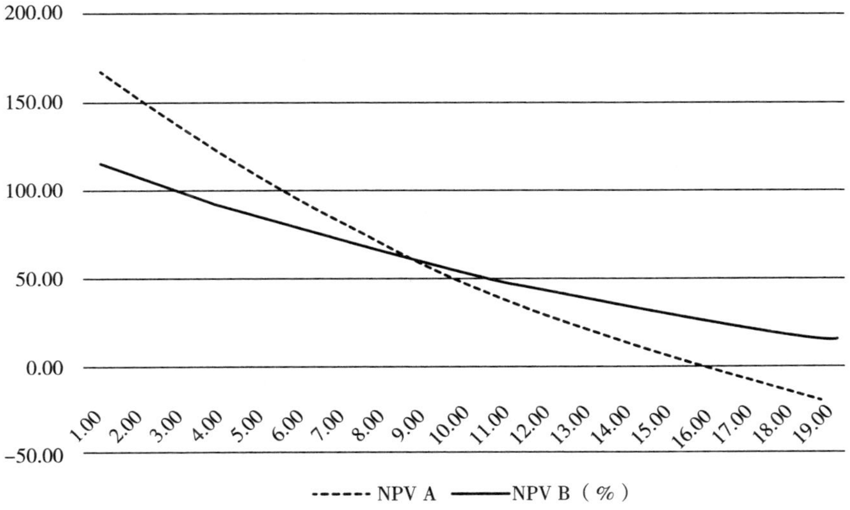

图 5.2　两个不同项目的净现值比较（单位：十万元）

作为项目投资的评估标准，净现值法具有非常好的一些性质，适用范围也较为广泛，具体将在本节第五部分展开分析。

三、内部收益率法

首先，回想一下债券估值部分曾介绍的到期收益率：它代表了使得债券未来现金流的折现现值加总等于价格的贴现率。内部收益率其实本质上和到期收益率是一样的，它们都是在给定了现金流和现值后自然得到的收益率，只不过到期收益率对应的现值是债券发行价格，而内部收益率对应的现值是零。在计算得到内部收益率后，拿它和加权平均资本成本（WACC）去比较，前者反映了项目内含的收益率，而后者反映了公司实际面对的资金成本。当收益大于成本，也即内部收益率大于WACC时，投资项目是有利可图的；而当收益小于成本，也即内部收益率小于WACC时，投资项目就会发生实际的亏损。

就像净现值法一样，内部收益率利用项目净现金流的形态以及公司所面对的资金成本这两个要素，通过净现值为零这个盈亏平衡点来判断项目是否可行。但不同的是，净现值法是运用现金流形态和资金成本计算出项目净现值，然后去和盈亏平衡点比较；而内部收益率法则是运用现金流形态和盈亏平衡点计算出内部收益率，然后去和资金成本比较。图5.3反映了二者在逻辑上的差异。

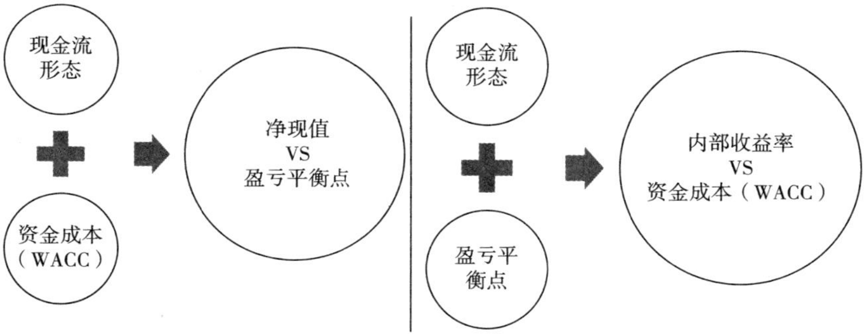

图 5.3　净现值法与内部收益率法逻辑比较

因此，可以看出内部收益率是由现金流的形态以及盈亏平衡点所决定的，也即由项目本身的性质特点所给定，而不取决于项目外部的资金成本。但对于单个的项目来说，这样的判别方式得出的结果和净现值法是一致的。在图5.1中，内部收益率对应净现值为零时的情况，也就是曲线和横轴的交点，同样也是项目的盈亏平衡点。不妨进一步观察：用净现值法判断时，在这点以左的位置，项目的净现值都大于零，意味着可以投资；而在这点以右，项目的净现值都小于零，意味着需要拒绝。用内部收益率法判断时，这点给出了一个项目内生固定的内部收益率，在这点左侧，资金成本的值小于这一点，可以投资；在这点右侧，资金成本的值大于这一点，需要拒绝投资。因此，两种方法给出的判别结果是一致的。

这样的一致性在面对互相独立的多个项目时依旧成立，因为只需对各个项目单独判别即可。但在面对互斥项目时，内部收益率法和净现值法就有可能冲突。从内部收益率的逻辑上来说，当面临两个不同项目的时候，自然要选择内部收益率更高的那个。但由于内部收益率是项目本身性质所决定的，因此一旦互斥项目的净现金流确定下来，哪个项目更值得投资其实也就有了结果。这和之前净现值法的判别是相互冲突的。回看图5.2，作为管理层在利用净现值法判别时，在两条线交点以左决定投资项目A，交点以右决定投资项目B；但因为项目B与横轴的交点要比项目A与横轴的交点更大，所以B的内部收益率更高，也就是说运用内部收益率法时，无论资金成本如何，都会选择项目B。

为什么会出现这样的情况呢？这和两种方法的性质特点有关。

首先，净现值法关注的是公司获得的净收益，而内部收益率关注的是获得收益的比率或者效率，这就带来了规模效应的问题。想象两个非常简单的项目，一个现在投资1元，三天后回报1.5元；另一个现在投资100元，三天后回报110元。假如手里金额充足，那么你会投资哪个项目呢？毫无疑问是第二个，毕竟10元的回报要远高于0.5元，即使贴现到当前也是如此。但如果使用内部收益率的方法进行评估，则会接受第一个项目——因为收益的效率要更好。早在第一章就已经讨论过，公司金融的目标是股东权益的最大化，专注于投资收益的效率可能并不能符合这一目标。因此，在使用内部收益率法评估项目的时候一定要注意这一点：虽然有些项目的收益率很好，但它的规模较小，所以某些时候还是需要选择收益率略低但收益足够高的项目进行投资。

其次，内部收益率和净现值法对于现金流再投资的设定有所不同。在净现值法中，公司项目的现金流以加权平均资本成本贴现，反过来也就是说现金流的再投资收益对应了公司的加权平均资本成本，这也与加权平均资本成本作为公司融资成本的定义相符合。但内部收益率中，现金流的贴现对应的都是内部收益率本身，也就是假设现金流的再投资对应的是内部收益率。将公司现金流贴现和项目收益率对应的做法并不合适，这也正是内部收益率法的一大缺陷。

最后，内部收益率还可能出现多个解的问题。前面已经提到过，内部收益率对应了项目投资的盈亏平衡点，也就是净现值图像和横轴的交点。对于一般的现金流来说，项目初期进行投入，随后不断获得收益，项目的净现值随着贴现率的升高而不断降低，因此只会和横轴相交一次。这样的现金流结构一般被称为常规现金流。但有些项目在初始投资之后，中间或者结尾还需要进一步的投入，这就是非常规现金流。在贴现率很低的时候，项目后期现金流的现值很高，占据主导作用而使得净现值为负；在贴现率很高的时候，项目后期现金流贴现到当前的价值都很低，初期的投资占据了主导作用而使得净现值为负。对于这样的项目，只有贴现率处在中间一段合适的水平时，净现值才为正。图5.4反映了这一现象。

在这种情况下，内部收益率法失效。如果用金融计算器对内部收益率进行计算，所得的结果也将是“ERROR”（错误）。

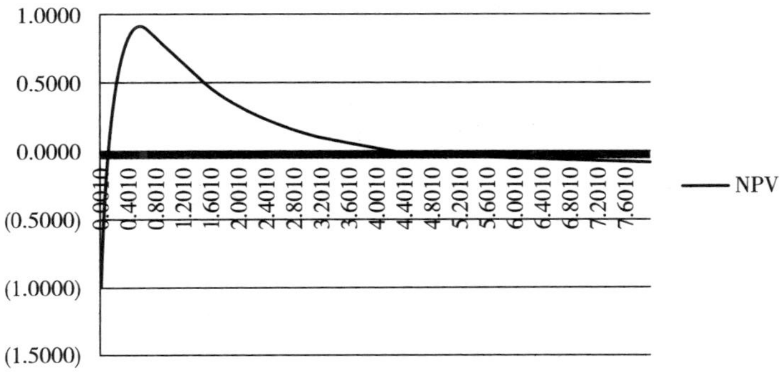

图 5.4　内部收益率在非常规现金流项目中出现多值

为了解决内部收益率法的这些问题，已经有方法对其进行了一定的改进。之前计算内部收益率的过程中，运用的方法是直接将现金流贴现至当前，结果就连带着将再投资利率也设定为内部收益率。现在，把再投资的过程单独拿出来加以考虑：对于每一期的现金流收益，这次不是直接贴现到当前，而是先让它完成再投资的过程，也就是通过加权平均资本成本WACC不断复利投资到最后一期，然后再将最后一期得到的收益用某一收益率贴现回来。这样，就避免了再投资利率错配的问题，最后用来贴现的收益率被称为调整内部收益率（MIRR）。此外，调整内部收益率也解决了多值的问题，也就是说即使面对非常规现金流的项目，调整内部收益率也不会出现多个值的情况。但毕竟受限于折现率这种指标的特点，它还是没有解决规模效应的问题。

四、回收期法

（一）普通回收期法

在本章介绍的几种主要的资本预算决策方法中，回收期法，至少从计算角度看，应该属于最为简单的一类。所谓回收期，就是收回全部初始投资所需要的时间。从现金流量的角度看，回收期就是投资某项目现金流入的数量积累到与现金流出的数量相等所需要的时间。在这种方法下，直接默认以回收时间长短作为衡量项目好坏的标准。决策者一般会规定一个最长期限，回收期小于该规定期限，说明该项目是符合要求的；反之，则拒绝该项目。按照是否考虑资金时间价值，回收期法可以划分为普通回收期法和折现回收期法，下面将分别详细介绍。

在普通回收期法的计算方式下，不需要考虑任何附加因素，直接根据投资项目的净现金流进行计算。如果投资项目各期现金净流入量相等，普通回收期法的计算如下：

$$投资回收期=\frac{初始投资额}{各期现金流}$$

如某一项目所需初始投资100 000元，预计第一年末即获得盈利，之后每年都会产生20 000元的净现金流，项目持续时间大概为10年，那么该项目投资回收期需要5年。当然，上述情况在现实中发生的概率非常小。现在再次回到在第一节介绍的乙股份有限公司，看看一般情况下，即投资项目各期净现金流量不等时回收期的计算。可以将该项目从第0年末到第5年末的净现金流表示如下：（-260 000 000，39 800 000，54 190 000，66 850 000，59 890 000，

224 660 000）。

通过简单的加法就可以发现，第五年末项目是可以收回初始投资的:

$$-260\ 000\ 000+39\ 800\ 000+54\ 190\ 000+66\ 850\ 000+58\ 590\ 000+224\ 660\ 000 =185\ 090\ 000>0$$

但直到第四年年末，积累的净现金流仍为负：

$$-260\ 000\ 000+39\ 800\ 000+54\ 190\ 000+66\ 850\ 000+59\ 890\ 000 = -39\ 570\ 000<0$$

这时，就可以通过计算“此前总期数+未收回现金量/下一期净现金流”，发现4.17年可以收回初始投资，即该项目投资回收期=4.17。由此可以做出总结，当投资项目各期现金净流入量不相等时，投资回收期计算公式为：

$$\text{投资回收期}=\text{累积现金流量首次大于或等于0之前的总投资期数}+\frac{\text{未收回现金量}}{\text{下一期现金流}}$$

运用这种计算方式进行决策，其显著的优点是计算简单，在预计未来现金流之后可以很容易地判断，也便于在不同项目之间比较。但需要注意到，在过程简单的背后，实际上忽略了很多潜在的风险，这就是回收期法的缺点所在。第一点就是回收期之后的现金流问题。在这种方式下，投资方的一切考虑都在回收期之前，而完全忽视了回收期之后的现金流量。如果在回收期之后连续出现负的净现金流，那么很可能造成巨大损失；同样地，也会因此丧失一些好的投资机会，例如某些前期净现金流为负、后期为正的投资项目。因此为了规避这种不确定性，决策者很可能去选择一些回收期较短的投资项目，忽略另外一些有较高收益潜力的投资项目。另外，本书第三章已经详细解释了资金的时间价值，在投资回收期的计算中，每一期资金都是完全等价的，这显然不符合现实。最后一点，回收期法下的决策标准是要使项目回收期小于规定期限，那么规定期限决定的依据是什么？这并不存在一个客观标准，往往直接由决策者主观决定，这就在很大程度上增加了决策失误的可能性。

（二）折现回收期法

折现回收期法与上述计算方法原理相似，只是在回收期计算中考虑到了资金的时间价值这一因素。各期现金流的资金价值并不相同，为了使两种计算方法的对比更为直接，这里依旧采用上述乙股份有限公司的投资例子，即（−260 000 000，39 800 000，54 190 000，66 850 000，59 890 000，224 660 000），折算成现值后的每期净现金流为（−260 000 000，36 180 000，44 790 000，50 230 000，40 910 000，139 500 000）。仿照上述计算过程，首先会发现到第五期末一定可以收回初始投资：

$$-260\ 000\ 000+36\ 180\ 000+44\ 790\ 000+50\ 230\ 000+10\ 910\ 000+139\ 500\ 000$$
$$=51\ 610\ 000>0$$

但直到第四年年末，积累的净现金流仍为负：

$$-260\ 000\ 000+36\ 180\ 000+44\ 790\ 000+50\ 230\ 000+40\ 910\ 000$$
$$=-87\ 890\ 000<0$$

这时，同样可以通过计算“此前总期数+未收回现金量/下一期净现金流”，发现4.63年可以收回初始投资，即折现后该项目投资回收期为4.63。毫无疑问，同一项目的折现回收期必然会比普通回收期更长，因为其考虑到了资金的时间价值，这也是折现回收期与普通回收期的唯一差别，其他缺点未得到优化，均与上述一致，这里就不再赘述。

五、盈利指数法

将某投资项目在未来产生的净现金流量全部贴现后加总，除以初始投资，得到的比率就是盈利指数。用公式表示即为：

$$盈利指数=\frac{各期投资收益现值加总}{初始投资额}$$

在决策某个独立项目时，如果盈利指数大于1的话，便意味着可以接受该项目；反之，盈利指数小于1，则意味着拒绝该项目。在之前的折现回收期法中，已经计算过乙股份有限公司投资收益现值，第一年末到第五年末的净现金流现值依次为：36 180 000，44 790 000，50 230 000，40 891 000，139 500 000。根据上述公式，可以计算得出盈利指数为：

$$\frac{36\ 180\ 000+44\ 790\ 000+50\ 230\ 000+40\ 910\ 000+139\ 500\ 000}{260\ 000\ 000}=1.20$$

即盈利指数为1.20。结果大于1，因此单纯从盈利指数的角度考虑，应该对该项目进行投资。无论从公式还是盈利指数法的定义，都可以明显看出，在初始投资额固定时，决策时甚至不需要通过除以“初始投资额”，只要各期投资收益现值加总后的数值越大，盈利指数就会越大，投资方越乐于投资；而在一般的投资决策中，遇到的大多是初始投资额有差异的不同项目，此时依旧可以使用盈利指数法，选出盈利指数最大的项目。盈利指数其实是一个相对值指标，它所衡量的是“每单位投资所产生现金流入量的现值”。

从计算过程可以看出，盈利指数法使用的数值与净现值指标是一致的，只是一个强调相对数，一个强调绝对数，因此在独立项目的决策中，使用两种方法得到的结论会是一致的。而在互斥项目的决策中，两者很可能会出现分歧。如果互斥项目初始投资额相同，那么两种方法的比较结果相同；但如果初始资金不同，那么使用这两种方法比较时很可能出现不同结论，会对决策者造成困扰。比如现有两个互斥项目——项目一和项目二，项目一初始投资为100万，项目二为80万；在计算投资收益现值后发现项目一的各期收益现值总和为200万，项目二为170万，根据净现值计算，项目一净现值100万，项目二为90万，应该选择项目一；根据盈利指数法计算，项目一盈利指数为2.00，项目二盈利指数为2.13，应该选择项目二。因此，根据两种计算方法得出的结论出现了矛盾。

总结一下，只要投资期限是有限且相对较短的，使用盈利指数法进行决策相对简便，并且决策标准确定，决策者应该接受盈利指数大于1的项目；但当比较不同初始投资的互斥项目时，这种方法可能会诱导决策者去选择一些投资规模相对较小的项目。

六、众法比较

现在，读者已经基本了解了净现值、内部收益率、调整内部收益率、回收期、盈利指数等投资决策指标，因而是时候对它们进行一定的整理比较了。“工欲善其事，必先利其器”，拿着已有的这些工具，决策者不能将其随便使用在某一项目的判断上，而是要认识清楚它们所适用的情况以及各自的优缺点，这样才能正确衡量一个项目给公司带来的价值，做出科学合理的投资决策。不同方法的优缺点已经在上面各自部分有所介绍，这里主要进行回顾和对比整理。

首先来看回收期与折现回收期。显然，它们的优点在于计算简单而易于理解，能够给出一个直观而好用的评估方法。其中回收期没有考虑时间价值，而折现回收期弥补了这一缺点。但即使是改进后的折现回收期也有一定局限性。首先，它们没有考虑到项目回收之后的现金流，比如一个项目虽然很快能把前期投资收回，但在此之后的盈利很少甚至持续亏损，那么这显然不会是一个好项目。其次，回收期法的判定标准较为模糊，只能结合公司所处行业、竞争对手与自身需求去综合判断，不像其他一些指标那样有着非常明确而易懂的判定标准。

净现值法是一个很好的评估工具。它全面考虑了现金流的形态以及时间价值，专注于价值增加而避免了规模效应的问题，在互斥项目的判断和再投资利率的设定上也都较为合理。总体来说，净现值法在截至目前所讨论的这些方法中具有最少的短板。但短板总还是有的，对于一些重复投资的项目，净现值法就无法直接发挥作用了，这会在下一部分具体介绍。

内部收益率和调整内部收益率同样考虑了时间价值以及现金流的形态，并从投资收益效率的角度给出了一个较受欢迎的评估指标。其中调整收益率解决了内部收益率再投资利率错配的问题，但也使得计算更加复杂，结果也不那么直观。同时，二者共同存在的问题是没能避免规模效应，盲目迷信内部收益率与调整内部收益率可能会使公司错过一些可以带来很大增值的项目。

盈利指数法和净现值法本质相通，只不过净现值法关注绝对收益，而盈利指数法关注相对收益。自然地，盈利指数法也继承了净现值法考虑时间价值、再投资利率设定等优点。但作为一个相对指标，它还是没能避免规模效应的问题。

最后，把上述指标的优缺点统一放到一张表格里对照。

表5.4　　项目评估众法比较

评估方法	优点	缺点
回收期	计算简便 直观易于理解	未考虑资金的时间价值 未考虑投资回收之后的现金流 对比标准模糊
折现回收期	计算简便 直观易于理解 考虑到了时间价值	未考虑投资回收之后的现金流 对比标准模糊
净现值	考虑时间价值 避免规模效应问题 再投资利率设定正确	重复投资问题时无法直接发挥作用
内部收益率	从收益率的角度提供了评估项目的工具 考虑了时间价值	再投资利率设定有问题 可能出现多值问题 无法避免规模效应
调整内部收益率	从收益率的角度提供了评估项目的工具 考虑了时间价值 解决了再投资利率的问题	无法避免规模效应
盈利指数	以相对比例的形式提供了一种评估方式 考虑了时间价值	没能避免规模效应

七、重复投资：净现值的罩门

既然净现值法是相对最全面而准确的指标，那么它是不是无论何时都适用呢？的确，净现值法能够适应很多决策问题，但公司在投资决策中可能会关注不同方面的因素，所以也会考虑一些其他的指标；另外，也有一些情形是净现值法难以发挥作用的，就像武林高手的罩门一样。本部分就进一步来看一下净现值法的罩门在哪里，并给出对应的替代方法。

回到乙酱油公司的例子，如果在当前的贴现率下，公司决定建设这条生产线，那么五年后公司将处理掉所有固定资产并得到所有收益。可在此之后呢？这条生产线周期结束之后，公司还是要存续和经营下去的，这就需要考虑新建另一条生产线。也就是说，只要公司还正常经营一天，投资生产线的项目就会一直重复进行，这就是重复投资的问题。很多时候，实际中的投资决策并不是像之前那样只考虑固定期限，而是固定期限的无限重复。这时，由于投资周期无限或现在不能确定，就无法用净现值或上述的其他方法来评估项目（因为项目的净现值都是无穷大）。用简单的例子来看。现在有两个项目进行重复投资，第一个的现金流是-3，1，1，1，1，1，-3，1，1，1，1，1……循环，第二个的现金流是-2，1，1，1，-2，1，1，1……循环。在一定贴现率下，两个项目都能带来正的无穷大的净现值，这时怎么判断应该投资哪一个呢？

要对两个无穷期现金流的项目进行比较，直觉上最简单的想法就是比较每一期的现金流，如果两个项目都具有每期相同的现金流（也就是等额年金），那显然会选择每期现金流较高的项目。但现实中很少出现这样的情形，往往都是像上面这样复杂的情况，所以就需要把它们做一定转换，使得每个项目在净现值不变的情况下每期现金流变得相同，这样就可以进行比较了。现在问题就变成了，怎么去完成这样的转换呢？注意，虽然两个项目的现金流有无穷期限且每期金额不同，但它们的分布并不是杂乱且毫无规律的，而是以周期形式不断重复，下面将要运用这一性质来完成所需的转换。把每一个周期的现金流都用相同的方法转换成等额年金，那么自然整个项目就变成了等额年金。而对于单个周期的现金流来说，由于已经知道了贴现率和净现值这两个要素，就可以倒推出每期等额现金流。具体在刚才的例子中，在10%的贴现率下，初始投入为3和初始投入为2的两个重复投资项目分别相当于每期固定支付0.17与0.14（具体操作可参考Excel的PMT函数）。显然，初始投入为3的第一个项目能带来价值更高的现金流，应该选它进行投资。

当然，单纯运用以上方法评估项目并不一定就可以得到令人满意的投资结果。投资决策往往都是复杂的，一个成功的项目投资还离不开敏锐的洞察力、长期积累的投资经验等因素。

【案例5-1】巴菲特买下了《布法罗晚报》

即便只对沃伦·巴菲特（Warren E. Buffett)的投资生涯做一个简单回顾，也可以发现他投资成功的案例是相当多的。巴菲特投资公司具有很明显的特点，比如与投资公司所持有的资产价值相比，巴菲特的投资价格都相当低，另外巴菲特还特别关注公司的管理团队。《布法罗晚报》（Buffalo Evening News）是巴菲特十分关注且引以为豪的投资之一。巴菲特决定投资这家公司，并不是基于该公司过往的业绩，而是基于他对公司未来发展前景的预期：这家公司未来将是一家利润回报率更高、收入更具有黏性、定价权更强大的公司。这项投资印证了巴菲特对自己投资洞察力的信任，因为在巴菲特收购该公司的几年后，《布法罗晚报》的利润翻了十几倍。

《布法罗晚报》创立于1873年，成立之初还仅是美国纽约市布法罗地区一家只在周日发报的小小报刊公司。到1977年，它已经发展成为布法罗地区的两大主要报刊之一。在当时的布法罗市场上，凭借强大的品牌效应和悠久的历史，《布法罗晚报》拥有26.8万份的周发行量，高于竞争对手《布法罗信使报》（Buffalo Courier-Express）12.3万的周发行量。然而《布法罗晚报》的盈利能力却很低，营业利润只达到4%左右。

在一次晚宴上，巴菲特偶然听说了《布法罗晚报》的投资机会，并于1977年花费3250万美元把这家公司全部买了下来。就估值而言，这个价格的内涵价值倍数是非常高的，按照《布法罗晚报》1976年170万美元的营业利润计算，这个对价对应的公司价值/息税前利润为19倍，也就是说巴菲特当时相当看好这家晚报的发展潜力。对于1977年这项投资的潜在投资者来说，做出这项投资决策绝非易事，因为此时的《布法罗晚报》面临着相当激烈的竞争，且盈利能力相当有限。巴菲特投资《布法罗晚报》，似乎是坚信这家公司会有一个远超过往的盈利能力。在投资《布法罗晚报》之时，巴菲特可能考虑了以下三个因素。一是该项业务是巴菲特比较熟悉且精通的，巴菲特早年积累了相当丰富的关于媒体公司的知识，尤其是在投资《华盛顿晚报》后，他清楚知道布法罗地区的人口结构可以成就一家公司，因为布法罗有着相当多的忠实报纸读者群和相当大的报刊订阅量。二是他看到了《布法罗晚报》业务大幅提升的空间，比如该公司当时有着相当奢华的办公室和远超对手的高工资，最重要的是《布法罗晚报》不发售需求价格弹性更低、广告商更重视的周日报。三是巴菲特非常清楚报刊的运作机理，他坚信运营上的改变，比如引进新的管理人才经营这家公司，可以让《布法罗晚报》成为该地区的垄断者，彼时《布法罗晚报》的利润率将会大幅度提升。虽然在买下这家公司后，公司发展之路并不平坦，但是在与竞争对手经过好几轮较量以后，《布法罗晚报》成功占领了布法罗市场，在第一个垄断年头就实现了1900万美元的税前利润。

本章总结

上一章内容为读者介绍了公司的估值理论，本章侧重于估值理论的具体应用，即如何进行投资决策。对于公司管理者来说，选择投资项目往往是重要的，毕竟公司要靠一个又一个的项目去实现盈利。现在来对本章内容做一个总结。

本章第一部分主要介绍了项目现金流量的构成，以及计算项目现金流量时需要注意的问题。项目现金流包括初始现金流量、营业现金流量和终结现金流量。初始现金流量是指为使某个项目建成并投入使用的初始资本投入，主要包括固定资产投入、净营运资本投入以及其他相关费用。营业现金流量指项目投入使用后，在使用寿命内因生产经营活动产生的现金流量，主要包括产品或服务销售得到的现金流入、营业成本、每年税金支出以及净营运资本新增投入等。终结现金流量是指项目结束时所发生的各种现金流，包括固定资产的变现收入、净营运资本的收回，以及为结束项目而发生的各种清理费用和清理收入。在计算项目现金流时，有许多问题值得关注，比如要注意沉没成本不计入项目现金流出，但是机会成本需要计入。另外，分摊费用只计入与项目直接相关的部分，项目带来的正负效应也是计算项目现金流时需要考虑的因素。

第二部分是本章的重要部分，主要展开介绍并且比较了项目评估众法，包括净现值（NPV）法、内部收益率（IRR）法、调整的内部收益率（MIRR）法、盈利指数（PI）以及投资回收期法。净现值（NPV）是指将项目各期现金流现值之和与项目初期投入成本相减得到的净值，若面对单个投资项目，净现值大于零表示可以接受该项目，净现值小于零表示不接受该项目；若面对的项目是多个互斥项目，决策时应该选择净现值更大的项目。净现值法是实际操作中比较常用的项目评估方法，是相对全面而准确的指标。但是净现值法也存在罩门，比如无法就两个现金流量分布不同的重复投资项目做出权衡比较。第二个比较常用的指标是内部收益率指标，即使得项目未来现金流量现值之和等于初始投入成本时的折现率。内部收益率法是从收益率的角度对一个项目进行考量，它同样也存在一定的缺点，比如计算方程难以求解，以及求解结果可能存在多值等问题。为修正内部收益率法的某些缺陷，又发展出了调整的内部收益率（MIRR）法。MIRR不是直接将每一期现金流量贴现到投资初期，而是先将每一期现金流量按加权平均资本成本不断复利投资到最后一期，然后将最后一期的终值用某一收益率贴现回来，这样，使用时就避免了再投资利率错配的问题。在对项目进行评估时，还可能会用到盈利指数（PI）以及投资回收期法。普通投资回收期法是用期初投资额与项目各期现金流之和相比得到的，其优点在于简单且便于计算，缺点在于未考虑货币的时间价值；折现回收期法解决了这一问题，但无论何种回收期法都忽略了回收后的现金流形态。盈利指数克服了投资回收期法的缺陷，将某投资项目在未来产生的净现金流量全部贴现后加总，除以初始投资，得到的比率就是盈利指数。

本章最后给出了一个表格，用于总结项目评估众方法的优点与缺点。没有哪一种评估方法是完美无缺的，也没有哪一种评估法适用于所有场景。在对项目进行投资决策时，决策者应该结合实际情况及投资目的等，选择合适的评估方法。

第六章
融资：为公司补充血液

结合近现代史不难理解，与西方发达国家相比，中国现代金融的起步时间很晚。有学者认为中国现代金融发展的第一次契机在1843年，也就是道光二十三年，随后由于各样因素，中国金融长期以来处于外国附属品的地位，与现代金融也相差甚远，因此很多人会很自然地将金融划为舶来品行列。但细看历史就会发现，将金融完全定义为舶来品并不准确。早在公元前256年以前，西周时期已经出现了由官府经营的办理赊贷业务的高利贷机构，在《周礼》中称之为“泉府”，负责税收、商贸、铸币等财政相关事务。秦汉时期也出现了专门放债获利者，被叫作“子钱家”，其中一部分的规模已经发展到可以借款给政府，补足军费开支。到南北朝时期，出现了为实物抵押提供贷款的“质库”，由寺院经营管理。而中国最早的“金融市场”出现在唐代长安的西市，那里出现了多种经营主体以满足收受存款、保管财物、兑换买卖等金融需求。总结来看，中国古代的融资方式主要有四种：典当、合会、拍卖、出售彩券，并且其起源均可以追溯到寺庙或与之有直接关系。其中有些方式在明代之后中断，但从史实记载可以看到，历史上的中国金融确实是有存在过的影子的。

第一节　钱从哪里来

一、关于公司融资

在正式介绍公司各种融资方式前，先来简短回顾一下第三章介绍的金融市场概念，这对于理解整个资本市场十分重要。公司融资就是公司要从金融市场上筹集资金并将其注入公司中，使资金在公司中融合并流通。公司筹集资金有多种方式，按照不同的分类方法，主要可以分为股权融资与债权融资、直接融资与间接融资、内部融资与外部融资这三类。股权融资与债权融资是依据资金来源的性质来分类，股权融资是公司所有者也就是股东对公司出资，且公司无须偿还；债权融资则是债权人向公司投入资金。直接融资与间接融资是根据资金筹集方与投资者之间的经济关系来划分，直接融资是筹资者直接从最终投资者手中获得资金，两者的债务关系与权益关系都是直接建立的，没有第三方介入；而间接融资则是由金融中介机构建立投资者与公司之间投资关系，公司是从中介机构获取资金。内部融资与外部融资是按资金是否来自公司来划分，但这种划分更为简单，内部融资是指资金由公司内部积累或资产处理产生，外部就是从公司之外的主体筹集而来。各种分类标准都可以区分融资种类，但最常使用的还是第一种，把融资分为股权融资与债权融资。

二、股权融资

（一）股权融资概念介绍

股权融资就是公司以部分所有权为交换条件，去寻找新投资者新股东，为公司注入资金，带来的直接结果是，除公司资金增加外，总股本也会同时增加。也就是说，通过股权融资得到的资金并不需要归还，资金贡献方成为公司股东，与其他原有股东共同享受股东权益。股权融资按照融资渠道不同可以分为两类，一类是公开市场发售，另一类是私募发售。

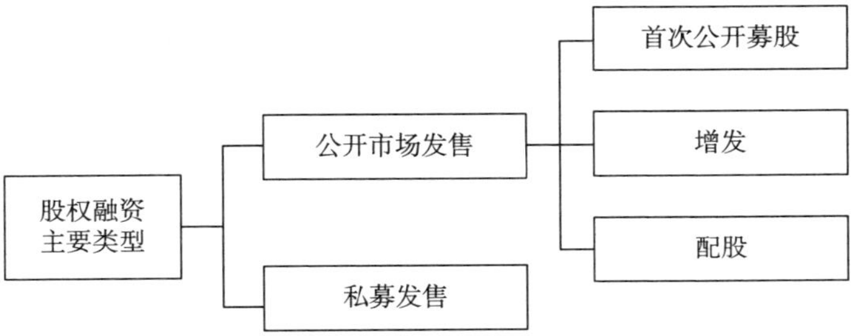

图 6.1　股权融资主要类型

首先来看公开市场发售。公开市场发售的最基本定义是指公司通过股票市场向全部投资者公开地发行股票来筹集资金。一般来讲，公开市场发售包括公司上市、上市公司的股票增发以及配股。狭义的公司上市可以直接理解为首次公开募股，也就是经常听到的“IPO”，是公司通过证券交易所首次向大众投资者增发股票。如是在中国内地上市，证券交易所分为上海证券交易所和深圳证券交易所，也就是常说的上交所和深交所；如是在中国内地之外的市场上市，交易所一般包括香港证券交易所（港交所）、纽约证券交易所（纽交所）、纳斯达克证券交易所（NASDAQ）、伦敦证券交易所（LSE）等场所；还有一种特殊的股票——红筹股，一般是指在中国境外注册、在香港上市并带有中国概念的离岸公司发行的股票，其中带有中国概念可以理解为中资控股或公司主要业务集中在中国内地。有人将离岸公司称为“避税天堂”，但注册离岸公司的好处不只有减免税负负担这一点，还有高度的保密性、无外汇管制等。特别的是，离岸公司只能在注册地之外进行经营。目前世界上一些著名的离岸金融中心有英属维尔京群岛、开曼群岛、巴哈马群岛、百慕大群岛、塞舌尔群岛、萨摩亚群岛、马恩岛等，这些地区允许境外人士在其领土上成立这种国际业务公司，以一种宽松的经济政策来吸引大型跨国公司或一些拥有高资产的个人进行投资和贸易往来。除上述狭义上市，广义上的上市还包括挂牌交易以及新品发布，这里主要采用狭义定义，即IPO来理解。股票增发是指已上市公司为了筹集更多资金而发行股票，这一部分额外发行的股票可能是针对既定投资者，也有可能是面向全部投资者。配股同样是指已上市公司以融资为目的发行股票的行为，但相比于简单增发股票，配股是公司按照相关法律规定及程序规范，向原有股东按照持股比例配售股票的行为，而没有新增股东。

上述三种股权融资方式，除了定义、时间点、范围上的不同，定价规则也不相同。首先是IPO定价。IPO定价是一个十分复杂又充满太多不确定的问题，也因此成为整个金融市场中的难题之一。从定义来看，IPO定价是指为刚刚发行上市的股票在正式进入市场之前所定的价格，换句话说，是对即将正式进入市场的股票价格的预测，而这种预测的难点就在于信息不完全性，因为总有一些无法被决策主体所掌握的信息。同时，IPO定价又很大程度上影响了发行的成功与否，发行方自然希望能够以尽可能高的价格发行新股，但定价过高或过低很可能会导致发行失败。当然IPO定价之所以被如此重视，不只是因为其关系到各相关利益主体的前期投入，还有一个重要原因是IPO定价极大影响着上市之后的股票表现。相比于IPO定价，后两种定价相对简单一些。股票增发的发行价格一般是在发行之前一段时间内的股票均价乘上相应比例；而配股由于是向原有股东（旧股东）发行股票，定价一般会低于市价，按照股东的原本持股比例发行。相比于IPO定价过程，后两种形式下的股票定价往往掌握了更多信息并且能够根据已有信息做出较准确可靠的市场判断，使得定价的客观难度降低。当然，这些需要建立在IPO成功定价的基础上。

根据上文可以总结，公开市场发售进行股权融资有以下优点。第一点，公开市场发售面向的群体范围更广，筹集到的资金数量巨大；第二点，原有股东的股权和控制权实际被削弱的程度较小，即便发行数量巨大，但是由于其分散性较高，公开募股最主要增加的是大量的小股东；第三点，有利于提高公司的知名度，进入公开市场意味着真正面向公众，具有更高的曝光度和公司文化传播度，而这种宣传效应是由公开市场自发带来的，不耗费公司自身更多成本；第四点，有利于利用资本市场进行后续融资。当然依靠这种方式融资也有一定局限性，最主要的一点是，进入公开市场发售的门槛相对较高，公司想要达到上市标准并不是一件容易的事情。由于上市公司要从大众投资者那里筹集资金，投资者往往面临着较大投资风险，因此必须要对上市资格进行严格的审查规定。自2020年3月1日起，历时四年修订的证券法正式生效，这是我国自1999年实施第一版《证券法》后的第四次修订，与旧版相比，修改166条，删除24条，同时新增24条。本节所说的股票属于有价证券的一部分，此处简要说明对证券发行的规定。在旧版《证券法》中，对证券发行的要求有：具有持续盈利能力；股份公司净资产不低于3 000万元，有限责任公司净资产不低于6 000万元，累积债券余额不超过净资产的40%；同时需要符合发审委制度。而在新版《证券法》中，取消了对于净资产的相关要求，同时取消了发审委制度，但增设了“信息披露”和 “投资者保护”条款，对于上市要求的审查实际更为程序标准化，要求更严格，同时也使中小企业拥有更多机会进入资本市场，有利于建设更健康的资本市场。

股权融资中的另一类是私募发售。相比于公开市场发售，私募发售面向的市场投资者范围有大幅度收缩，由公司自行寻找特定的投资者为公司注资，整个过程是非公开的。私募发售主要针对两类人群，一类是社会知名度相对较高的专业投资机构，或是资产量极高的个人投资者；另一类是相对于第一类的内部投资者，员工或股东都可以通过私募发售的形式增资入股到公司。我国私募领域主要有四种投资者：个人投资者、风险投资机构、产业投资机构和上市公司。由于公开募股的要求非常高，持续盈利对于一家处于起步阶段的公司来说有较大难度，而上市条件中对盈利规模的限制也让许多中小企业难以企及，此时公司就可以通过私募发售股票的形式来找到特定的投资方。与公开发售股票相比，私募发行手续办理相对简单，流程也没那么复杂，可以极大节省公司在融资中花费的额外成本和时间，对于急需融资的公司是一个很好的选择。但同时，因为面向的市场范围更小，能够争取的投资者总数更少，找不到投资者的风险更大；筹集的资金总数也会受到投资者资产状况的限制。

（二）股权融资案例

目前正值中国经济转型的重要时期，如何促进高质量经济发展成为社会讨论的热门话题，机遇挑战并存，在旧模式下成长的传统公司们也纷纷为公司转型寻找新机，而独角兽公司在此过程中成为传统公司实现转型的新亮点，被看作解决转型问题的商机与捷径。独角兽公司的概念出现在2013年，这类公司创立时间较短且还未上市，但投资人对其市场估值超过十亿美元，正如名字一样，独角兽公司不仅“高贵”还异常“稀有”。下面要介绍的就是快递餐饮行业知名的中国独角兽公司——饿了么。根据中国互联网络信息中心的数据显示，2019年上半年中国外卖用户数量已经达到了42 118万人，总规模超过4亿。而通过对网上外卖使用率的调查发现，同年使用率达到了49.3%。中国外卖市场十分巨大，投资者们对外卖平台的市场前景持续看好，对其市场估值也逐年升高。目前国内最大的两个外卖平台美团外卖和饿了么占有了大部分市场份额，实际上，美团外卖正式上线时，饿了么已经完成了第三轮融资。饿了么创立于2008年，从针对大学生用户的校园外卖业务起步，逐渐将业务扩展到全国一二三四线城市。其在2011年初的A轮股权融资中收到了金沙江创投的100万美元，在2013年初的B轮融资中收到了由经纬中国和金沙江创投领投的600万美元，同年11月收到了红杉中国、经纬中国、金沙江创投的2 500万美元，完成了C轮融资。随后是2014年来自大众点评网的8 000万美元的D轮融资，2015年的E轮融资中获得来自中信产业基金、腾讯、京东金融、大众点评、红杉中国、阿里巴巴、蚂蚁金服等的2.5亿融资，在F轮融资中，饿了么收获中信产业基金、华联股份、华人文化产业基金、歌斐资产、腾讯、京东、红杉资本等共计6.3亿美元融资；2015年获得滴滴出行的战略投资，之后在2016~2017年收到蚂蚁金服、阿里巴巴主导的超10亿美元投资。饿了么的市场估值在2017年10月达到300亿美元，并在2018年4月被阿里巴巴收购。饿了么七轮融资总额超过23亿美元，其中大部分是股权融资，而由于股权流动性较差，股权融资实际面临较高的失败风险，例如融资中断或中途撤出，因此股权融资从筹备到完成需要一个非常复杂的准备过程，及一套完整的融资策略。当然想要融资成功，最主要的还是公司自身的发展前景和长期盈利能力，如果公司自身潜力巨大，融资金额就会像饿了么一样源源不断。

三、债权融资

（一）债权融资概念介绍

债权融资指的是公司通过发债筹集资金的行为，以向外界借贷的方式为公司注入资金。由于是借贷关系，因此必须到期偿还资金本息。相比于股权融资，债权融资不会改变公司股权或所有权结构，而是通过交易债权来获得融资以缓解公司暂时的资金不足等状况。债权融资的形式十分多样，包括银行贷款、银行短期融资、企业短期融资债券、企业债券、资产支持下的中长期债券融资、金融租赁、政府贴息贷款、政府间贷款、世界金融组织贷款和私募债券基金等，根据融资渠道可以划为以下三类：银行贷款、企业发债、民间借贷。

银行贷款是我国公司债权融资中最主要的方式之一。银行贷款的定义不必赘述，但需要强调的是，对于一般中小企业而言，想要获得银行贷款是很难的。银行在下放贷款时需要对借贷主体的还贷能力进行严格的审查，由于发展规模较小，中小企业的资金流往往没有稳定的支撑，所拥有的资产数量也相对较少，因此银行不愿意承担这种坏账风险。当然我国近年来也在不断出台相关政策，来缓解作为市场中重要力量的中小企业贷款难问题，并取得了一定成效。银行为公司提供的短期融资一般包括商业信贷、短期借款、商业票据、短期融资券、典当抵押融资，以及进口额度、出口打包放款等形式，各地商业银行提供的具体业务可能略有不同，一般可向当地银行直接咨询。而这些银行贷款均可以体现在公司的资产负债表的短期负债项目中。

除银行贷款外，发行企业中长期债券也是一种有效的融资手段。但在我国企业债券并不常见。除了对发债公司的净资产及盈利能力等有所限制，民众对于各类企业，特别是民营企业的信心不足也是我国企业债券市场发展缓慢的原因。我国居民储蓄率始终维持在远远高于国际平均的水平，从这一客观事实中可以看出，大部分民众对待风险的态度是高度回避的。民营企业债券相比于国债以及国有企业债券有着更高的坏账风险，一旦公司经营不善，所有融入资金都是有去无回，个人需要承担的风险过大。因此即便公司为吸引投资者愿意给出更高的回报率，企业债券的发售情况仍不算乐观。

实际上相比于债权融资，我国公司更倾向于股权融资，因此债权融资市场的发展并不十分完善。阿里巴巴海外发债的成功经历或许可以提供一定的借鉴。

海外发债一般是指一国借款者在本国之外的资本市场发行到期偿还本息的有价证券。我国最早的一笔国际债券融资是1982年中国国际信托投资公司在日本发行的一笔100亿日元的私募国际债券，自此中国资本市场中出现了越来越多的国际债券融资，阿里巴巴正是其中的一个典型代表。2014年9月，阿里巴巴以2 300亿美元的市值在纽交所上市，并筹集资金250亿美元；同年11月，它又发售了80亿美元高级无抵押信用债券，该债券成为当时世界上第三大规模的企业债权融资。在本次债权融资中，阿里巴巴共发行6种不同期限和利率的债券，最长期限20年，最短为3年，而这些评级为A的债券在美元市场上的发行结果是获得了超出计划融资规模7倍多的认购订单，因此债券收益率被相应调低，成功发售的同时也降低了融资成本。

债权融资最大的优点就是只涉及债权的交易，而不涉及公司的管理权、经营权及所有权，当然这里的讨论排除了一些无法偿还的特殊情况，这会涉及更专业的法律规定。因此在债权融资下，公司不会改变以往的经营运作模式，可以保证公司与之前相同的独立性，只要能够偿还债务或拥有偿债能力，那么公司就有较大的自主性，从这个角度来看，债权融资成本是低于股权融资的。同时，债权融资可以提高资金回报率，能够产生财务杠杆作用（之后将详细介绍）。不可忽视地，债权融资的劣势也相当明显。除了要到期归还本金，还要支付相应利息，如果公司经营不善，那么过大的还款压力很可能会导致公司从经营失败走向破产，因此对公司来说财务风险较大。

下面将为读者介绍两种目前在市场上较为流行的债权融资方式：资产证券化与供应链金融。严格来讲，供应链金融也是资产证券化的一种，但由于这种融资方式在金融市场上较为流行，所以这里把它划分出来单独介绍。

（二）煎饼摊的生意经1：资产证券化

通俗地讲，资产证券化是指公司或者银行把缺乏流动性但在未来可以产生现金流的资产，通过在资本市场发行证券的方式予以出售，从而盘活资产的一种融资方式。仅抛出这样一个概念可能会让读者觉得晦涩难懂，现在通过张大爷煎饼摊的故事来理解资产证券化到底是怎么回事。张大爷去年新开了一家煎饼店，每天能有500块的收入。张大爷看生意这么好，打算买入一辆7万元的面包车用于进货，扩大煎饼店生意。但是张大爷自己并没有什么钱，银行一看张大爷没有什么值钱的东西做抵押，也不愿意给张大爷贷款。张大爷愁闷之际，邻居老王给张大爷出了一个主意："我想到一个办法，可以很快就帮你筹到这7万块钱，但是以后每天煎饼店的现金流你必须打我卡上先还我钱。"其实老王自己也没有钱，于是他去找邻居徐二叔李二婶借。徐二叔李二婶担心张大爷煎饼店以后生意不好还不上钱，刚开始不愿意借钱给隔壁老王。隔壁老王说不要担心，真出现那种情况还可以找他儿子要钱。张大爷怕这件事儿还是谈不拢，于是和他们说自己也出一万块钱买下隔壁老王写的保证凭证，要是到时候赔钱了先从他这里抵扣，保证优先还上徐二叔李二婶的钱。于是徐二叔李二婶就把钱借给了老王，徐二叔李二婶也得到了老王写的保证书，张大爷高高兴兴拿着老王借给他的钱买了面包车，生意一天比一天红火，赚到的钱每月打给了老王，老王又委托银行把钱转给了徐二叔李二婶。

这就是资产证券化最为简单的过程。如图6.2，张大爷通过资产证券化筹钱可分为三个步骤：原始权益人张大爷向隔壁老王出售煎饼摊现金流，隔壁老王成立资产计划管理张大爷现金流，徐二叔李二婶作为投资人获取张大爷煎饼摊现金流。

第一，原始权益人张大爷向隔壁老王出售煎饼摊现金流，隔壁老王向张大爷支付现金作为资产出售价格。现实中的资产证券化远比张大爷和老王的情况复杂得多，在此需要提醒读者注意几个问题。首先，原始权益人所出售资产必须是未来可以产生现金流入的资产，这是因为资产支持证券是以这些资产的现金流入为基础偿付本金和利息。其次，原始权益人（张大爷）向计划管理人（老王）出售资产这个行为必须是真实的，真实出售也被称之为破产隔离，即把基础资产与原始权益人隔离开，避免当原始权益人破产时波及投资者。

第二，隔壁老王成立资产计划管理张大爷现金流。这一过程中，为降低徐二叔和李二婶的投资风险，隔壁老王让张大爷儿子作为担保，这一行为称为外部增信。在大多数资产证券化案例中，从原始权益人处买入债权后，计划管理人还会聘请律师事务所、会计师事务所对基础资产真实性进行核查，引入信用评级机构评定资产的级别等，这些都是外部增信的措施。这些措施在一定程度上可以减少投资者的投资风险，降低原始权益人的融资成本。

第三，徐二叔李二婶向隔壁老王支付认购资金，购买其发行的收益凭证，徐二叔李二婶作为投资人按期获得约定收益，到期收回本金。上面内容提到，为进一步降低徐二叔李二婶的投资风险，提高他们的投资意愿，张大爷自己也出一万块钱买保证凭证，保证优先偿还投资者本息，这个动作称作内部增信。在发行收益凭证时，计划管理人一般会把收益凭证划分为优先级和劣后级，优先级可优先获得利息偿付和优先收回本金，但是回报率也相对较低。劣后级收益凭证由原始权益人购买，规定其各项现金流偿付安排在优先级之后，当计划发生亏损时先用劣后级的资本金进行抵偿，以保证优先级的资金安全。这里的徐二叔李二婶就是优先级，张大爷就是劣后级。

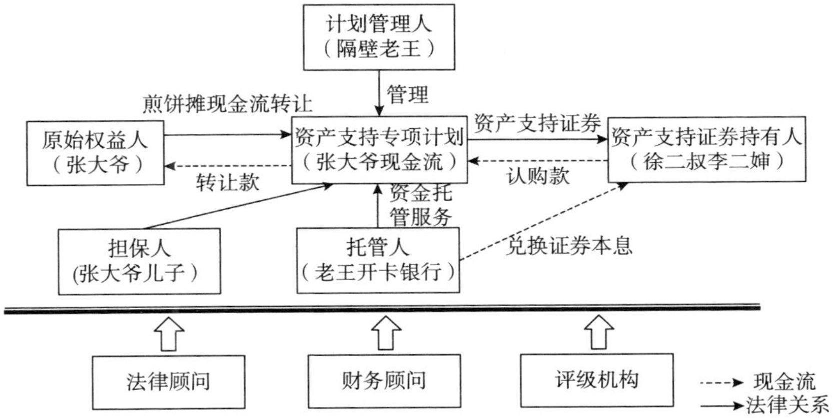

图 6.2 张大爷煎饼摊现金流资产证券化过程

可用作资产证券化的资产包括债权类资产和收益类资产，比如银行的各类企业贷款、住房抵押贷款、汽车贷款、信用卡贷款，公司的应收账款、小额贷款、租赁资金、其他企债权和收益权等。作为一种银行和公司的新型融资方式，资产证券化本身存在许多优点。对于原始权益人来说，通过资产证券化的方式，原始权益人在不提高资产负债率的前提下盘活了缺乏流动性的资产，一定程度上缓解了原始权益人的融资需求。另外，由于计划管理人在出售收益凭证之前会对基础资产进行各种信用增级，这些措施降低了原始权益人的融资成本，也降低了投资者的投资风险。

很多人可能不太会把演员和资本市场联系在一起，但是演艺圈曾经发生过一件有趣的事。林志玲父亲的好友心血来潮向其提议，也许可以“证券化”林志玲，这个提议立马在演艺圈引起热议。“证券化”林志玲实际上是证券化林志玲的未来收入，也就是把林志玲的未来收入出售给第三方，第三方以林志玲的未来收入为现金流基础在资本市场上发行证券来筹集资金。由此，林志玲可以拿到投资者购买证券的收入，而投资者也可享有林志玲的未来收入。这样的“资产证券化”听起来不可思议，但国外早有先例，英国摇滚歌星大卫·鲍伊证券化的成功操作证明了这样的想法并不完全是天马行空。早在1997年，大卫·鲍伊便在美国资本市场上发行了债券，这些债券以其创作的300首歌曲的未来出版权和录制权收入作为基础资产，发行利率为固定的7.9%。该笔融资被穆迪公司评为“A3”级，所发行的5,500万美元票据全部被一家保险公司所购买。

【案例6-1】影视票房收益的资产证券化

资产证券化是一种目前较为流行的债权融资手段，其实市面上许多让人意想不到的资产也可以被证券化。毫不夸张地说，只要满足“流动性较低，但是未来可以产生现金流”这一条件的资产，经过一定的重组包装后都可以证券化。影视票房收益证券化就是一个较为典型的例子。

影视票房收益的资产证券化最早起源于美国，已有多年发展历史。这一过程可以简单理解为，电影发行人，也就是影片持有方，将电影未来可能产生的票房收益作为基础资产，将其重组包装为可以交易的证券后，拿到市场上寻找投资人的一种融资方式。当电影获得票房收入时，投资人则可获得约定的收益和本金。按照电影是否上映为分类标准，影视票房收益资产证券化可以分为两种模式：基于已上映影视库的资产证券化模式和基于未上映影视的资产证券化模式。

（1）基于已上映影视库的资产证券化

美国梦工厂（DreamWorks Studios）就曾依靠该模式为自己获取了额度不小的债权融资。1997年，梦工厂获得了第一笔基于已上映影视库的资产证券化融资。在该笔证券化交易中，梦工厂以自己制作的共计30余部影片的未来票房收益为基础资产进行融资，其中就包括著名影片《拯救大兵瑞恩》和《怪物史莱克》等。2002年，美国梦工厂又以旗下已经上映的部分电影利润为支持，进行了第二次资产证券化融资。美国梦工厂的前后两次资产证券化有两个相同特征。一是梦工厂放入资产池的影视作品必须是正在上映的电影，且新电影必须在上映八周后才能销售给资产支持专项计划，以保证电影能够产生稳定现金流。这样做的目的是充分保障投资者的利益以吸引更多的投资者，电影现金流不稳定的风险完全由梦工厂自行承担。二是两次资产证券化均采取了外部增信措施，包括引入知名评级机构对发行证券进行风险评估，引入担保机构为发行证券做担保等，如梦工厂在第二次资产证券化中曾引入标准普尔（Standard & Poor's）和穆迪（Moody's）评级机构为其发行证券进行评级；引入Ambac和摩根大通集团等机构分别提供保险和5亿美元流动性贷款作为外部信用增强机制。

（2）基于未上映影视的资产证券化

除了以现有电影库为基础进行证券化以外，美国早年间还发展出了以即将拍摄影片的未来收益为基础资产的证券化产品，例如1996年美国梦工厂就以其未来三年即将制作的电影收益为基

> 础资产，发行了5.5亿美元的证券；派拉蒙影业公司（Paramount Pictures Corporation）在2004年以未来20部公开放映的影片为基础资产，发行了2.1亿美元的证券；漫威影业有限责任公司（Marvel Studios）于2005年4月以其未来10部电影为基础资产，发行了5.2亿美元的证券。其与基于已上映影视库的资产证券化模式的最大不同在于，该资产证券化融资模式没有电影库作为支撑，而是当电影新拍出来以后才加入基础资产池。
>
> 我国电影产业与资产证券化结合也有先例。2015年星美控股以其电影的未来收益为基础，在深圳证券交易所发行了13.5亿元的资产支持证券，成为我国第一支以电影未来收益为基础资产成功发行的证券化产品。2016年6月，上交所也迎来了第一支资产证券化产品，时代今典以旗下影院电影的未来收益为基础发行证券，募集资金达10亿元人民币。

（三）煎饼摊的生意经2：供应链金融

供应链金融是为中小企业量身定做的一套融资方式。有别于传统融资方式，供应链金融以核心企业为中心，以真实存在的贸易为背景，把中小企业放在整个供应链中，在一定程度上解决了中小企业融资难的问题。为帮助读者更好理解供应链金融，这里仍以张大爷的故事为例。张大爷的生意越做越火爆，他已经在当地开了三家连锁店，并且打算在隔壁县开两家分店。现在资产证券化已经不能满足张大爷的资金需求了。张大爷想向当地银行借100万，但是银行认为张大爷当前信用低，抵押资产资质差，即便发放贷款也需要收取较高的利率。隔壁老王一听，他又给张大爷想了一个办法："银行不是说你信用低吗，那你可以想办法增加你的信用，降低借款利率啊！我看你和面粉厂李老板的关系不错，他是当地的大企业，你又是他的固定客户，你去找他商量，看看能不能用你给他的预付款作为担保去向银行借钱。"张大爷觉得这办法靠谱，于是去找李老板商量。李老板欣然答应了张大爷，于是张大爷就带着预付账款票据去找银行借款。银行一看有李老板担保，那么万一张大爷还不上钱还有他们两人的预付账款呢，到时候把李老板给张大爷的面粉变现就可以覆盖贷款的本金和利息了。于是张大爷就从银行那里借到了低息贷款，高高兴兴去开自己的分店了。

供应链金融在一定程度上缓解了中小企业融资难和融资成本高的问题。在传统借款模式下，中小企业先天信用不足，缺乏优质抵押品，银行贷款给中小企业所要求的条件苛刻且利率高。而供应链金融则将供应链上所有企业的信用整合捆绑，以核心企业为中心，把单个企业的不可控风险转变为企业整体的可控风险，提高了供应链上中小企业的资金可获得性。

从业务模式上看，供应链金融包括应收账款融资、预付账款融资和存货抵押融资。如图6.3，核心企业在向上游中小企业采购时，如果是以赊购方式采购，上游企业会对核心企业形成应收账款。此时上游企业就可以拿核心企业的应收账款作为质押向银行融资借款，这种以上下游企业应收账款作为还款来源的融资业务就被称作应收账款融资。相应地，预付账款融资就是指以上下游企业的预付账款作为还款来源的融资方式。另一种供应链融资方式是存货抵押融资。这种融资方式以物流公司为主导。融资企业引入第三方物流公司来存储存货，然后再拿储存于第三方物流公司的存货作为质押向银行借款，期间第三方物流公司对质押品进行监督管理。这几种融资方式都有一个共同特点，就是把中小企业与核心企业的信用进行捆绑，大大降低了中小企业的融资难度和融资成本。

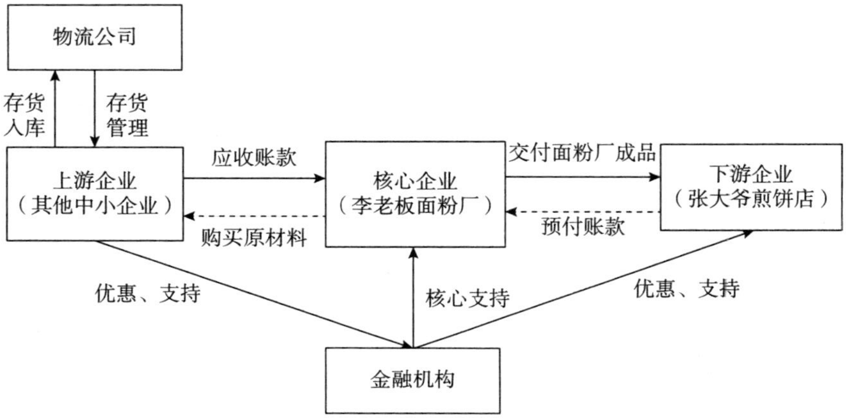

图 6.3　供应链金融模式下银行与各企业关系

【案例6-2】“冠鑫光电”破解流动性难题

冠鑫光电公司是一家主要生产和销售薄膜晶体管液晶显示器成品及相关零部件的公司，该公司上下游均是强大的垄断公司。冠鑫光电公司在生产经营时，向上游购买原材料需要现款支付，而向下游销售产成品则采取赊销的形式，应收账款回款时间一般在4个月左右。随着公司成长和经营规模扩大，应收账款已占公司总资产的45%左右，公司面临着巨大的资金紧缺风险，严重制约着公司的进一步发展。江苏银行在了解冠鑫光电公司的基本情况以后，果断为其提供了应收账款质押贷款业务，并引入第三方物流公司为其提供担保，帮助冠鑫光电公司解决了流动资金短缺的问题。

四、留存收益

公司的资金不只依靠外部融资，如果公司经营状况良好，那么完全可以从当年的利润中提取一部分存放在公司内部，以备不时之需，这部分资金就叫作公司的留存收益。从某种角度说，留存收益是内部融资的一种形式。留存收益由两部分构成，一部分是盈余公积，另一部分是未分配利润。盈余公积又包括法定盈余公积和任意盈余公积两类。法定盈余公积是依照国家统一规定必须提取的公积金，按照当年税后利润的10%提取，当法定公积金数量达到公司注册资本的50%时则可以不再提取。任意盈余公积与此相对，是由公司通过股东大会自由决定提取比例。提取盈余公积后剩余的利润中，公司还可以选择再留取一部分在公司内部，为后续发展做准备，而不是全部分给股东或员工。这一点已经在之前提及，需要通过理性决策确定两者具体比例，本书之后也将给出详细的计算说明。

第二节　融资的成本

一、重回加权平均资本成本（WACC）

“天下没有免费的午餐。”如果前一节讨论的各种融资方式都不存在显性或隐性的成本，那么公司将不需要考虑融资决策的问题，因为资金的补充将源源不断、予取予求。显然，现实中的情况并非如此，管理层在实务中还是需要对不同融资方式进行比较分析，以做出对股东最有益的融资决策。不过在了解融资成本之前，首先需要认识到，融资决策的最终决定权并不在管理层手中——根据我国《公司法》的规定，由股东大会负责“对公司增加或减少注册资本作出决议；对发行公司债券作出决议”，同时公司发行股票也是由股东大会做出决议。因此，这和前面说到的投资决策是不同的：在项目投资决策中，由对公司业务更加熟悉的管理层作出判断和最终决定，股东并不直接参与决策。那么为什么股东会直接参与融资决策呢？这与谁承担决策成本有关：公司股东是融资决策中资本成本包括发行费用的最终承担者。对于债权融资来说，由于股东拥有的是公司剩余索取权，利息费用的支出势必影响到股东的收益；而对于股权融资来说，公司发行新股之后，新进入的股东将按照同股同权的原则参与公司分红，这同样会影响到原有股东的权益，其他的融资工具同理。此外股权融资可能还会涉及公司控制权的问题，这对股东的影响更加重大。融资决策不仅会影响到净利润，还会直接影响股东利润的分配甚至公司控制权，所以出于对现有股东的保护，这一决策由股东大会做出。

下面正式开始对融资成本的讨论。前面提到过，融资成本限制了公司的融资活动，这使得融资决策成为必要。因为融资成本的存在，公司在引入资金时便要考虑如何能够使得融资活动更加有效、更加符合现有股东利益的最大化原则。前面的章节中已经或多或少涉及公司的融资成本。在介绍投资决策时，曾提到过融资成本和投资收益率是一个硬币的正反面，投资方投资所要求的回报，正是融资方为了获得融资所付出的代价。另外，本书之前提到融资成本时，定义并使用了加权平均资本成本（WACC）这一概念，来作为现金流的贴现率——事实上，它也正是本部分所讨论的融资成本的核心。然而，前面章节并没有就这一指标深入讨论，而仅仅将其视作外生给定。下面将对WACC作进一步探讨，并在此基础上探究公司的资本结构与融资决策。

根据前文的介绍，加权平均资本成本反映了公司融资所需要付出的代价，这一代价综合考虑了公司采取的股权、债权等不同融资方式的成本。如何理解这种综合呢？在回答这个问题之前，需要首先理清与其相关的另两个概念：边际资本成本和个别资本成本。

首先来看边际资本成本。“边际”在经济学中往往用来代指“接下来一单位”的意思，比如边际成本指公司生产接下来一单位产品所耗费的成本，而边际收益指销售接下来一单位商品所获得的收入。同理，边际资本成本指公司融入下一单位资金所需要付出的代价。在管理层考虑融资相关的决策时，未来的资本成本因为信息不足而无从得知，而过去的资本成本对于当前的决策已经没有意义；边际资本成本所指代的公司当前的融资成本能够很好地切合于当前的融资决策，因此在实务与理论上受到了较多的关注。

个别资本成本指的是单个融资方式所对应的成本，比如负债资本成本和权益资本成本等，它们同时也是投资这些融资工具的收益率。但无论是哪一种个别资本成本，都仅代表公司以某一方式融资所面对的成本，那么如何衡量公司整体面对的融资成本呢？一个直接的想法是将不同融资方式的个别资本成本以一定方式综合，这也正是加权平均资本成本的定义方式。简单来说，加权平均资本成本是按某一比例对不同的个别资本成本进行组合得到的，这个比例一般由公司股权和债权占资产的比例所确定。比如考虑一家股权占七成、债权占三成的公司，它的加权平均资本成本就是取七成的股权融资成本，以及三成的债权融资成本，加总得到公司整体的融资成本（目前先不考虑税收）。在加权平均资本成本这个概念中，不同融资方式的“权”即为其在公司总资产中所占的份额。虽然理论上加权平均资本成本是与公司资本结构相关的内生变量，但在本书所关注的实务中，加权平均资本成本更多是直接给定的用以衡量公司融资成本的指标。注意这和刚提到的边际资本成本的概念有所重合，也就是说，可以将加权资本成本理解成在对资本结构进行一定的假设下，一个用来衡量公司当前所面临的融资成本的指标。其中，资本结构主要指公司股权和债权的比例，具体的讨论将在本章下一节中进行。

除此之外，回忆一下加权平均资本成本在公司估值中的运用：在现金流贴现求和的时候，加权平均资本成本被作为现金流贴现的贴现率，这就隐含了一个假设，即投入资金的期望收益率等于加权平均资本成本，也即公司投资者要求的回报，同样也就是公司的融资成本。另外，前面章节也提到过，在未来现金流给定的情况下，贴现率与价格互相决定且负相关；推广到公司估值的层面上，也就是加权资本成本和公司价值反向决定。从这个逻辑上讲，公司整体面临的融资成本与公司价值是一枚硬币的两面。

二、WACC的估计

接下来正式介绍加权资本成本的计算。这一部分首先解释其内在原理，而后通过案例进一步说明。事实上，加权平均资本成本计算过程中的每一步都已经在前面有所铺垫——就像集齐了藏宝图一样，现在便可以出发去寻找加权平均资本成本这一公司金融领域的明珠。

首先，根据上一部分的介绍，加权平均资本成本是对不同融资方式成本的综合。公司融资方式一般包括股权融资和债权融资两部分。图6.4展示了WACC各部分组成的数量关系。接下来将对各部分的估计进行展开介绍。

图 6.4　WACC 的组成

（一）股权融资成本

首先来看股权融资。回忆一下前面章节中关于股票收益率的相关内容，一开始讲到了苹果树估值的例子，描述了股票的价值内涵，接着介绍如何对各类股票进行估值，从以永续年金形式发放股利的股票出发，到股利发放多阶段增长的股票，最后提到了股票收益的决定因素，即资本资产定价模型。虽然说资本资产定价模型建立在一些现实无法满足的假设条件上，但它因为简洁易懂等优点在实务中被广泛采用。

资本资产定价模型将股票期望收益率分为两个部分，即无风险收益率和市场风险的风险溢价。其中，无风险资产的收益率主要由资金的时间价值和通货膨胀率所决定，即不存在任何的违约风险。国家发行的债券有类似的特点：国债的偿付有国家信用背书，违约风险极低。美国的首任财政部部长亚历山大·汉密尔顿在论证政府偿债必要性时，曾指出国债的偿还涉及国家信用的确立以及未来国债融资的可行性，进而得出政府应该永远偿还债务的结论。因此，在估计无风险收益率时，一般可以使用10年期国债的收益率。

市场风险方面，第三章提到由于风险和收益之间的权衡关系，一定单位的风险需要相应的额外收益作为补偿，这也被称为风险溢价，因此，市场风险溢价就可以用市场收益率与无风险收益率之差来描述。一般来说，市场收益率可以选取较长期股票市场指数的收益率平均值，一些机构也会给出全球不同国家市场风险溢价指标测算表以供投资者参考。在我国，可以使用A股近20年的市场指数收益率来估计市场风险溢价。选择较长期限是因为短期内市场可能存在较大的波动，精准度较低。

最后需要估计的，是公司对市场风险的接触程度，也就是β的确定。数学上讲，β的估计量等于公司个股收益率与市场收益率的协方差除以市场收益率的方差。当然，这里仍旧不会对数学计算做过多介绍，关于β，读者只需要知道它反映的是公司个股收益率相对于整个市场收益率的变化情况，也即相较市场的波动情况。一般来说，绝对值越大的β意味着股票收益的风险与市场风险相关程度越大；β等于1意味着个股的期望收益与风险和市场整体完全一致。另外，对于不同资本结构的公司而言，其β值也不一样。业务中的一个常见做法是用业内相似带杠杆公司的β值经过调整后得到不带杠杆的β，再根据目标公司的资本结构得到目标公司的β。调整公式为：

$$\text{带杠杆公司的}\beta=\text{不带杠杆公司的}\beta\times\left[1+(1-t)\times\frac{B}{S}\right]$$

其中t表示公司面临的税率，B和S表示公司的债务和股权，只需简单了解即可。

（二）债权资本成本

接下来是债权资本的成本。相比起股权资本成本的估计，债权资本成本的确认相对容易。虽然在前面章节中也讨论了影响债务成本的各种因素，但相较于股票价格和股利发放的不确定性，债权融资的成本相对固定，因此可以用所支付的利息来衡量和估计债权资本成本。一个很直接的想法就是用付出的利息除以总债务，但其中有两个问题需要注意。第一，一般情况下所讲的债务既包括付息的金融性债务，也包括商业票据如应付预收这样的经营性债务，因此，在估计债权资本成本的时候，商业票据等不付息的债务并不在考虑范围之内。第二，利息支出对应的是一个时间段的概念（流量），比如从2019年到2020年的利息支出是1万元；但债务是一个时间节点上的数据（存量），比如A公司2019年年底的债务是8000万元，2020年年底的债务是1.2亿万元。如果用这1万元的利息支出直接去和8000千万元或者1.2亿万元相比，都会忽略部分信息。因此，计算上一般采用二者的平均，也即1亿元来作为分母，于是A公司的债权资本成本就是1000万除以1亿，等于10%。但注意，这都是建立在未考虑税收的前提下，在公司利润的形成中，利息支出在税前扣除，因此用债务融资会有节税效应。将节税效应考虑进债权资本成本中，就意味着债权融资成本打了折扣，这个折扣就是（1-税率）。比如公司的所得税税率是20%，则A公司的债权融资成本就是10%×（1-20%），等于8%。这也正是债权融资的好处之一，即“税盾”效应，它可以降低应纳税额。关于税盾的讨论将在下一节进行，这里只需要了解在债权资本成本的计算中需要进行税率的调整即可。

（三）权重的确定

在对股权资本成本和债权资本成本进行加权的时候，还需要了解权重如何计算。首先，在对债务或股权价值进行衡量的时候，有两种常见的方法，即账面价值和市场价值。账面价值指利用公司资产负债表所记录的会计价值来衡量每种资本的比例，这样做的好处是简单方便，直接从定期披露的资产负债表观察就能得到。但由于账面价值记录的是历史上形成的成本价格，与当前价值会有一定差距，因此很多时候公司会使用市场价值去计算权重。相比起账面价值，实际市场价值不仅反映了公司现状，而且还通过价格这一面向未来的指标反映了市场对于公司未来的预期。运用市场价值加权，能够较好地反映公司实际的资本结构以及未来的预期。

最后，由于公司的融资行为往往会引起资本结构的变化，这就为加权平均资本成本中权重的确定带来了时间上的选择问题，即使用何时的资本结构作为权重确定的依据。不同于对两期债务取平均的做法，这里应当选择面向未来目标的资本结构。比如A公司希望最终达到股权债权各一半的资本结构，那么这就是在计算加权平均资本成本的时候应该使用的权重。实务中往往使用市场价值计量目标资本结构来得出加权平均资本成本。

三、说明

虽然在本书的许多案例中WACC都发挥了重要作用（实务中很多时候也正是按照本书所示方法进行的），但这并不意味着直接按照资本结构和股权、债权融资成本算出WACC便是故事的全部。这里将在前文的基础上做两点补充说明。

第一，通过第四章可以知道对公司进行估值有各种不同的方法。最基本地，可以对未来无杠杆的现金流，也就是公司未来预期的收益（EBIT），以WACC作为折现率贴现；此外，还可以通过调整净现值法、基础资产法等对公司进行定价，以及永续增长模型等。现在，在对WACC有了更加深入的了解之后，更应当注意到WACC区别于其他收益率（贴现率）的本质和特点，进而更加正确地使用它。

第二，由于在本书以及实务的使用中，往往直接通过定义，而不是证明推导来得到加权平均资本成本，因此在应用中可能会出现一定的拓展。比如一种计算WACC的方式是将优先股作为一种融资工具引入定义式中，其中优先股的收益率按照永续债券计算。若公司将优先股作为一种主要的融资方法，那么将其引入加权平均资本成本便是合理的。

第三节　分馅饼的故事：资本结构与公司价值

一、公司分馅饼的故事

现在考虑楚王的云梯制造有限公司中，资本结构与公司价值的关系问题。上一节内容为读者介绍了几种常见的融资方式，在募集资金时，云梯制造有限公司可以选择纯股权或者纯债权融资，也可以选择内部留存收益融资，或者可以选择某种组合方式融资。那么云梯制造有限公司应该如何来选择其融资方式呢？本质上来讲，内部留存收益融资属于股权融资，现在仅将融资方式划分为股权融资和债权融资。公司决定股权融资总额和债权融资总额配比的过程，被称为决定公司资本结构的过程。以S表示公司的股权融资总额，B表示公司的债权融资总额。所谓公司的资本结构，即公司的股权融资总额与债权融资总额之间的比例关系，一般用B/S来表示。一个公司需要在股权融资和债权融资之间进行权衡，这不仅是出于对融资成本的考虑，更是因为杠杆（即债务融资）会给公司带来一些其他变化，其中最为重要的影响是改变公司的价值，这对公司来说是极其重要的。可以说，资本结构问题是公司金融的核心问题之一，而且是每个公司都会碰到的问题。接下来将围绕资本结构对公司价值的影响进行分析，并探讨与公司资本结构相关的一些问题。

公司的融资过程就是对股权融资和债权融资比例的选择过程。为了研究这一问题，经济学家提出了著名的“馅饼理论”，即把公司创造的总价值看作是一张馅饼，在无税收的情况下，这张馅饼在债权人和股东之间分配；在考虑税收的情况下，这张馅饼在债权人、股东和政府之间分配。为方便理解，首先假设公司“借钱不还”，公司举借的负债是永久性负债，只按照约定按期归还借款人利息而不归还本金。这样，债权人在这张馅饼中分得的部分是利息，股东分得的是分红，政府分得的是税收。这里约定以公司创造的总价值表示股权价值、债权价值与政府税收价值之和，而公司价值仅包含股权价值与债权价值。云梯制造有限公司采取纯股权融资和带杠杆融资时，公司的价值是不一样的，这也是公司进行融资决策的原因所在。公司管理层需要选择最优的资本结构，这个问题将在下一节探讨，本节主要探讨资本结构对公司价值究竟会产生什么样的影响。

在探讨资本结构对公司价值的影响时，还需要做出一些假设，包括云梯制造有限公司的融资决策不影响公司的投资决策，且除资本结构不同外，两种融资方式下的其他条件相同。当然，“公司的投资决策不影响融资决策”在某些情况下并不成立，但是为了帮助读者更好理解资本结构对公司价值的影响原理，在此还是做出这样的假设以简化问题。

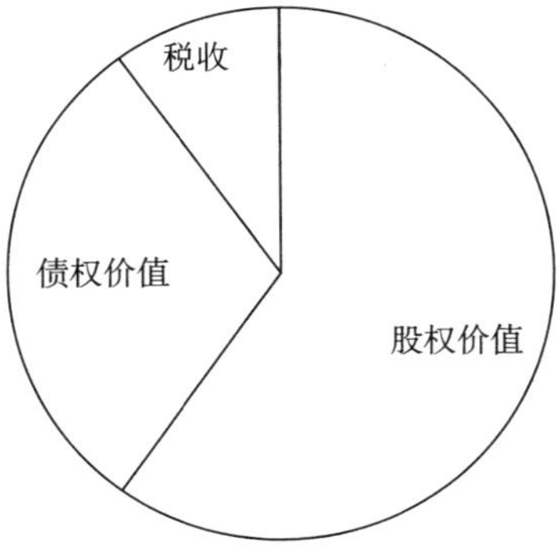

图 6.5　资本结构的“馅饼”模型

二、资本结构如何影响公司“馅饼”分配

（一）无税时资本结构会影响公司的价值吗?

若云梯制造有限公司不缴纳公司所得税，那么此时公司应该选择纯股权融资还是带杠杆融资呢？图6.6左图为纯股权融资时云梯制造有限公司创造的总价值分配情况，此时公司创造的总价值全部由股东享有，即公司价值等于股权价值，设定用V_U表示；右图为带杠杆融资时云梯制造有限公司创造的总价值分配情况，由于无税收，公司创造的总价值在股东和债权人之间分配，即公司价值等于股权价值加债权价值，设定用V_L表示。从馅饼图可以看出，在无税收情况下，无论采用纯股权融资还是带杠杆融资，云梯制造有限公司都具有相同的公司价值，即$V_U=V_L$。因为此时融资决策不影响投资决策，无论采取何种融资方式，公司创造的总“馅饼”大小相同，差异仅在于股东和债权人分配比例。无税收情况下，资本结构不会对公司价值产生影响。

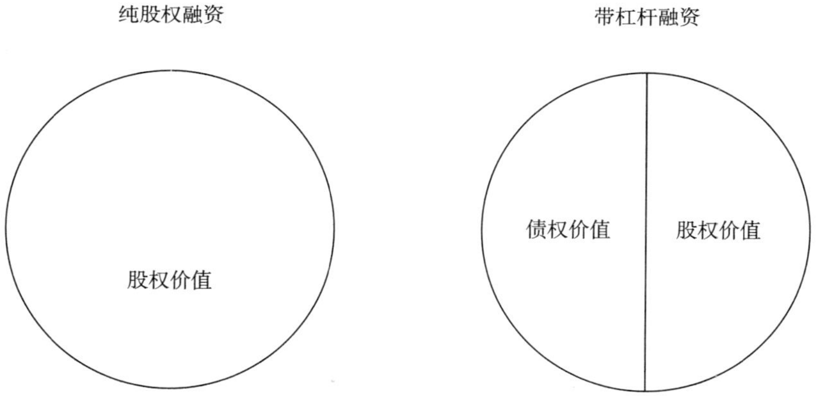

图 6.6　无税收时资本结构对公司价值的影响

单单从“馅饼”图就得出“在无税收情况下，云梯制造有限公司的公司价值不受资本结构影响”这一结论，似乎不太严谨且细节上难以理解。那么现在换数值上的案例，来对这一事实有更深入的体会。假设云梯制造有限公司目前有1000万元的融资需要，该公司面临两种融资选择：发行1000万元的股票，或者股票和债权各发行500万元。两种融资选择下，公司预期未来息税前利润均为200万元，且对应借款利息为6%。表6.1展示了公司采用纯股权融资与带杠杆融资的相关数据。两种融资方式下，云梯制造有限公司归属于股东和债权人的现金流量之和是相同的，无税条件下，资本结构不影响公司加权平均资本成本，因此不同融资方式下公司具有相同的价值，即在无公司所得税的情况下，公司价值不受资本结构的影响。

表6.1　　**无税收时公司的现金流量情况**　　单位：万元

	无杠杆	带杠杆
股权	1000	500
债权	0	500
息税前收益	200	200
利息支出（利息率6%）	0	60
税前利润	200	140
税收	0	0
税后利润	200	140
股东和债权人收益合计	200	200

（二）有税时资本结构会影响公司的价值吗?

考虑此种情况下资本结构对公司价值影响之前，有必要先和读者介绍一下利息的税盾作用。利息的税盾作用，也被称作利息形成的税收避挡，是指公司可以在纳税前先将利息支付给债权人，从而达到减少公司税收的作用。表6.2为公司管理用财务报表，可以看到利息支付在税前扣除，这样应纳税额就降低了，公司的所得税自然会降低。一个公司的折旧、摊销以及利息都可以在纳税前抵扣，因此都具有减少公司税收的作用，在此主要讨论公司利息税盾作用及其对公司价值的影响。

表6.2　　公司损益表（管理用）：利息的税盾作用

营业收入	
	-营业成本
	-费用（不包括财务费用）
	=息税折旧摊销前利润（EBITDA）
	-折旧（D）
	-摊销（A）
	=息税前收益（EBIT）
	-利息（I）
	=税前利润（EBT）
	-公司税收（t×EBT）
	=税后利润（E）

仍以“馅饼”图开始，讨论有公司所得税时资本结构对公司价值的影响。图6.7中，左图为纯股权融资时云梯制造有限公司创造的总价值分配情况，此时公司创造的总价值仅由股东和政府共同享有，即公司价值等于公司创造的总价值减去税收价值T_1，V_U=股权价值=公司创造的总价值-税收T_1；右图为带杠杆融资时云梯制造有限公司创造的总价值，此时公司创造的总价值在股东、债权人和政府之间分配，即公司价值等于公司创造的总价值减去税收T_2，V_L=股权价值+债权价值=公司创造的总价值-税收T_2。由于在两种融资方式下公司创造的总价值是相同的，要知道有税时资本结构是否对公司价值产生影响，只需讨论纯股权融资下云梯制造有限公司缴纳的公司所得税T_1与带杠杆融资下公司缴纳的公司所得税T_2的大小关系。不难理解，公司债权融资的利息具有税盾作用，那么在其他条件相同的情况下，带杠杆融资公司缴纳的税收T_2会小于纯股权融资公司缴纳的税收T_1，此时带杠杆融资公司的价值V_L就比纯股权融资公司的价值V_U要大。因此，在有公司所得税的情况下，公司价值受资本结构影响。不考虑其他因素，一定条件下，债权融资

比例越高，利息税盾作用越强，公司价值越大。

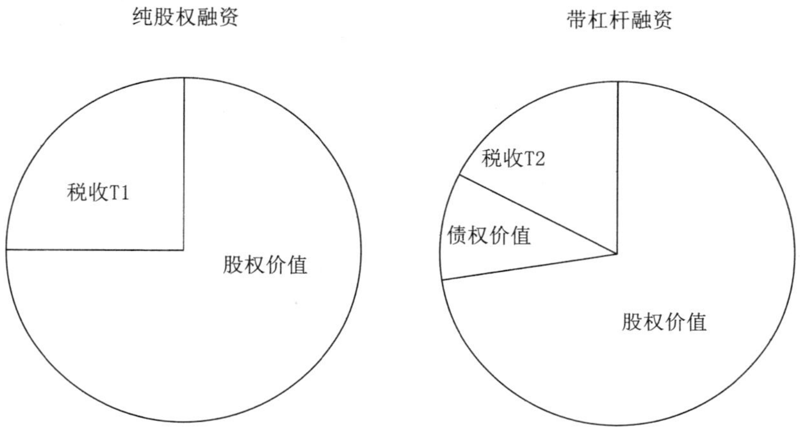

图 6.7　有税收时资本结构对公司价值的影响

关于在无税和有税情形下公司价值和资本结构关系的讨论，主要出自经济学家莫迪利亚尼（Modigliani）和米勒（Miller）在1958年和1963年发表在《美国经济研究》期刊上的两篇文章。他们在通过理论推导证明了公司价值与资本结构关系的同时，还得到了关于股权资本成本的相应结论。莫迪利亚尼和米勒的研究成果一般也被称为MM定理，分别对应于两人姓名的首字母。

MM定理的证明用到了一定的假设，例如在论证公司价值与资本结构所满足的关系时认为，在公司定价错误的时候，市场上的投资者会迅速通过低买高卖的方式套利，从而推动价格回归到均衡水平上来。事实上，这样的假设是非常严苛的，要求市场及主体符合经济人理性、不存在交易成本等摩擦、不存在交易限制等各种条件，而这些条件在现实中往往难以满足，因此MM定理所得出的结论往往都不能在现实中成立。但这并不意味着前面整篇讨论成了废话。虽然建立在一定假设上的模型会因各种原因而与现实出现偏差，但它们的研究思路与所得结果往往能够帮助现实问题的分析。而且，通过对模型假设的不断放宽和深入讨论，理论模型也得以一步步逼近现实情景。就像牛顿经典力学下很多时候会将物体假设为“质点”，尽管现实中并不能创造出一致的情况，但通过对其的研究讨论，可以得到很多有现实意义的结论。MM定理同样如此，虽然现实中很难找到完全对应的情况来验证，但研究这一定理，同样有助于理解公司价值和资本结构的关系。

三、负债越高的公司价值越高吗？

（一）杠杆经营的代价1：破产成本

在有税情况下，公司负债经营会增加公司的价值，似乎负债越多，公司的价值就越大。但是现实中基本不存在纯负债经营的公司，可见对于一家公司来说，负债并不是越多越好。诚然，杠杆会给公司带来好处，但是负债经营并不是没有成本的，过高的负债会给公司带来困扰，这些困扰会对公司价值产生负面影响。这里将为读者介绍在税盾收益以外，杠杆会给公司带来怎样的成本。

破产成本也称为公司的财务危机成本，是指公司在偿还债务方面遇到了困难，甚至无法履行偿还义务的状况。之所以把这种状况称之为一种成本，是因为公司在处理财务危机时会不可避免地付出一些成本，这些成本包括直接成本和间接成本。其中，直接成本是指公司在处理公司财务危机时付出的各种费用，包括律师费、清算费等。间接成本是指公司发生财务危机时在生产经营活动上遭受的损失，比如公司无力偿债时债权人对公司生产经营活动的种种限制，原材料供应商因担心公司不能按期付款不愿意给公司供货，顾客因担心公司的生存能力而不愿意购买其产品，以及技术人员和管理人员担心失业而选择跳槽等，这些都会导致公司的收入下降而成本上升，加剧公司的财务危机。当然，公司在借债时是不能确定杠杆带来的财务危机成本的具体数额的，由于财务危机成本只有在财务危机发生时才会表现出来，事前只能根据有关事实和资料进行预判，即对财务危机成本的期望值做出估计，作为融资决策的参考。

【案例6-3】成也“负债”，败也“负债”：八佰伴的兴衰史

负债经营是现代公司应有的发展举措，正如前文所述，负债应用得当可以助力公司规模扩张，创造更高的价值。但是值得引起注意的是，公司债务需要偿还一定的利息，过度负债又会增大公司的破产风险。公司的财务杠杆犹如一把双刃剑，当融资产生的收益大于融资带来的成本时，负债给公司带来的是价值的增加；反之，就是价值的降低。市场上不乏盲目借债扩张最终导致公司破产的例子，八佰伴（Yaohan）就是其中较为典型的案例之一。

八佰伴原本只是日本静冈县一家小小的连锁果菜店，和田一夫当时只是该果菜店的小小老板，却因走出国门开店的勇气和睿智书写了“阿信”式奋斗史，其自传《八佰伴——从零到亿万》一度风靡全球，而和田一夫也成为人们津津乐道的传奇式人物。和田一夫的命运之轮在20世纪60年代末开始转动，那时候大型超市在日本兴起，和田一夫的小型连锁店生意惨淡，他由于无力角逐而另辟蹊径到海外拓业。1984年和田一夫正式入驻我国香港和澳门，一连开了10家八佰伴百货公司，短短数年就在两地建立起一个百货业王国。1993年，当香港经济处于调整之时，和田一夫果断将八佰伴总部迁往上海，并在上海、北京开设百货公司，建立起当时内地赫赫有名的百货业集团。和田一夫凭借其过人的胆识和举债经营的模式，使八佰伴迅速在日本本土和海外拥有了将近一百家分店，发展速度之快令同业望尘莫及。仅在1990年到1994年短短4年间，八佰伴共发行了约500亿日元（约35亿元人民币）的可转换债券，负债之高令当时的资本市场瞠目结舌。1997年，备受瞩目的八佰伴集团突然宣布公司破产。据披露，至1997年9月18日，八佰伴负债总额为1613亿日元（约113亿元人民币），这也成为日本战后流通业中规模最大的破产案件。伴随着八佰伴宣告其香港澳门百货店全部结束营业，日本这一百货业神话也宣告终结。

其实，八佰伴的破产命运早在和田一夫高负债经营之初就埋下了伏笔。在公司急速扩张的同时，和田一夫缺乏周密的投资计划，未能正确认识日本国内储蓄不足以及国外经济形势的变化，导致后期资金回收情况恶化而不得不宣告破产。八佰伴的兴衰史印证了杠杆经营犹如一把双刃剑，公司在经营时不能盲目过度负债，否则难逃走向破产深渊的命运。

（二）杠杆经营的代价2：代理成本

杠杆给公司带来的另一种成本被称为公司的代理成本。所谓代理成本，就是指公司委托人和代理人之间由于目标不一致，代理人为追求自身利益最大化而做出损害委托人利益的行为。在公司负债经营时，作为委托人的债权人与作为代理人的股东在目标上是不一样的，债权人的目标是按期获得固定利息收益及本金，因此他可能希望公司稳妥经营；而股东拥有的是剩余索取权，在某些时候更倾向于冒险。债权人把钱借给公司后就基本失去了对资金的控制权，而代表公司股东利益的董事会和管理层更多会从股东角度出发进行生产经营活动，二者之间的利益冲突不可避免，特别是在公司面临财务危机时，这种矛盾会更加突出。这种利益目标的错位主要包括以下几个方面。

1. 冒高风险的动机

在公司面临破产风险时，股东与债权人之间的利益冲突会非常明显。此时股东可能会愿意投资风险更高、期望回报更大的项目，而不愿意投资明显对债权人有利但是对自己没有好处的低风险项目，这种现象被称为资产替代。糟糕的情况下，高风险项目投资失败会招致公司破产，而项目失败的亏损几乎都由债权人承担。

【案例6-4】云梯制造有限公司的资产替代问题

云梯制造有限公司现在正面临破产风险，该公司账面上所有资产为1 000万元，而公司负债为1 200万元。现在公司面临两个投资项目，投资金额均为1 000万元，但是项目H风险高于项目L。未来经济形势好与经济形势差的可能性各占50%，项目H和项目L在两种可能性下的收益如下。

表6.3　　云梯制造有限公司的收益情况　　单位：万元

	概率	公司价值	债权价值	股权价值
高风险项目（H）				
经济形势好	50%	1800	1200	600
经济形势差	50%	0	0	0
期望值		900	600	300
低风险项目（L）				
经济形势好	50%	1500	1200	300
经济形势差	50%	1000	1000	0
期望值		1250	1100	150

对于债权人来说，股东选择低风险项目对他们更有利，因为此时他们可以获得的期望收益为1 100万元。但是对于股东来说却并不是这样，股东选择低风险项目的期望收益率仅为150万元，而选择高风险项目的期望收益为300万元，此时云梯制造有限公司的管理层就会有动机拒绝对公司整体来说更好的低风险项目，而选择对股东更有利的高风险项目。

2. 投资不足的动机

某些时候，管理层会放弃一些净现值大于0的项目，这种行为被称为投资不足，这是因为即便这些项目会给公司带来净现值，但是这些收益可能只够偿还债务，股东并不能从中获得收益反而需要承担一部分成本。假如云梯制造有限公司现在有一个投资项目，该项目预计会给公司带来120万元的净现值，其中100万元用于偿还公司债务，股东只能从中获取20万元的回报，如果股东的成本超过20万元，那么股东就会选择放弃该项投资。

3. 利益目标错位的其他方面

公司在陷入财务危机时，为了减少自己的损失，股东可能通过发放更多股利的方式将公司价值转移到自己手上；或者为了缓解压力，股东会在未征得现有债权人同意的情况下借入高息贷款，进一步增加债权违约的风险，损害老债权人的利益。

在以上这些情况下，债权人为阻止股东做出利己行为，可能会在签订协议时对公司生产经营活动施加一些限制，比如禁止公司投资风险过高的项目，提高对公司的借贷利率等，这些限制会增加公司的经营成本，降低公司的经营效率，公司价值也会因此受影响。

四、如何做出融资决策：两种思路

在对不同资本结构的优劣以及融资成本有了一定了解之后，重新回到管理者真正关心的问题上来：如何结合已有知识做出融资方面的决策？本部分将介绍两种主要的思路。由于实务中公司的融资计划往往涉及公司经营规划、控制权所属等复杂的现实问题，很难一概而论，所以这里的讨论集中在财务领域，这也正和本书主题相一致。

首先不妨仔细思考，一般情况下人们是如何做出决策的？首先要了解相关情况，收集有助于决策的各种信息；在此基础上确定决策目标，比如公司金融管理活动的目标是最大化股东权益；进而根据已有的信息和可供决策的变量，得到备选方案；最后通过对比分析备选方案的优劣及可行性，做出理性而符合目标的决策。现在考虑融资决策问题。决策目标仍然是股东权益最大化，因此现在主要从融资决策的第三阶段出发，即通过已有信息和可供决策的变量得出备选方案。这里主要有两种融资思路：第一种认为可以通过选择一个最优资本结构，达到股东权益最大化，也意味着加权平均资本成本最小化；而第二种思路则认为公司不同的融资方式有着不同的成本，公司会从成本最低的方式开始选择，即基于某种顺序进行融资决策。

第一种方式对应着权衡。前面章节已经介绍过，公司杠杆融资的优劣包括税盾和破产成本等效应。也就是说，债务资本的引入一方面会通过税盾提高公司价值，另一方面会增加公司资不抵债进而破产的可能性，从而降低公司价值。图6.8描述了债务所带来的正负效应：横轴表示公司债务与股权的比值，纵轴表示公司的价值。当债务水平较低时，税盾的边际效应会大于破产成本等的边际效应，此时增加负债，公司价值会上升；到达某一债务水平时，税盾带来的边际效应会小于破产成本等的边际效应，增加负债会降低公司价值。其中，破产成本的负向边际效应会随着债务水平的上升而上升。最终形成的公司价值随债务水平的变化就如中间曲线所示，呈先增长后降低的趋势。简单理解就是公司从零开始借债，一开始公司的价值会随着债务的增加而增加，到达某一临界点后会随着债务的增加而减少。也就是说，会存在这样一个最优资本结构，使得公司的价值达到最大化。财务管理者要做的，就是在对税盾和破产成本的权衡之中，找到这个最优的资本结构。

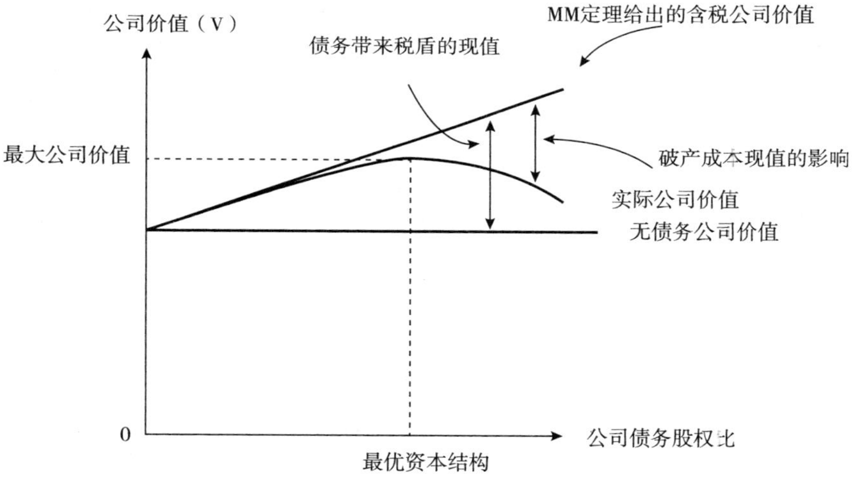

图 6.8　最优资本结构示意

第二种对应着优序融资。不同于权衡理论关注于最优资本结构，优序融资理论认为公司应当基于某种融资顺序做出融资决策，即首先考虑使用内部的盈余，然后是债权融资，最后才是股权融资。其理论建立在信息不对称的基础上。想象你是一个投资者，有一天一家公司找到你，表示准备增发股票，想请你入股融入资金，实现盈利后大家一起分红。听起来很诱人，不是吗？但留个心眼多想一下：公司对于自己的经营状况和实际价值肯定要比你这样的局外人清楚，所以当它提出向你出售股票的时候，是不是意味着它已经知道公司的股票被高估了呢？出于这样的考虑，市场上的投资者会认为该公司经营出了一定的问题，而纷纷抛售股票，进而导致公司价值下降，这显然是不利于公司的。因此，公司在股票价值被高估时不会发行股票，因为理性的投资者考虑到信息不对称这一因素，会意识到股票价值被高估。而在股票价格被低估时，公司也不会选择发行股票，因为此时发行会损害现有股东利益。从这个角度看，不同融资方式及其成本对于公司价值的影响如下：内部盈余带来的成本最低，不需要与投资者签订契约或支付各种费用；对于外部债权融资，由于其固定收益的性质，债权定价偏差较小，对公司价值的影响也相对较小；对于股权融资，由于投资者考虑到信息不对称的存在，公司发行股票进行融资往往是不利于公司及股东的。因此，对于需要资金补充的公司而言，其第一位的选择是内部盈余资金，用完之后才会考虑债权融资，最后不得已才会采用股权融资。和仅关注最优资本结构的权衡理论相比，优序融资理论主要关注不同融资方式的顺序而非比例，但二者所追求的目标都是最大化股东权益，而且同样都没能给出一个确定的数值。在实际的融资决策问题中，对于采用哪种融资思路，管理层需要结合现实因素具体分析。

【案例6-5】“小肥羊”的融资生意经：不只是资本

内蒙古小肥羊餐饮连锁有限公司（以下简称“小肥羊”）是一家以自然人作为发起人的股份制公司，1999年8月，公司诞生在内蒙古的草原鹿城包头市。内蒙古小肥羊餐饮店主业为小肥羊特色火锅连锁，短短十年间，其连锁餐厅已经遍布全国并且走出了国门。2008年，在引入外资后，小肥羊在香港上市，成为我国第一家引入外资的餐饮公司。

从“牛”到“羊”的移植：回溯小肥羊的整个发展历程，该餐饮连锁公司能在短短8年间就实现香港上市，这与其常务副总裁卢文兵引入外资谋求发展的战略密不可分。卢文兵是内蒙古中国蒙牛乳业股份有限公司（以下简称蒙牛）上市的幕后策划者之一，2004年卢文兵离开蒙牛加入小肥羊，引入外资复制蒙牛海外上市的发展模式正是他加入小肥羊的使命。继蒙牛大额引入外资并取得成功后，为加快国际化进程，推动小肥羊海外上市，2005年卢文兵先后与欧洲最大的投资机构3i集团（3i Group）、知名投资基金普凯投资基金（Prax Capital）洽谈合作事宜。凭借在蒙牛积累的人脉和丰富的谈判经验，卢文兵与3i集团亚太区董事王岱宗仅花费了一天半的时间就在包头完成会晤，奠定了小肥羊与欧洲最大投资机构的合作基础。2006年6月，卢文兵又与普凯基金达成合作协议，三方约定3i集团和普凯基金分别对小肥羊投资2000万美元和500万美元，以获得小肥羊20%和5%的股份。这是小肥羊获取的第一笔海外投资，也为两年后小肥羊在香港上市奠定了基础。

卢文兵追逐海外机构投资不只是为了获得资金支持那么简单。自小肥羊成立以来，快速扩张模式给其自身发展带来了很大风险。发展前期，小肥羊连锁店采取“直营”加“加盟”的模式，经历了最初四年快速发展后，过快的加盟和内部松散的管理也给公司带来了很大混乱。加之市场上出现各式各样的仿冒者，小肥羊的声誉一度直线下降。而小肥羊的财务管理也极不规范，这给其扩张之路带来了不小阻碍。卢文兵透露说，在小肥羊和3i集团谈判期间，许多投资者都对小肥羊伸出了橄榄枝，但是为什么最后会选3i集团呢？对于小肥羊的管理层来说，他们看重的不仅仅是3i集团带来的海外资本，更看重的还是大多数国内投资机构所不具有的国际视野和管理经验。早在二者合作洽谈期，3i集团就请来了国际知名公司为小肥羊做管理咨询，就门店选择、管理人员培训等提供了不少建议。同时，3i集团还将肯德基香港经营区总裁介绍给了小肥羊，小肥羊从肯德基身上学到了不少香港及东南亚市场的拓展经验。

上市二度融资：经过小肥羊及投资机构的共同努力，该餐饮连锁公司于2008年6月12日成功在香港上市，此次上市公开发行股票共计2.45亿股，筹集资金达7.79亿港元，成为中国内地首家在香港上市的品牌餐饮公司，被誉为中华火锅第一股。

虽然小肥羊已于2012年从香港证券交易所退市，但是其引入外资及管理经验的融资理念仍可圈可点，不乏可供国内相关行业借鉴之处。

本章总结

本章为读者介绍了与公司融资相关的一些问题，包括融资的方式，融资的成本，资本结构与公司价值的关系以及如何做出融资决策等。按照融资对象的不同，可以把公司融资方式分为债权融资、股权融资和内部融资。简言之，债权融资就是通过外部借债的方式融资，公司需要按约定向债权人支付利息及本金，因此债权人所分得的公司现金流是比较一目了然的。然而，债权融资类型多种多样，衍生出了一些较为复杂的债权融资方式，本章着重介绍了目前市场上较为流行的两种：资产证券化和产业链金融。单从名字上来看，这些融资方式略显复杂，但是其背后机制都可以近似看作一种抵押贷款。股权融资也就是通过发行股票的方式筹集资金，主要包括IPO和增资扩股两种。其中，IPO是指公司首次公开发行，也就是业界常说的公司上市，而增资扩股则是指公司上市后，通过再次发行股票筹措资金。除上述两种融资方式外，第一节还介绍了内部融资方式，即提取留存收益，用公司内部资金转增股本等方式进行融资。内部融资最大的好处在于融资成本低且融资速度快，它不需要经过外部监管机构的层层审批。

本章第二部分介绍了融资的成本，首先为读者介绍了边际资本成本和个别资本成本两个概念，接着重点介绍了加权平均资本成本。这是因为加权平均资本成本在公司金融中有着极其广泛的应用，特别是在给公司和项目做估值时。所谓加权平均资本成本，就是将公司的各种成本（主要是股权资本成本和债权资本成本）进行加权求和得到的一种成本。股权资本成本一般可以用资本资产定价模型求得；债权资本成本的计算则相对简单，由于公司进行债务融资时，一般会约定需要偿付的利息，因此可以很直接地用付出的利息除以目前的总债务。

本章第三部分主要介绍了公司的资本结构与公司价值的关系，以及融资方式的选择问题。资本结构可以简单地理解为一个公司股权价值与债权价值的比例。若不考虑公司所得税和破产成本、代理成本等因素，无论公司采取何种融资方式，资本结构都不会影响公司的价值。若公司缴纳所得税，便可得出结论：公司债权融资比例与公司价值成正相关，这种正效应产生于利息的税盾作用。但并不是说公司采取100%负债的资本结构便是最好的，因为破产成本和代理成本会限制公司对于负债的使用，过高的负债经营会给公司带来较高的破产成本和代理成本，从而抵消利息税盾作用对公司价值的正效应。因此，公司管理者不得不面临一个艰难的问题：如何选择适合公司的资本结构。就如何进行融资选择来看，目前主要发展出两种理论：权衡理论及优序融资理论。权衡理论认为，公司的债务对公司价值存在两种效应，一种是利息税盾作用带来的公司价值增长，一种是破产成本及代理成本带来的公司价值下降。在负债不高时，前者对公司价值的向上拉动力量会强于后者对公司价值的向下拉动力量，此时公司价值会上升；当公司过度负债时，前者对公司价值的向上拉动力量会弱于后者对公司价值的向下拉动力量，此时公司价值会下降。也就是说，会存在一个使公司价值达到最大的最优资本结构。而优序融资理论则认为不存在这样的权衡问题，基于对信号释放的考虑，该理论认为公司应该优先考虑内部融资，其次是债权融资，最后是股权融资。

第七章
分红：为谁辛苦为谁甜

1996年11月，格力电器在深交所挂牌上市，上市板块为深交所主板A股，股票代码为000651。2018年4月25日，格力电器公布了2017年年报，营业收入和净利润分别实现了36.92%和44.87%的同比高增长，各项财务指标同创历史新高，市场表现持续良好。但在《2017年度利润分配预案》中，格力表示“拟定2017年度不派发现金红利，不送红股，不以公积金转增股本，余额转入下年分配”，这个消息一经公布就引起了股市的巨大反应，4月26日格力电器开盘即跌9.89%，接近跌停，市值蒸发200多亿，截至收盘共跌8.97%。实际上即便大多数公司都具备给股东分红的能力，但会坚持每年连续分红的公司实在不算多数，格力此次不分红的消息之所以会引起这么激烈的市场反应，也是因为此前已经坚持连续分红10年。在4月26日，深交所发布《关注函》，要求格力电器董事会就“不分红”问题进行说明。事实上格力电器的做法并不违规，公司章程中明确写出了本公司利润分配政策是“在公司现金流满足公司正常经营和长期发展的前提下，公司最近三年以现金方式累计分配的利润不少于最近三年实现的年均可分配利润的百分之三十。”由此看来，股市出现这种强烈反应更多是出于意外。为何公司的分红政策会对股价及公司市值产生如此大的影响？下面就来详细地讨论公司的股利政策。

第一节　回报你的股东

一、股利政策类型

（一）股利基本介绍

第二章曾经简单介绍过，公司税后利润在弥补了之前年度的亏损、提取了盈余公积之后，所剩利润便可以按照一定比例回报给投资者分享发展红利。当然也有可能由于当年经营效果不佳，导致可分配利润过少甚至没有，导致无法向投资者分配利润，但对于大部分正常经营的公司来说，在平稳的宏观形势下经过一年的努力，是具备使股东受益的能力的。现在来对公司具体的利润分配流程和形式做出介绍。

表7.1　　股利发放过程表

重要日期	对应说明
分红预案公告日	公司在决定分红时，首先需要通过董事会制定分红预案，初步确定该次分红的总金额数量、分红形式、分红具体时间安排等等内容，同时决定举行股东大会（或临时股东大会）的时间、地点和表决方式，并将初步决议结果向社会公众公开。

续表

重要日期	对应说明
分红方案宣告日	董事会决议的分红预案必须要经过公司股东大会的讨论并通过之后才可以正式生效落实。在股东大会通过预案后，公司需要再次将大会确定的分红方案及具体实施时间向公众公开。如果预案没有通过，那么需要重新修改至通过。按照有关规定，公司召开股东大会讨论分红预案，公司股票应该停止交易一天，公司公布分红方案，股票应该停止交易半天。
股权登记日	公司股票每天都在市场进行流动，交易情况可能实时改变，因此必须确定一个日期作为标准，统计这个日期下拥有公司股票的所有权者以确定参与本次分红的全部股东名单，这一天就叫做股权登记日。也就是说，只有在股权登记日这一天实际拥有公司股票的个人或企业有权参与分红，这个日期的股东名单上没有出现的名字均无法获得分红。在此日期收盘前的股票被称为“含权股票”或“含息股票”。而这个名单统计是在股权登记日当天下午收盘时由该公司券商系统自动登记在册，交易所在当天收盘后将核对信息，在确认无误后登记。整个过程均由交易所主机自动完成，既节省了人力物力，也减少了出错的机会，减少了后续可能出现的纠纷问题。
除息日	股权登记日后的第一个交易日就是除息日，因为在这一天购买该公司股票的股东均不在分红范围之内，不再参与此次分红配股，因此除息日的股票也叫作“除权股票”或“除息股票”，与上述“含权股票”和“含息股票”的概念相对。一般来看，在除息日当天，公司股价都会出现明显下降，因为价格中刨除了股权或股息部分的收益因子，这并不影响投资者的实际财富水平，但为了帮助投资者判断股票价格的真实涨落，交易所通常会在这一天（除息日）给出相应的除权参考价作为参考，以此确定股价波动的允许范围。但同时需要注意的是，除息日当天的开盘价格仍然是由集合竞价方式来决定，与往常无异。
股利发放日	股利发放日就是公司发放股利的日期，也是股东收到股利的日期。这一天交易所会将公司分发的股利在扣除相应税款后记入股东账户。

在这一章会频繁使用股利的概念。从概念上讲，股利就是指公司从公司利润中分配给股东的现金，是股东可分配利润。如果更详细地划分，股利强调的是当期利润或留存收益下的利润分配，而

资本分配则称为清算性股利，不过一般来讲，可以把面向股东的所有形式的直接分配统称为股利。首先了解公司的股利政策。公司的利润分配政策多为两种，一种为现金股利，另一种为股票股利；此外还包括财产股利、负债股利和股票回购的形式。大多数公司会选择现金股利的形式进行股利分配。无论是现金股利还是股票股利，公司的股利分配都有一定的规范程序，有一些固定的重要时间节点，这是所有公司都应该遵守的，下面以现金股利为例进行简要说明。表7.1所示是股利分发相关的一些重要日期，按照时间先后排序。

（二）现金股利

现金股利是被上市公司采用最多的股利分发形式，也是平时最熟悉、最常见的形式。现金股利顾名思义就是以直接的货币为单位向股东分配公司红利。对于大多数投资者而言，之所以投资股票并选择长期持有，目的就是希望能够在公司分红时获得现金收益。之前提到过，分红所用的利润是在弥补亏损、扣除盈余公积后的利润，在我国《企业会计制度》第八十三条中规定盈余公积时，还允许出现企业的盈余公积用于弥补亏损、转增资本（或股本）的情况。符合规定条件的企业，也可以用盈余公积分派现金股利。此处说的规定条件具体是指以下三个条件：一是对支付决议流程的规定，该项分配方案需要经过公司股东大会特别决议；二是对支付后的盈余公积的规定，支付股利后留存的法定盈余公积不得低于股利支付前注册资本金的25%；三是对于支付限额的规定，股利支付比率不应超过股票面值的6%。

公司支付现金股利最主要的目的就是维持投资者的投资信

心，吸引投资者继续投资，有助于建立一个良好的社会形象，为公司长期发展奠定基础。近年来，受到监管部门的倡导督促以及整个市场环境的影响，越来越多的上市公司进行现金分红，上市公司的分红率①也逐年提升。现金分红也越来越受到投资者的重视，成为投资者构建投资组合时考虑的重要因素。2019年，A股市场上共有2608家公司进行现金分红，占上市公司总数的75.14%，分红总额达到10180.48亿元人民币。相比于2018年，2019年进行现金分红的公司数量有所下降，2018年整个A股市场中共有2776家上市公司分红，占全部上市公司总数的78.07%。但值得欣慰的是，即便分红的公司总数下降，但分红总额却有所上升，对比2018年9432.07亿元人民币的分红总额，2019年分红数额已突破万亿，跨入了新的统计单位。当然，上市公司分红与否主要还是取决于经营状况的优劣，分红表现良好体现了A股市场环境的健康，同时也是对我国宏观经济状况的间接反映。

我国A股市场的成长速度是非常快的。从统计数据来看，在2008年至2017年十年间，A股上市公司的现金分红金额累计6.98万亿元，而从上文可知，仅2019年一年，现金分红数量已经超过万亿。实际上，短期或者一年的分红水平并不足以给投资者足够的市场信心，也不足以反映公司经营状况，但长期分红却是释放给市场的一个有效信号。一般来说，做到长期分红且分红率相对较高的公司并不多，且大多数为金融服务类公司，在这一类公司中银行又是占比最多的，如常说的五大行——中国工商银行、中国农业银行、中国银行、中国建设银行、交通银行，在2017年累计分红数额已

① 分红率：指在一个考察期内（通常为12个月），股票的每股分红除以考察期内公司净利润所得的百分比。

经突破了千亿，以工商银行为首，截至2017年累积分红数额已经超过了7600亿。除去银行之外，在一些能源、工业、日常消费等行业中也有部分大型公司能够保持分红的连续性和规模。值得注意的是，这些公司基本都是蓝筹股，也就是一般认为的能够保证长期稳定增长的、大型的、传统工业股及金融股。毫无疑问，现金分红并不是判断股票好坏的唯一标准，但它的确是一个应该加以关注的重要特征。

现金股利满足了投资者对投资收益的基本需求，但同时也有一定的缺点，其中最突出的就是它在短时间内使公司支出大量现金，是对公司可支配现金流的大量削减，势必会降低公司的短期偿债能力。还有一点是现金股利扣除税负后记入股东账户，因此会减少股东实际获得的分红收入。

（三）股票股利

股票股利同样是上市公司经常采用的股利分发形式，也被称作股份股利，是指在经过股东大会讨论批准之后，按照持股比例对股东增发股票，简单来说就是以股票方式向股东支付股利。在实际分发时，公司通常会将股东应得股利的金额转入资本金，并发行与该金额相符的新股票，也就是将留存收益转化为股本，然后再按照持股比例进行股票分发。在公司采用股票股利形式进行股利发放时应该具备以下三个条件：①公司必须具有有待分配的盈利；②必须经过股东大会的同意；③必须符合证券市场上新股发行的有关规定。一般来说，给普通股股东分派普通股票，给优先股股东分派优先股票；经过股利分配后，各位股东在公司中所占股份的结构和比例并没有发生改变。此外还需要注意的是，在使用股票股利进行股利分配时，即便未涉及现金的直接流动，但股东仍然需要按照股票面值金额为依据缴纳相应所得税，并由公司代缴。

与现金股利的形式相比，股票股利最大的优势在于不涉及现金从公司大规模流出，对公司现金流几乎没有太多影响。但与此同时带来的问题是，公司总盈利金额不变，股数增加，每股净收益减少，这就会带来股价的下跌。此外，不同于现金股利释放的良好信号，股票股利会给投资者传递一种消息——公司目前现金流紧张，无法进行现金分配，这不利于维持投资者的投资信心。但公司选择哪种形式分发股利是基于公司短期经营与长期战略的谨慎考虑，在本节第二部分中会详细介绍影响股利分配方式的因素。

（四）其他股利发放形式

除了上面提到的现金股利和股票股利之外，财产股利、负债股利和股票回购也是上市公司可能采取的股利支付形式，但相比于之前介绍的两种，这些支付形式的应用相对更少，因此先进行一些简单的描述。

首先是财产股利。公司把现金以外的资产，一般是实物或有价证券，作为股利发放给股东，这种股利分配形式就叫作财产股利。按照分发财产类型的不同，一般可以将财产股利分为证券股利和实物股利。证券股利就是公司将自己持有的其他公司发行的债权、股票作为股利支付给公司股东，可想而知，此时股利的价值就取决于“其他公司”的市场表现（包括变现能力、盈利能力等等），并且包含着一种获利不确定性。公司如果采用这种股利分发形式，很可能是出于实际税负的考量，这一点会在第二部分中详细介绍。另外一种是实物股利，这时公司所分配的股利形式有可能是实物资产，也可能是公司生产的产品。在公司现金能力不足又想要分发股利时，实物股利就是公司可以采取的补救措施之一。一般来讲，实物股利相比于其他股利分配形式，不会是股东希望接受的。

负债股利是指公司将负债作为股利分发给股东，通常负债会以应付票据的形式来表现，实际上是公司延期支付股利的一种方式。采取这种方式进行分红，说明公司不只要承担原本股利分配的现金流出压力，还要负担股利带来的货币时间价值成本，额外支付股息来弥补投资者。因此公司一般不会采用负债股利的方式进行分红。

股票回购是本部分想要说明的最后一种分红方式，也是最特别的一种股利支付形式。股票回购就是指上市公司从股票市场回购该公司股票，来使市场流通的该公司股票总数减少，在收益确定情况下，每股收益自然会提升，股价也会随着上涨，从而使股东获得收益，资产（所持有的股票）实现升值。但是需要注意，上市公司并不能随意回购本公司股份，我国《公司法》中明确规定："公司不得收购本公司股份。但是，有下列情形之一的除外：（一）减少公司注册资本；（二）与持有本公司股份的其他公司合并；（三）将股份奖励给本公司职工；（四）股东因对股东大会做出的公司合并、分立决议持异议，要求公司收购其股份的；（五）将股份用于转换上市公司发行的可转换为股票的公司债券；（六）上市公司为维护公司价值及股东权益所必需。"可见，公司的股票回购行为对于市场影响很大，必须对回购行为进行严格限制。

二、影响公司股利政策的因素

（一）法律因素

公司的股利分配政策不只关系到公司的投资、融资决策，还会涉及多个利益主体与公司的长期发展，因此公司在制定股利分配政策时会受到多种因素制约，有公司内部因素，也有公司外部因素的影响。这些因素都需要决策层综合考虑，否则股利政策很可能无法通过，或在实施后产生不利影响。

为了保护债权人和股东的利益，我国对公司股利分配有明确法律限制，要求公司发放的股利只能来源于当期利润和留存收益，不得使用原始投资也就是股本进行分红。同时，公司必须按时足额偿付各种到期债务，并且要保证公司经营活动能够正常进行；扣除债务后，公司还必须按照一定比例提取盈余公积，“无利不分”。根据上述规定，可以看到，大多数限制是为保护债权人和股东利益而制定。另外，由于公司往往会通过积累利润使股价上涨以帮助股东减少税负，法律规定股份公司不得超额累积利润，一旦留存收益超过法律规定标准，就会被加征额外税款。这一规定从侧面看也是对股东，特别是小股东利益的保护。

（二）股东因素

除了法律约束之外，股东作为股利分发的对象自然也是需要重点关注的。首先，对于公司的大股东来说，股利支付越多，之后发行新股的可能性越大，而发行新股必然会使得原有股东权利分散。为了避免实际控制权被稀释，股东们往往选择较多地保留留存收益，限制股利支付率上升。而另外一点前面也已经提到过，是有关于税负的问题。为了减少税负缴纳额，股东更倾向于积累收益，提高股价。而对于一些小股东来说，控制权或税负的问题并不是其考虑的重点。作为有限收益的获得者，股利留在公司或股市所增加的不确定性是额外的负担。从稳定收入、规避风险的角度考虑，小股东们更愿意立刻拿到切实的分红。

（三）公司因素

除了股东因素，公司自身经营情况的限制以及对公司长期发展的考虑，也会对股利政策产生一定影响。首先是盈余的稳定性。盈余相对稳定的公司面临的经营风险和财务风险较小，筹资能力较强，具有较高的股利支付能力；相反，盈余不稳定的公司对保持较高股利支付率没有信心。资产的流动性也是决策时需要考虑的重要因素，资金的流动关系到公司经营的维系，较多地支付现金股利会减少公司的现金持有量，使公司资产的流动性降低，增加资金周转风险。因此，资产流动性本身就差的公司，不宜分配过多的现金股利。另外，需要考察举债能力，具有较强举债能力的公司因为能够及时筹措到所需的现金，有可能采取高股利政策；而举债能力弱的公司则不得不多滞留盈余，因而往往采取低股利政策。关于投资机会，有着良好投资机会的公司，需要有更多资金支持，因而往往少发放股利；缺乏良好投资机会的公司，保留大量现金会造成资金闲置，于是倾向于支付较高的股利。正因为如此，处于成长中的公司多采取低股利政策，处于经营收缩中的公司多采取高股利政策。

关于资本成本，与发行新股相比，保留盈余不需花费筹资费用，资本成本较低。从这个角度考虑，如果公司有扩大资金的需要，应当采取低股利政策。最后是关于偿债需要。大量现金股利的支出必然影响公司的偿债能力。公司在确定股利分配数量时，一定要考虑现金股利分配对公司偿债能力的影响，保证在现金股利分配后，公司仍能保持较强的偿债能力，以维护公司的信誉和借贷能力。

最后，需要注意股利政策的惯性，一般而言，股利政策的重大调整，一方面会给投资者带来公司经营不稳定的印象，从而导致股票价格下跌；另一方面股利收入是一部分股东生产和消费资金的来源，他们一般不愿持有股利大幅波动的股票。因此，公司的股利政策要保持一定的稳定性和连续性。

（四）其他限制

股利政策的确定还有可能会受到一些其他因素的影响，如债务合同的约束。公司的债务合同，特别是长期债务合同，往往有限制公司现金支付程度的条款，这使公司只得采取低股利政策。

从宏观经济来看，通货膨胀也会对公司股利分配产生重大影响。在通货膨胀时期，公司股利政策往往偏紧。这是因为通货膨胀使公司资金购买力下降，维持现有的经营规模需不断追加投入，因此需要将较多的税后利润用于内部积累，这时，采取相对较低的股利发放政策是必要的。总之，股利政策是一个关系到多方利益的重要决策内容，应该考虑尽可能多的因素，找到最适合公司当下发展的最优决策。

第二节　公司如何选择股利政策

一、股利政策与公司价值

（一）上市公司的股利政策

【案例7-1】宜宾五粮液股份有限公司的股利分配方案

宜宾五粮液股份有限公司是1997年经四川省人民政府批准的股份有限公司，该公司由四川省宜宾市五粮液厂独家发起，采取募集方式设立。五粮液公司属于白酒类食品制造行业，主要从事五粮液及系列酒的生产与销售。自上市以后，公司一直维持较高的利润水平，俨然成为中国资本市场的一只绩优股。但是，这样一只受投资者青睐的绩优股，却在1998年高派现后，至2004年都只采用送红股的方式分配股利，或者直接不给股东分配股利。上市公司股东获取收益的方式主要有两种：上市公司分配股利和卖出所持上市公司股票。回看五粮液在1998年的分配方案，此方案采用了每10股派发12.5元，扣税后实际每10股派发10元的高派现方式。通过这种方式，非流通股股东分得24 000万元。但在这之后，五粮液却改变了股利的分配方式，转用高比例送红股和公积金转增股的股利分配方式。经过若干年的送股和转赠，五粮液由最初约32 000万股，到2004年已经变为271 140.48万股，在不到5年的时间里，股本增长了6倍多。2009年以后，五粮液再次调整其股利分配政策，开始恢复向股东派发现金股。

我国的上市公司在选择股利分配政策时，部分公司会选择向投资者直接派发现金股利，部分公司选择向股东派发股票股利。不同上市公司在派发股利时会选择不同的股利政策，甚至同一上市公司在发展不同阶段也会选择不同的股利政策。可以说，股利政策的选择是公司的重要财务决策之一，而公司股利政策对公司价值的影响也一直是公司股利政策争论的核心问题之一。对于上市公司来说，公司持续分配适度的现金股利有利于保持股东对公司的满意程度、保持良好的公司形象，但是现金股利分配过高往往又会使股东对公司前景产生怀疑。影响公司股利政策选择的一个核心问题是：在其他因素不变的情况下，股利分配是否会影响公司的价值，不同股利政策对公司价值的影响是否不同？经济理论发展至今，学界已经发展出多种理论用于解释公司为何会选择不同类型的股利政策，其中以MM股利政策无关论与“在手鸟”理论为代表的股利政策有关论为典型。本部分将主要介绍MM股利政策无关论、“在手鸟”理论、税差理论以及信号传递理论。

（二）股利政策无关论

正如第六章所述，在没有所得税，投资者不偏好风险也不厌恶风险，外部投资者与公司内部管理人对公司有相同信息等假设的完美世界中，公司的融资决策不影响公司价值。1961年，著名经济学家米勒和莫迪利亚尼提出股利政策无关论，即在这样的完美世界中，选择不同的股利政策不会影响公司的价值。下面将在此假设的基础上，讨论在这样的完美世界中，为什么无论公司管理层选择何种股利分配政策，公司价值都不会发生改变。

甲设立的酿酒公司已经上市一年了，从资本市场募集的资金让公司规模迅速扩大，今年利润稳中有升。虽然公司近几年发展得不错，但是甲正为今年是要向股东分配股利，还是把利润留在公司内部应对明年的公司生产而发愁。甲担心分配股利会影响公司价值，毕竟公司的现金流会流出公司；同时又考虑到公司是第一年上市，如果不分配股利可能影响后期增资扩股。为简化讨论，这里假设甲的酿酒公司只有股权融资而没有杠杆，且发放股利前与发放股利后，公司的投资决策不会改变。现在一起来帮助甲解答这个疑惑：如果他选择向股东分配股利，公司价值会受影响吗？

根据本年销售情况，如果选择发放股利，甲将会按当前公司价值的20%发放股利，之后甲准备在股票市场上发行新股筹集资金，以满足明年公司的投资需求。由于公司的价值是由其未来现金流量和资本成本决定的，而发行股利前后公司的投资决策和资本成本并未发生改变，因此也就有理由相信，甲酿酒公司的公司价值在发行股利前后并没有差别。公司向老股东发行现金股利，同时发行新股筹集资金，相当于用新股置换了老股东的股份，并不会影响公司股东权益的总价值，进而也不会影响公司的价值。

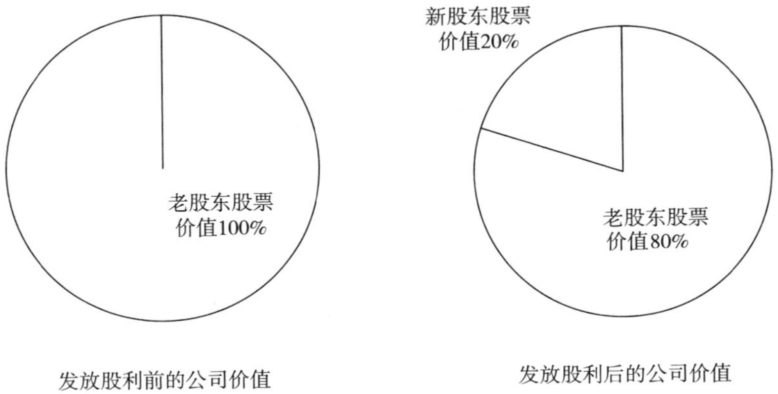

图 7.1　股利政策与公司价值

现在，通过一些数字举例来加深对这个问题的理解。目前甲公司账上有200万元税后利润，甲可以选择用它投资公司的项目，也可以选择用它发放股利，然后在资本市场上发行200万元的新股筹集项目所需资金。假设新股东要求资本报酬率为10%，且第二年公司获取220万元的现金流。甲酿酒公司选择不发放股利和发放股利的资产负债表情况如下。若公司不发放现金股利，项目投资后公司的价值为1500万元，由于公司无负债，这1500万元将全部归属于老股东，老股东的权益为1500万元。在第二种股利分配政策下，公司给老股东分配了200万元的现金股利，公司投资决策未发生变化，公司价值仍为1500万元，新股东要求分走其中220万元，那么老股东拥有的公司价值为1280万元。选择不同的股利政策，公司价值没有发生变化，只是在新老股东间转移了对公司未来现金流量的索取权。

表7.2　　不发放股利时公司的资产负债表　　单位：万元

资产		负债与股东权益	
现金	200	债务	0
其他资产	1000	老股东权益（1000万股）	1500
未来项目的净现值	300	新股东权益	0
资产总额	1500	公司价值	1500

表7.3　　发放股利时公司的资产负债表　　单位：万元

资产		负债与股东权益	
现金	200	债务	0
其他资产	1000	老股东权益（1000万股）	1280
未来项目的净现值	300	新股东权益	220
资产总额	1500	公司价值	1500

从这个例子可以看出，在完美世界中，公司选择不同的股利政策并不会影响公司的价值，只会影响公司未来收益现值在新老

股东之间的分配。如果公司减少现金股利的发放，将未发放的现金股利用于项目投资，那么公司将要从资本市场上新筹集的资金较少，新增加的股东数也更少。相应地，老股东从公司取得的当期收益较少，但是可以取得更多的未来收益。如果公司发放更多现金股利，那么它将从资本市场筹集更多的资本用于项目投资，未来新股东会获得更多公司现金收益，而老股东获得的未来现金收益更少。现在可以得出结论：在假设没有税收，信息足够对称，投资者是风险中性等的完美世界中，公司股利政策的选择不会影响公司价值。

（三）现实的考虑：股利政策有关论

股利无关性理论建立在一系列严格假设的基础之上，如无公司所得税和个人所得税，投资者是风险中性，投资者与公司管理层拥有相同的关于公司的信息等，这些假设构成了一个相当完美的世界。对于经济学家来说，完美世界假设确实为研究提供了很大的便利，但是世界上没有哪个地方会存在这样的完美世界，真实情况往往复杂得多。逐步放松假设，在更为贴近现实的情况下，讨论公司股利政策对公司价值的影响，更具有指导意义。接下来会为读者介绍股利政策有关论的几种理论。这些理论是在放松股利政策无关论某种假设的基础上发展出来的。但是，由于现实因素实在过于复杂，每种理论考虑得都不是那么详备，以至于都存在一定争议。本节力争在为读者介绍原理的同时，也让读者了解它所存在的争议，以使读者对各种理论有更为全面的了解。

1.“在手鸟”理论

“在手鸟”理论又被形象地称为“二鸟在林不如一鸟在手”

理论，是一个更为贴近现实的股利政策理论。在假设投资厌恶风险的基础上，该理论认为公司价值受到公司的股利政策影响，即股利支付得越多，公司价值就会越大。该理论把公司现金股利，特别是稳定支付的现金股利形象地比喻为“手中之鸟”，因为这样的现金股利是确定的，是投资者可以按时、按量获得的收入；而资本利得则是在出售股票之后才可以获得的收益，看似存在却很不确定。因为公司的股价具有很大的波动性，在真正出售股票之前，投资者并不能确定出售股票是否可以获得收益、可以获得多少收益，这就好比林中之鸟，看起来很多，却不一定抓得到。

该理论假设投资者是风险厌恶者，且资本利得的风险高于现金股利的风险，因此人们会更喜欢现金股利而不是资本利得。在这样的情况下，如果公司提高现金股利分配，投资者所面临的风险就会下降，所要求的必要报酬率就会下降，公司的股票价格自然会上升。相反，如果公司降低股利分配金额甚至不分配股利，投资者只能依赖出售股票获得资本利得收入，这时投资者就会面临极大的投资风险，他们要求的必要报酬率就会上升，股价会相应下降。因此，“在手鸟”理论认为，公司的股利政策与公司价值具有相关性。公司选择发放更多的现金股利，公司价值就会更高。也就是说，公司只有制定高现金股利政策才能使自身的价值达到最大化。

然而“在手鸟”理论也存在一定的争议。比如从长远来看，公司的现金股利及资本利得都需要公司的实际成绩作为支撑。若一个公司前景并不是那么明朗，即便现在给股东分配很高的现金股利维持公司的高价值，这种现金股利也不能持续。如果投资者预期到公司这一倾向，那么公司也并不会保持高价值，此时即使是高股利政策也并不一定会带来高公司价值。另外，对于发展前景良好的公司来说，即便公司选择不发放高现金股利，尽管市场在当前一段时间没有充分认识到公司的价值，但是从长远来看，公司的实际价值一定会反映到公司的股票价格上。

2. 个人所得税

股利政策无关论的假设之一是不征收各种所得税，从而得出股利政策与公司价值无关的理论。然而在现实生活中，放开相关假设，公司股利政策与公司价值在某些情况下就会存在相关性。"在手鸟"理论放开了投资者是风险中性的假设，而现在假设征收个人所得税，在此情况下讨论公司股利政策与公司价值的相关性。按照我国税法的规定，我国资本市场投资者买卖股票等有价证券获得的资本利得不需要缴纳个人所得税，只需支付必要的交易费用和印花税，且自2008年4月24日起，我国的印花税调整为千分之一。但是投资者从上市公司分得的现金股利需要缴纳个人所得税，按规定一般是上市公司在给投资者派发现金股利时，按照20%的税率代个人扣减个人所得税。由此，投资者获得现金股利时需缴纳的个人所得税明显要高于其出售股票获取资本利得时缴纳的税收。也就是从税收的角度来说，公司派发现金股利对投资者是不利的。如果公司选择分配高额现金股利，可能使投资者抛售股票以避免被征收高额现金股利个人所得税，公司的股票价格会因此受到影响。该理论认为，公司管理层在选择股利政策时，必须采取低股利支付政策，否则公司价值会下降。

实际上，该理论也存在一定的争议。我国对个人收入实行等级税率制度，由于收入差距，对不同投资者所征收的个人所得税率往往会存在很大差异，一般来说低收入者个人所得税率低于高收入者个人所得税率，某些低收入者甚至不需要交税。一些机构投资者，比如退休和养老基金，就不需要缴纳个人所得税。此种情况下，适用税率低的投资者就可以投资现金股利较高的公司，适用税率高的投资者可以投资现金股利低的公司。只要市场上的投资者足够多，公司就可以找到相应的投资者，那么就不会存在考虑现金股利与资本利得缴纳的个人所得税孰高孰低而影响公司价值的问题。

3. 股利政策的信号传递

在前面的“在手鸟”理论与个人所得税理论中，已经放开了股利政策无关性的其中两个假设，现在来放开另一个假设：投资者与公司管理者对公司未来收益等具有相同的信息。现实中作为外部人的投资者与作为内部人的公司管理者拥有的关于公司的信息也会不同，投资者并没有参与公司的经营管理，他们只能从公司的财务报表以及市场上其他报道中获得公司的相关信息；公司管理者作为公司的内部人，毫无疑问会比投资者拥有更多的公司信息。而且公司的财务报表可能很大程度上被公司财务人员粉饰过，甚至有些公司还会存在财务造假，进一步加剧了二者之间的信息不对称。所以投资者期望从更多渠道获取公司信息，股利分配政策就是其中极为重要的一个渠道。

公司的股利分配政策会向投资者传达关于公司经营情况的一些信息。对于盈利能力不足、资金匮乏的公司来说，制定长期稳定的股利政策是相当困难的，因此投资者倾向于把发放少量现金股利的公司归类为经营状况不好的公司，而公司增加现金股利发放通常被看作是公司资金充裕、盈利能力较强的信号。该理论认为，股利具有传递公司未来盈利能力信息的作用，因此能够对公司股价施加影响。当公司分配的现金股利上升时，投资者预期公司有较好的发展前景，公司股价和公司价值会上升。相反，如果公司减少现金股利的发放，就会给投资者传递公司经营出现问题的信号，公司的股价和公司价值会下降。

【案例7-2】看贵州茅台股份有限公司高现金股利政策之路

贵州茅台股份有限公司成立于1999年，是由中国贵州茅台酒厂演变而来的酒类股份有限公司。贵州茅台股份有限公司是我国白酒行业的标杆性公司，茅台酒的悠远历史及其业内口碑使其拥有独特的竞争力，一直处于我国高端酒行列。自2001年茅台酒上市以来，茅台股价一路攀升，现金股利分红的绝对数也相当可观，连续赢得“最牛现金分红股”称号。从2001年开始，茅台分红从未间断，并且采用的是积极分红股利政策，现金股利逐年增长，从2005年每10股派发3元至2013年每10股派发43.74元，2017年更是高达每10股派发109.00元，自2013年以来股利一直处于高位且始终保持为稳定增长。持续稳定的现金股利给公司在整个资本市场树立了良好的公司形象，同时吸引了那些不单单注重资本利得，而是更加注重公司长期红利的长线投资者，从而避免因短线投机带来的股价异常波动，给市场投资者带来足够信心，增加了公司的价值。除现金股利外，贵州茅台在某些年份还采取了现金股利与股票股利相结合的股利分配方式，比如2013年与2014年两年每10股派发1股股票股利。发放股票股利，会使流通在外的股票总数增加，稀释每股收益和每股净资产，向外界传递利好信号：管理层对公司发展未来看好。贵州茅台高额派发现金股利加配送一定比例股票既是回报投资者，也给投资者带来信心。

4. 代理成本理论

第六章讨论了公司代理成本的问题，这里先来简单回顾一下。由于公司的股东和经理间目标不一致，经理会做出对自身有益而对股东不利的行动，约束这种行为产生的成本就被称为代理成本。由于公司的股权分散在很多股东的手中，公司经营者有极大可能在经营管理过程中过于追求自身的利益而损害公司股东的利益，造成股东与经理之间尖锐的矛盾。

代理成本理论指出，股利分配政策的制定可以有效缓解股东与债权人之间的代理问题。首先，股利的支付可以降低公司管理人员对于公司自有资金的支配权，因为股利分配意味着减少公司可自由支配的现金。另外，如果公司选择现金股利分配政策，那么为进一步发展，公司需要在资本市场上继续寻求外部融资，但是进入资本市场需要接受严格的审查和监督，而且为了约束经理人的行为，新资本所有者可能建立更为有效的监理体制，对公司经理人实施更为严格的监控。因此代理成本理论认为，发放现金股利可以降低公司的代理成本，促进公司价值持续增加，有助于公司的长远发展。

5. 追随者理论

前文提到过，当放松公司征收个人所得税的假设后，公司的股利政策对公司的价值会产生一定的影响。但是该理论因并未考虑投资者处于不同的税率等级而存在一定缺陷。追随者理论是在考虑投资者所处税率等级不同的基础上，对个人所得税理论进行的改进。该理论认为，由于每个投资者所处税率等级不同，导致他们对于现金股利的态度是不一样的。处于高税率等级的投资者更偏好发放低现金股利的公司，而处于低税率等级的投资者更偏好发放高现金股利的公司。因此，公司采取不同的股利政策会吸引不同类型的投资者，采用积极现金股利政策的公司会吸引收入较低的投资者，较少发放现金股利的公司会吸引收入较高的投资者。无论公司的股利政策如何变化，只会使偏好该股利政策的投资者买入，不偏好该股利政策的投资者卖出，公司的股价并不会因此受到很大影响。因此，没有公司可以通过股利政策影响股价，这实际上从另一个角度证明了股利政策无关论。

二、股票股利、拆股与股票回购：更仔细的讨论

（一）现金不流出的分配——股票股利、拆股与转增

在本章第一节对不同形式股利发放的介绍中，涉及过现金股利、股票股利等具体的发放形式。对于一般现金股利的发放，读者已经比较熟悉与其相关的流程以及其对股票价格的影响机制等，接下来，本节将具体讨论和分析其他形式的一些利润分配方式，包括股票股利、拆股和股票回购等。在具体的解释中，可能会涉及一些本书前面章节介绍过的财务报表科目，如果有所遗忘的话不妨简单回看对应部分。

股票股利是公司分配利润的另一种形式，简单来说，就是以赠送股票的方式将未分配的利润发放给股东。从资产负债表的科目来说，有待发放的红利来自于留存收益科目，事实上无论是现金股利还是股票股利的发放，本质上都是资金从留存收益科目的流出，只不过现金股利的发放对应于银行存款的减少，也即现金从公司中流出，而股票股利的发放则对应于股本的增加，也就是说现金

并未从公司流出。对应地，公司的股东虽然获得了额外成比例发放的股票，但所有股票所代表的资产权益规模并未发生变化。对于每个投资者来说，虽然手中持有了更多数量的股票，但每股股票的单价会有所下降，不考虑信号传递的问题，每个投资者手中的总股票价值不会发生任何变化。到这里读者可能会有所疑惑：既然手中所持股份的总价值并没有任何变化，怎么能叫发放股利呢？理解这个问题的关键在于意识到这笔红利并不是从天而降的，而是一般来自于公司改善经营状况获得的更多净利润。也就是说，实际上在公司发放股利（无论现金股利或股票股利）之前，股东手中股票所对应的资产价值就已经实现了提升。确实，比起股票股利这种账面流转的发放形式，现金股利能让股东得到真金白银的收获，但在发放之后，公司的价值也因为现金的流出而降低了。在不考虑信号传递等效应的情况下，股东所持资产实际并未发生变化，只不过一部分股权被换成了现金。所以，可以将股利发放的过程理解为公司报表上科目之间资金的处理。

在鲁班和楚王云梯公司的故事里，经过孜孜不倦的技术打磨与品牌提升，云梯公司终于获得了市场的认可。在一次激烈的竞标之后，公司成功地拿下了秦王的大订单，并在当年确认了一大笔收入，公司作为一个整体获得了价值的提升。虽然还没有把这笔价值分到手里，但楚王已经非常高兴了——作为公司的股东，他在收入确认后就已经获得了权益提升，至于后续这些价值是用来扩大化生产还是转换为自己的锦衣玉食，只是资产配置的问题，而不再涉及价值的变化。另外，一般来说公司股票股利发放的送股比例不会很高，在美国，一般把送股比例在20%~25%的股票股利称为小额股票股利，高于这一比例的称为大额股票股利。

现在，以云梯公司的案例为参考从细节上更深入地理解股票股利发放的过程。不妨假设公司目前在外有10 000股股票流通，每股价值66元，股票总市值为66万元。在一年的经营盈利之后（尚未进行股利分配），公司的留存收益增加，公司股东的基本权益情况如下：

表7.4　　云梯公司分配前权益情况　　单位：元

普通股股本（面值1元，10 000股流通）	10 000
资本公积	200 000
留存收益	290 000
股东权益合计	500 000

公司共有10 000股流通在外的普通股票，每股面值1元，共计10 000元（注意股票面值和发行价格的区别），资本公积200 000元，留存收益290 000元，股东权益合计500 000元。其中，资本公积指投资者或者他人投入到公司、所有权归属于投资者并且投入金额超过法定资本部分的资金，一般包括资本（或股本）溢价、接受捐赠非现金资产准备、股权投资准备、拨款转入、外币资本折算差额、关联交易差价以及其他资本公积。

接下来，公司开始考虑以不同形式发放股利的情形。首先是股票股利：公司决定按照10%的比例送股，也即股东每持有10股云梯公司的股票就可以额外获得一股，就像前面所说的那样，公司发放股票股利并不会造成现金从公司内部流出，因此股东手中所持权益的总价值并不发生变化。然后观察在表格中对应于股票股利发放所产生的变化。首先毫无疑问，留存收益会有所减少，减少的数额等于新发放的1 000股（10 000×10%）股票的市场价值，即1 000股×66元/股=66 000元，留存收益余额为290 000-66 000=224 000元。从中分出的留存收益一部分按照面值计入了普通股股本，也就是增加了面值1元/股×1 000股=1 000元，剩余的部分按照上文的分类计入资本公积，因此该科目增加66 000−1 000=65 000元。最后，总的股东权益并不发生改变，和前述原理保持一致。

表7.5　　云梯公司发放股票股利后权益情况　　单位：元

普通股股本（面值1元，11 000股流通）	11 000
资本公积	265 000
留存收益	224 000
股东权益合计	500 000

和股票股利非常类似的一种做法是拆股，又称股票分拆。简单来说，拆股就是股份公司用新股按照一定比例交换流通在外的普通股股份的行为。比如对云梯公司而言，目前在外流通10 000股普通股，股价66元，共660 000元。经过拆股之后，每股价格变为原来的一半，但股本、资本公积、留存收益等科目总额都不发生任何变化。和股票股利一样，拆股不改变股东权益或者公司的价值，仅仅改变股东手中所持股份的数量。但拆股和股票股利也具有较大的区别，主要表现在以下两方面。首先，拆股使股东手中股票数量增加的比例较大，比如本例中股东手中的股票数量直接翻番；而股票股利如刚才所说的那样，比例不会很大。其次，从会计科目的处理上也可以看出，股票股利的发放实际上是留存收益的处理，通过股本、资本公积以及对应股东所持股份的数量变化减少了留存收益。但拆股并没有改变留存收益，事实上，除了股本面值以外，拆股没有改变所列任何一项科目的数值。

表7.6　　云梯公司拆股后权益情况　　单位：元

普通股股本（面值0.5元，20 000股流通）	10 000
资本公积	200 000
留存收益	290 000
股东权益合计	500 000

所以，拆股既没有改变公司或股东权益的价值，也没有在会计处理上对主要科目做出改变。那为什么要这样做呢？拆股所带来的唯一明显的效果就是股价会大幅下降。一些资质较好的成熟大公司，单股股价往往很高，以至于中小投资者的资金不足以完成一笔正常的交易，这在很大程度上影响了公司股票正常的流动性。因此，为了避免这一情况，公司会选择拆分股票，使得股价更加平易近人，以拉拢散户投资者。同时，更多散户投资者的进入也给公司资产的价值提升带来助力。

此外，股票的拆分对于公司有着一定的积极意义。一般来说，宣布拆分股票的公司往往都对自身的经营盈利能力具有较强的信心，对于公司的未来股价以及每股指标如每股收益等较为乐观。所以，宣布拆分股票的公司通常也是在向股东和其他投资者传递自身经营与盈利状况良好的信号。在这种信号的激励下，虽然公司的股价因为拆分而成比例下降，但在此之后可能会经历一定的增长。

当然，没有任何事情是一成不变的。虽然市场交易的流动性问题给公司带来了拆分股票的激励，但这一激励随着现代金融市场的发展也在逐渐受到影响。为了解决投资者因资金门槛限制而无法投资的问题，很多证券机构开始推出特殊的投资理财产品，集合资金代为投资，帮助中小投资者解决了资金规模不足而投资难的问题。显然，通过这样的产品，越来越多的投资者可以绕过资金门槛去投资这些高股价的股票，这也给公司带来了流动性，减少了拆分股票的积极性。

最后，虽然不是讨论的重点，但公司宣布拆分股票，特别是大型公司如苹果、微软等，会对整体市场指数造成影响。在财经新闻中经常可以听到各种各样的市场指数：国内的上证综指，美国的道琼斯工业指数、标准普尔500指数等等。这些指数听起来多样而复杂，但本质上都是市场上部分股票价格的加权平均指数。在上一章有关WACC的讨论中，已经涉及了“权”的概念，在加权平均资本成本中，不同融资方式的融资成本以其在公司总资产中所占的比例为权重综合形成加权平均资本成本。在股票市场指数的计算中，往往包括三步：抽样、加权和计算。其中，抽样指按照股价、市值等指标将市场上的公司排序，然后选取排名靠前的一些规模较大、具有一定代表性的公司作为指数的成分；所采用权重则可能包括单价、总值等，其中道琼斯使用价格加权而标普500使用市值加权。当市场上的排名发生变化时，指数的成分也会进行对应调整。

【案例7-3】苹果再次宣布拆分股票

北京时间2020年7月31日，苹果公司（Apple Inc.）宣布将按照1：4的比例拆分股票，以扩大公司的投资者基础。按照这一计划，每拥有1股苹果股票的投资者都将额外获得3股股票。投资信托公司Synovus Trust高级投资组合经理丹尼尔·摩根（Daniel Morgan）表示：“这一拆股计划协助苹果为取得一个强劲的日历年收官表现打下了基础。”但同时也有分析师指出，由于券商的理财产品帮助中小投资者实现了小额投资，苹果推出这一拆股计划的实际意义并不是很大。

自从1980年上市以来，苹果在1987年6月16日、2000年6月21日、2005年2月28日分别实施了1：2拆股。2014年6月9日，苹果又进行了1：7拆股。7月31日的拆股完成后，市场备受鼓舞，使得苹果的股价在盘后交易中上涨近6%。同时，由于苹果股价的调整，价格加权的道琼斯工业指数也随之相应调整。

【案例7-4】腾讯拆分股票

2014年3月，深圳市腾讯计算机系统有限公司（以下简称腾讯）公布2013年年报，财务报表信息显示，2013年腾讯总收入604.37亿元，同比增长38%；净利润为170.63亿元，同比增长19%。同时，腾讯宣布预计将股份拆分为五股，并将在经同年（2014年）5月的股东大会通过批准后正式实施，交易单位数量保持不变，仍为100股，公司总市值也将保持不变。也就是说，在股权分置前每手（100股）成交价格为56750港元（约合45291.3元人民币），在股权分置后，每手价格将变为11350港元（约合9058.3元人民币）。被问及为何进行股票拆分时，腾讯官方表示"股权分置可以降低投资者的准入成本，增加灵活性"。对于原股票持有者来说，拆股让其持有股票翻了数倍，在此例中，假如原本持有100股，每股1元，那么拆分后手中股票由100股变为500股，每股0.2元。在宣布拆股时，2014年3月19日，腾讯股价为567.5港元/股，是十年前上市时股价的150多倍；实际上在2012年10月，腾讯已经成为"最贵港股"，此后股价一路高升，最高曾达到646港元/股。经过拆股，能够降低投资者进入门槛，吸引更多有投资愿望者进入投资腾讯。当然，在进行股票拆分后，腾讯随即不再是港股市场的第一高价股，股票重新降回百元股水平，但显然腾讯并不在意"股王"称呼易主。在业绩增速放缓的情况下，通过拆股增加散户参与度，维持市场地位才更有利于满足进一步发展扩张的需要。而从市场表现看，在发布拆股消息后，股价出现加速向下的态势，甚至一度触及465港元/股的低值，但分析者们普遍认为这与拆分关系不大，更主要是由于当时行业估值下调，相应地整个互联网板块都在下跌，这点在之后的股价上涨中也得到了证实。2017年7月20日，腾讯股价在拆股后首次达到

300港元/股，之后整体呈波动上升趋势。截至2020年12月18日，腾讯开盘价达到每股586港元。

除上面提到的案例外，还有许多关于公司股价在拆股后大幅上涨的案例。在腾讯之前，香港第一高价股是宏利金融（Manulife Financial），一家来自加拿大的金融服务公司。早在1999年，宏利金融股价已经接近100港元/股，而在2002~2006年间，宏利赶上了长达4年的超级牛市，所以即便经过2002年调整低价起步，其在2006年还是达到了580港元/股的最高值，随后公司宣布了拆股计划，以派发红股1送1的方式进行拆分，拆股当天股价为263.8港元/股。随后，宏利股价也经历了一段时间下跌，但在一年后的2007年11月7日，股价还是上涨到了360.2港元/股，较之前低点上涨近50%。还有其他一些港股公司如宝姿在拆股后3年股价累计上涨750%，富力地产、联合地产等公司都有相似经历。

最后，除了股票股利与拆分以外，还有一种有关调整分配股东权益的公司活动：公积金转增资本（简称转增）。顾名思义，这种做法指公司在会计科目上将资本公积转成股本，增加的普通股由所有股东按比例分享。这种方式和股票股利高度相似，都是仅作会计账面上的变换而不改变公司价值或股东实际权益，都成比例地增加了股本以及股东所持股份的数额等。它们的不同之处在于，转增是将资本公积科目内的余额转至股本，而不是像股票股利那样将留存收益科目内的余额进行分配。在这样的情况下，股票股利所面临的限制，即留存收益下属子科目未分配利润为负或不足时无法发放股票股利，对于公司进行资本公积金转增股本是不构成影响的。

（二）现金的另一种流出：股票回购

股票回购是指上市公司用现金从股东手中买回在外发行股票的行为。显然，股票回购不像刚才讨论的股票股利、拆股、转增等方式那样仅仅做账面上的分配，而是有实际的现金流出。一般来说，股票回购的方式共有3种：公开市场回购、要约回购以及目标回购。其中，公开市场回购指公司按照股票当前市场价格，以正常投资者的身份从市场上将股份购回。在这样的市场上，公司无须披露身份，卖方也无从得知交易对象是谁。要约回购指公司向特定股东回购一定数量的股票，比如公司宣布以每股100美元的价格回购10万股。当要约公布的价格足够高时，股东希望卖出的股票数量会多于10万股。最后，在特定回购中，公司会向特定股东回购一定数量的股票。看起来，要约回购与定向回购的职能有所重叠，但实则不然：定向回购虽然需要与特定的大股东进行协商，但与个别大股东进行定向回购所需支付的价格往往低于要约回购的价格。此外，由于股权伴随着公司的控制权，因此，为防止不利兼并收购，公司会选择向特定大股东进行定向回购。

考虑一家公司，它目前有100 000股流通在外的股票，且拥有800 000元剩余现金计划分配出去，预计发放股利后每股收益2元（也就是年度净利润200 000元）。行业内同类公司的市盈率为6。现在对于这笔资金的使用方式，公司有两个选择，一是当作现金股利发放出去，二是用于股票回购。首先来看第一种方法。将所有现金发放出去后，股东持有的每股股票收到8元股利，这时股票的市场价格为每股收益2元/股×市盈率6=12元/股。再加上每股8元的股利，每位股东最终持有的资产价值为20元。再看第二种股票回购的情况。假设购回股票的价格为20元，公司回购40 000股股票，剩余流通在外的还有60 000股。进而每股收益上升至200 000 / 60 000 = 3.33元/股。市盈率仍为6，从而收购完成后公司股价为6 × 3.33 = 20元/股，与前面假设的数值一致。最终，原股东手中持有的资产是每股20元对应的现金，或者是每股价值20元的股票。也就是说，通过对两种方法的比较，可以发现，在一个不存在信号传递、佣金、税收等因素的完美世界里，公司和股东根本不会在意是发放股利还是回购股票，这是相似于MM定理的又一无关性。

此外，注意在第二种方法即股票回购的部分中，一开始就假设了回购的约定价格是20元，最后发现收购完成后公司股价确实也是20元，二者相一致。这里的处理是为了简单而不影响理解的连贯性，但实际的逻辑并非如此。以股东的视角来理解，在公司发布回购股票的公告之后，股东会观察购回的价格，显然，只有价格足够高时股东才会选择将股票出手。多高才算足够高呢？面对不同的购回价格，股东可能做出卖或者不卖的决定。但无论如何公司都会进行购回，所以在一切结束之后，没有出售股票的股东也会面临一个新的权益价值（因为回购股票影响到了每股股价）。在这样的情况下，股东面临的实际是两种价值的权衡，一是直接将股票出售给公司所获得的收益；二是将股票持有至回购结束后的价值。只有当前者的收益不小于后者时，股东才可能会选择出售（后者大于前者时则会选择持有）。因此，想要让股东愿意售出自己的股份，公司设定的回购价格就必须不小于回购结束后每股股票的价值。但同时，公司也不是慈善组织，而是会在能让股东接受的范围内尽可能压价。最终可以预见，公司与股东会在一个价格处达到意见一致，也就是使得回购价格等于回购结束后每股股票价值的价格。通过这样的条件，数学上可以用方程组来计算出应选择的价格，感兴趣的读者可以自己尝试证明，这里只需关注价格形成逻辑即可。

既然上面的讨论显示，公司采取发放现金股利和股票回购两种方式并无差别，那么为什么还会有股票回购这种方式出现呢？毕竟，如果股票回购真的和股利发放相互替代，那公司大可以直接发放现金股利，而完全不考虑股票回购这一方式。相比起发放现金股利，股票回购主要有四点不同。第一，从税法的角度，股东获得的红利需要缴纳的是个人所得税，而股票回购中卖出股票所获得的收入属于资本利得。后者所面临的税率往往低于前者，在我国，资本利得目前无须缴税。因此，对于我国上市公司的股东而言，合适价格的股票回购要比现金股利更合适。第二，前面已经提到过，现金股利在发放时会尽量避免股利的暂时增加，因为当未来股利下降时可能会向投资者传递消极信号，影响公司股价，而公司采用股票回购的方式分配盈余资金就可以避免这一情况。第三，回购股票会使得流通在外股票的数量和总价值都有所下降，因此会引发资本结构的改变。比起融资，公司可以通过这一方法较为便捷地改变公司的资本结构。最后，公司减少了流通中股票的数量，而财务上净利润等指标未发生改变，所以股票回购有利于每股收益这样的相对指标提升。但正如上面所说的那样，理论上股票回购不会影响到公司股票的价值。

就像现金股利的发放一样，股票回购是对公司盈余资金的分配处理。一般来说，作为股东的投资者会很乐于见到自己所投资的公司在财务上能如此游刃有余，但情况并不总是这样，细心的投资者可能会对公司产生这样的疑问："是的，我很高兴能收到实际的收益，但难道公司对这些钱就没有更好的用途了吗？"换言之，公司的股票回购行为可能会传递出公司目前并无额外投资项目的信号，在某些行业这对于投资者来说并不是一个好消息。

【案例7-5】IBM的回购

1997年11月17日，《福布斯》杂志的一篇文章指出：并不是所有股票回购都是好信号。20世纪80年代，IBM开始了一项大规模的回购计划：1985年到1990年间，它购回了5 000万股股票，使其普通资本缩水了8%。这一持续的回购活动直到1991年公司股价开始暴跌才停止。待到1993年基本稳定之后，股价从1991年初最高的每股140美元降到不足每股60美元。大规模的回购计划让市场和投资者产生了较大的疑问：为什么在当时那样一个计算机行业飞速发展的时期，IBM没有拿现金去投资研发或者扩产，而是回购股票呢？

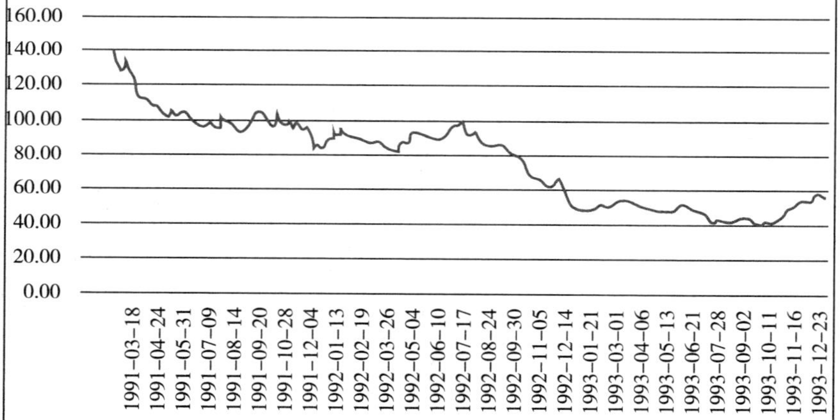

图 7.2　IBM 股价走势图（1991~1993 年）

【案例7-6】云南白药的回购

创立于1902年的云南白药，是一家名副其实的百年老厂，就像可口可乐公司那张神秘配方一样，云南白药的神秘配方带给了人们无穷的想象，这也是它保持恒久魅力的秘诀之一。19世纪末，云南民间名医曲焕章根据明、清以来流传于云南民间的中草药物，苦心钻研试验，经十载临床验证，反复改进配方，于1902年创制出一种伤科圣药，取名“曲焕章百宝丹”，俗称“云南白药”。1971年，云南白药厂正式成立。1993年，云南白药厂实施现代企业制度改革，成立了云南白药集团股份有限公司。1995年，云南白药被列为国家一级保护品种，保护期20年，这也是国内仅有的享受此种保护的两个中药产品之一。

1993年11月，云南白药首次向社会公开发行股票2000万股（其中含有20万内部职工股），定向发行400万股，发行价格3.38元/股，发行后总股本8000万股。经中国证券监督管理委员会批准，1993年12月15日公司社会公众股（A股）在深圳证券交易所上市交易，内部职工股于1994年7月11日上市交易。此后，云南白药快速成长，从最初资产不足300万元的小公司成长为2019年总资产超过495亿元人民币的行业巨头，而从云南白药2020年第三季度的财务报表中可以看到，公司总资产已经超过了500亿元。此外，公司最近五年的资产负债率分别为29.87%、35.56%、17.23%、25.84%、23.28%，保持稳定且低于30%，证明公司短期、长期偿债风险均较小。从公司每股净资产来看，最近五年分别为12.9、15.1、17.3、38.1、29.7；从分红角度看，公司最近3年的分红率都超过了50%，在2019年甚至达到了91.6%，先不进行公司战略方面的评价，但至少从超高的分红率来看，公司对于投资者是十分慷慨的。而在2020年中期，为了实施股权激励，云南白药首次进行了股票回购，2020年12月29日，云南白药（000538.SZ）发布公告：公司自2020年6月17日首次回购股份，至2020年12月25日，通过股票回购专用证券账户在二级市场累计回购股份1670万股，占公司总股本的比例约为1.31%，其中最高成交价为115.70元/股，最低成交价为88.88元/股，支付总金额人民币18.08亿元（不含交易费用）。同时，公司（云南白药）与中金公司签署的衍生品协议获得现金结算收益1.33亿元，从而使得回购的实际成本为约100.27元/股（不含交易费用）。至此，本次回购A股股份数量已达到回购方案的数量上限，股份回购方案实施完毕。

【案例7-7】2019年A股市场上市公司的回购潮

2019年6月，A股市场上掀起了一阵上市公司回购潮，多家上市公司纷纷披露回购预案，逐步进入实质性回购操作。上市公司回购本公司的股票作为一种重大利好行为，表明上市公司认为本公司股价被低估或有较高投资价值。多家公司同期发出回购信号，也就是同时向市场发布利好信号，无疑会使整个股市反响更为剧烈。其中，中国平安持续回购股份就受到了市场的广泛关注。中国平安持续的回购，也让投资者对公司股价有了重新认知和判断。因为公司并非在低位增持股票，而且在增持阶段，公司股价也没有被刻意打压以实现低价回购股份，公司增持股票价格之高，无疑让投资者对公司更加有信心。无独有偶，伊利股份巨额收购也绝非低位进行，相反，伊利股份是在历史高位实施股份回购计划，这无疑让广大投资者坚信自己的眼光，作为乳制品龙头，高价高额回购无疑是给市场最好的证明，表明公司现金流充足，并且公司自身持续看好未来发展前景，同时高价回购也是给到中小投资者回报的一种方式。2019年开年以来，伊利股份股价一路保持上升趋势。公司于2019年4月8日召开董事会临时会议通过《关于以集中竞价交易方式回购公司股份方案的议案》，4月

17日披露《公司股份的回购报告书》，于5月6日实施首次回购股份，此后多次披露回购进展，而截至同年7月9日，公司通过上海证券交易所交易系统以集中竞价交易方式已累计回购公司股份数量130 742 742股，占公司总股本2.1443%，在大盘涨幅16.9点的情况下，公司股价截至7月10号已实现49.5%（接近50%）的涨幅。

截止到2019年12月31日，也就是2019年最后一个交易日，共有1048家上市公司实施了股份回购，其中回购总金额超过10亿元的公司共有82家，有将近200家公司回购股份总数超过了5000万股。根据统计，在已实施回购的1048家上市公司中，按回购总金额计算，排名前十的依次是TCL集团、伊利股份、招商蛇口、苏宁环球、陕西煤业、美的集团、世纪华通、雅戈尔、巨人网络、中国平安。其中以TCL集团为首，回购金额达到425亿元，年内回购总次数超过30次，随着屡次大手笔回购，TCL集团年内股价出现明显上涨，全年涨幅达到了82.45%。总结来看，在实施回购的1 048家上市公司中，全年股价上涨的有743家，下跌的有303家，总体上涨居多。其中万集科技、中潜股份、韦尔股份、漫步者、领益智造、圣邦股份、兆易创新、中国长城、亿纬锂能、沪电股份成为全年股价涨幅前十名的上市公司，万集科技涨幅甚至达到了486.11%，其中涨幅最小的也超过了200%，达到了209.76%。

值得注意的是，在大部分上市公司大手笔回购的同时，有一小部分上市公司仅象征性地回购了1元。除去0元回购的，黄河旋风全年仅回购0.64元，中国长城、中兵红箭、远大控股、永安林业、青岛金王等40家上市公司2019年全年仅回购了1元。在上述提到的股价涨幅达到上市公司前十的兆易创新，全年回购金额为0。

是不是回购股份数量越多，股价上涨就越高呢？通过对进行股票回购的全部公司进行统计可知，股价涨幅与回购股份相对数量（即回购股份数量占全部流通股份数量的比例高低）之间没有必然联系。

本章总结

第七章的介绍主要围绕着股利政策展开。在第一节中，主要对现金股利、股票股利以及其他股利形式进行了说明。其中现金股利指直接以货币为单位向股东按股分配公司红利的分红形式；股票股利指经过股东大会讨论批准之后，按照股东持股比例对股东增发股票的分红形式。同时还简要说明了公司选择股利政策时的影响因素，包括法律、公司、股东等。在第二节中，更加详细地介绍了公司应该如何选择股利发放方式，包括股利政策与公司价值的联系，其中代表性的理论包括股利政策无关论和以“在手鸟”理论为首的股利政策有关论。“在手鸟”理论在假设投资厌恶风险的基础上，认为公司的股利政策选择会影响公司价值，股利支付越多，公司价值就会越大。本章第二节中，结合案例对股票股利（对公司当前的股东以赠送股票的方式将未分配的利润发放出去）、拆股（股份公司用新股按照一定比例交换流通在外普通股股份的行为）和股票回购（上市公司用现金从股东手中买回在外发行股票的行为）做出了解释。

附　录

一、《公司法》中有关分红的规定

我国《公司法》对公司有关分红的事项做出了要求或限制。其中第4条规定："公司股东依法享有资产收益、参与重大决策和选择管理者等权利。"资产收益权利对应的便是分红。在《公司法》中，具体的规定包括可分配利润的形成、股东权利的保障以及分红依据等方面。

首先，前文提到过，股东的权益对应的是公司资产在还清负债、缴纳税款等各项后的剩余索取权。利润的分配也是类似的形成过程。根据《公司法》第166条的规定，公司利润的分配顺序依次是缴纳税款、弥补亏损、提取法定公积金、提取任意公积金，最后才到分红。其中，法定公积金的提取比例应为税后利润的10%。法定公积金累计额为公司注册资本的50%以上的，可以不再提取；任意公积金的提取须由股东会或者股东大会决议。

其次，由于分红的决定是管理层的行为，但直接相关于股东的权益，因此在分红决策中需要考虑到公司股东的诉求。根据《公司法》第37条、第46条的规定，董事会制订公司的利润分配方案，股东会审议批准公司的利润分配方案。特殊情况下，可能出现公司拒不分红的情况，如果已经在公司股东会通过了分红决议，公司股东则有权起诉公司，要求公司执行股东会的分红决议，及时向股东支付红利。另外，出于公司经营长远发展的考虑，股东会议可能通过较长期不分红的决议而专注于公司价值的提升。但这可能并不符合部分异议股东的权益，为了保护他们，《公司法》规定若公司连续五年不向股东分配利润，而公司该五年连续盈利，并且符合公司法规定的分配利润条件的，对股东会关于不分配股息红利的决议投反对票的公司股东可以请求公司按照合理的价格收购其股权。自股东会会议决议通过之日起六十日内，股东与公司不能达成股权收购协议的，股东可以自股东会会议决议通过之日起九十日内向人民法院提起诉讼。

最后，红利的发放往往需遵循一定的依据进行。按照《公司法》第34条的规定，有限责任公司股东的分红除了全体股东约定不按照出资比例分取红利的情形之外，股东按照实缴的出资比例分取红利；股份有限公司按照股东持有的股份比例分配，但股份有限公司章程规定不按持股比例分配的除外。

二、上市公司分红的规定

上市公司的股权对公众发行流通，持股股东大多是风险识别能力较弱且信息不对称的中小投资者，他们权益极容易遭到管理层的侵占。因此，为了保护公众持股股东的权益，稳定市场秩序，证监会对上市公司的各种活动都做出了更加严格的管理监督，分红便是其中一种。以下列举了《上市公司监管指引第3号——上市公司现金分红》中的有关规定：

第三条 上市公司制定利润分配政策时，应当履行公司章程规定的决策程序。董事会应当就股东回报事宜进行专项研究论证，制定明确、清晰的股东回报规划，并详细说明规划安排的理由等情况。上市公司应当在公司章程中载明以下内容：

（一）公司董事会、股东大会对利润分配尤其是现金分红事项的决策程序和机制，对既定利润分配政策尤其是现金分红政策做出调整的具体条件、决策程序和机制，以及为充分听取独立董事和中小股东意见所采取的措施。

（二）公司的利润分配政策尤其是现金分红政策的具体内容，利润分配的形式，利润分配尤其是现金分红的期间间隔，现金分红的具体条件，发放股票股利的条件，各期现金分红最低金额或比例（如有）等。

第四条 上市公司应当在章程中明确现金分红相对于股票股利在利润分配方式中的优先顺序。

具备现金分红条件的，应当采用现金分红进行利润分配。

采用股票股利进行利润分配的，应当具有公司成长性、每股净资产的摊薄等真实合理因素。

第五条 上市公司董事会应当综合考虑所处行业特点、发展阶段、自身经营模式、盈利水平以及是否有重大资金支出安排等因素，区分下列情形，并按照公司章程规定的程序，提出差异化的现金分红政策：

（一）公司发展阶段属成熟期且无重大资金支出安排的，进行利润分配时，现金分红在本次利润分配中所占比例最低应达到80%；

（二）公司发展阶段属成熟期且有重大资金支出安排的，进行利润分配时，现金分红在本次利润分配中所占比例最低应达到40%；

（三）公司发展阶段属成长期且有重大资金支出安排的，进行利润分配时，现金分红在本次利润分配中所占比例最低应达到20%；

公司发展阶段不易区分但有重大资金支出安排的，可以按照前项规定处理。

第六条 上市公司在制定现金分红具体方案时，董事会应当认真研究和论证公司现金分红的时机、条件和最低比例、调整的条件及其决策程序要求等事宜，独立董事应当发表明确意见。

独立董事可以征集中小股东的意见，提出分红提案，并直接提交董事会审议。

股东大会对现金分红具体方案进行审议前，上市公司应当通过多种渠道主动与股东特别是中小股东进行沟通和交流，充分听取中小股东的意见和诉求，及时答复中小股东关心的问题。

第七条 上市公司应当严格执行公司章程确定的现金分红政策以及股东大会审议批准的现金分红具体方案。确有必要对公司章程确定的现金分红政策进行调整或者变更的，应当满足公司章程规定的条件，经过详细论证后，履行相应的决策程序，并经出席股东大会的股东所持表决权的2/3以上通过。

第八条 上市公司应当在年度报告中详细披露现金分红政策的制定及执行情况，并对下列事项进行专项说明：

（一）是否符合公司章程的规定或者股东大会决议的要求；

（二）分红标准和比例是否明确和清晰；

（三）相关的决策程序和机制是否完备；

（四）独立董事是否履职尽责并发挥了应有的作用；

（五）中小股东是否有充分表达意见和诉求的机会，中小股东的合法权益是否得到了充分保护等。

对现金分红政策进行调整或变更的，还应对调整或变更的条件及程序是否合规和透明等进行详细说明。

第九条 拟发行证券、借壳上市、重大资产重组、合并分立或者因收购导致上市公司控制权发生变更的，应当在募集说明书或发行预案、重大资产重组报告书、权益变动报告书或者收购报告书中详细披露募集或发行、重组或者控制权发生变更后上市公司的现金分红政策及相应的安排、董事会对上述情况的说明等信息。

第十条 上市公司可以依法发行优先股、回购股份。

支持上市公司在其股价低于每股净资产的情形下（亏损公司除外）回购股份。

第十一条 上市公司应当采取有效措施鼓励广大中小投资者以及机构投资者主动参与上市公司利润分配事项的决策。充分发挥中介机构的专业引导作用。

第十二条 证券监管机构在日常监管工作中，应当对下列情形予以重点关注：

（一）公司章程中没有明确、清晰的股东回报规划或者具体的现金分红政策的，重点关注其中的具体原因，相关决策程序是否合法合规，董事、监事、高级管理人员是否勤勉尽责，独立董事是否出具了明确意见等；

（二）公司章程规定不进行现金分红的，重点关注该等规定是否符合公司的实际情况，是否进行了充分的自我评价，独立董事是否出具了明确意见等；

（三）公司章程规定了现金分红政策，但无法按照既定现金分红政策确定当年利润分配方案的，重点关注公司是否按照要求在年度报告中披露了具体原因，相关原因与实际情况是否相符合，独立董事是否出具了明确意见等；

（四）上市公司在年度报告期内有能力分红但不分红尤其是连续多年不分红或者分红水平较低的，重点关注其有关审议通过年度报告的董事会公告中是否详细披露了未进行现金分红或现金分红水平较低的原因，相关原因与实际情况是否相符合，持续关注留存未分配利润的确切用途以及收益情况，独立董事是否对未进行现金分红或现金分红水平较低的合理性发表独立意见，是否按照规定为中小股东参与决策提供了便利等；

（五）上市公司存在大比例现金分红等情形的，重点关注相关决策程序是否合法合规，董事、监事及高级管理人员是否勤勉尽责，独立董事是否出具了明确意见，是否按照规定为中小股东参与决策提供了便利，是否存在明显不合理或相关股东滥用股东权利不当干预公司决策等情形。

第十三条 上市公司有下列情形的，证券监管机构应采取相应的监管措施：

（一）未按规定制定明确的股东回报规划；

（二）未针对现金分红等利润分配政策制定并履行必要的决策程序；

（三）未在定期报告或其他报告中详细披露现金分红政策的制定及执行情况；

（四）章程有明确规定但未按照规定分红；

（五）现金分红监管中发现的其他违法违规情形。

上市公司在有关利润分配政策的陈述或者说明中有虚假或重大遗漏的，证券监管机构应当采取相应的监管措施；依法应当行政处罚的，依照《证券法》第一百九十三条予以处罚。

第十四条 证券监管机构应当将现金分红监管中的监管措施实施情况按照规定记入上市公司诚信档案。上市公司涉及再融资、资产重组事项时，其诚信状况应当在审核中予以重点关注。

根据证监会的公告，以上指引的实施主要从三个方面对上市公司的分红行为进行规范。一是督促上市公司规范和完善利润分配的内部决策程序和机制，增强现金分红的透明度；二是支持上市公司采取差异化、多元化方式回报投资者；三是完善分红监管规定。可以看出，透明、规范和多元是对上市公司分红活动要求的三个主要方面。

第八章
财务困境

2020年7月2日，乐视网创始人贾跃亭在个人微博上发布长文致歉，宣布已经完成个人破产重组，并且表示将补偿乐视网股民；2020年7月21日，乐视网在深交所摘牌，股价停留在了0.18元/股。“下周回国”没有兑现，乐视最终并没有书写什么起死回生的神话故事。

乐视网信息科技（北京）股份有限公司以及乐视网成立于2004年，在将近六年后，于2010年8月12日在深圳证券交易所创业板上市，发行价29.20元/股，发行量为2500万股，共募集资金7.3亿元。乐视网是唯一一家在中国境内上市的视频网站，也是全球第一个IPO上市的视频网站。乐视曾经有过辉煌，在最风光时，乐视网股价最高曾达到过179.03元/股，市值突破1700亿元。乐视网得以成功上市，很大程度上要归功于贾跃亭。2007年开始，趁着版权并未被大众重视起来、盗版成灾的时期，乐视以相对低价收购了大量影视剧、电影的互联网版权。在2009年，政府加大互联网版权保护力度，发布《2009年中国知识产权保护状况》白皮书，其中明确说明：“2009年我国各级版权部门加强对各地有影响互联网公司与网站的主动监管，有力打击网络影视、网络文学、网络游戏等领域的盗版行为。”随之而来的就是版权价格暴涨，乐视也凭借版权分销的方式积累了数量相当可观的资产，最终成功上市。2011年，贾跃亭创立乐视影业，通过乐视电视盒子完成对硬件产业的试水；2012年宣布进军电视产业，并在2013年发布超级电视；2013年底进军智能电动汽车行业； 2014年，贾跃亭判断随着国民可支配收入水平的提升，中国体育产业将进入快速发展时期，于是成立了乐视体育文化产业发展（北京）有限公司，该公司于2016年3月完成B轮融资，市场估值高达205亿元；2015年发布超级手机，乐视网市值突破1000亿。乐视的扩张之路走得顺风顺水但不免过于急促，在危机真正来临时却无回旋之地。被曝巨额欠款，再加上CEO贾跃亭本人声明公司扩张过快导致资金不足，使得2016年11月2日到7日的四个交易日内，乐视市值蒸发128亿。截至2019年，乐视网累计亏损292.55亿元，连续亏损三年，最终没有熬过第四年，在2020年走向了终结。

从整个过程看，资金链断裂是乐视最终破产的直接原因。2010年的成功上市为乐视带来了充足的发展资金，使其在短期内建成了三大运营体系、七大生态系统，成为涉及近百家公司的大型企业集团。但问题是，市场上募集的资本为业务扩张提供了前期投入，但由于业务大多不成熟，无法为公司带来足够现金流收入以支撑后续发展，资金链实际是十分紧张的。在这种情况下乐视依旧选择疯狂扩张，而贾跃亭此时提出的“SEE计划”、打造超级汽车构建汽车互联网电动生态系统，最终引爆了整个资金链隐患。因此基本可以判断，过度扩张是乐视资金链断裂的最根本原因。除过度扩张外，从乐视财务报表中可以看出，从2011年开始，乐视网的资产负债率一直呈上升趋势，2011年资产负债率为40.42%，2014年上升到62.23%，到2015年已经达到77.53%；而2012~2014年流动比率均在1以下，说明早在2012年左右公司的债务偿还能力已经不容乐观。2016年，11.3亿元的负债到期彻底使乐视陷入资金崩溃。反观收入状况，2014年营业利润率为0.7%，到2015年下降到0.53%。这些因素最终使乐视被市场抛弃，成为资本市场众多失败案例中的一个。

无独有偶，暴风影音的遭遇与乐视也十分相似。在乐视网正式被摘牌一个月后，2020年8月，暴风集团被终止上市，同年11月，暴风影音走到A股市场的最后一个交易日。2015年初登深交所创业板，赶上牛市的暴风影音没有辜负自己的名字，为股市带来一阵“暴风”，股价最高曾涨到327.01元/股，市值突破400亿元。这样难得一见的好成绩促使暴风集团加速扩张，除了涉足VR、体育等多个领域，还通过并购不断扩展自己的商业版图，其中包括以52亿收购MP&Sliva，“利用一个春节的时间赢得了卖方的芳心”这句话在后续看来不免有些讽刺，事实证明这是一个只有空壳子的垃圾资产，这场收购没有带来预期的高盈利，反而让暴风集团背上了大笔债务。同时，暴风集团的其他新业务也没有亮眼表现，并未给公司带来新赢利点，最终双重因素叠加，暴风集团资金链断裂。2019年暴风集团创始人冯鑫被捕，连年亏损的暴风集团最终也沦为资本市场的过客，逐渐淡化出大众视野。

第一节　什么是财务困境

一、财务困境及其种类

本章开篇介绍了两个陷入财务困境公司的案例。直观上判断某公司是否陷入财务困境是相对容易的，因为它的起因和表现形式十分广泛，比较典型的有股价暴跌、巨额欠债、CEO或其他公司核心人员的离职等等。若要给出一个具体定义，可以说，财务困境指的是一家公司由于经营不善，导致经营性现金流不足以偿还现有到期债务所面临的场景。财务困境通常又被称作财务危机，其中最为严重的后果就是破产，除破产之外，公司还可能面临资产重组或债务重组的情况，这一点在之后第二节中会详细介绍。

如果将财务困境进行更为具体的区分，可以分解出以下三个层次。一是公司的现金流量不足以支付负债的付现成本，表现为预提利息、应交税金等的积欠；二是现金流量无法支付到期债务，包括应付款项、各类借款等；三是公司现有资产与负债不匹配，现有财务实力无法支撑过度膨胀的债务规模。实际上，除公司内部经营管理问题外，受国际形势、国内宏观经济政策以及行业发展的影响，或者由于一些规则的变更，公司也有可能陷入暂时财务困境。而最终走向破产的公司绝大多数都在经营管理中存在失误，进而资金链断裂导致破产。这种经营管理失误多种多样，下面来简单聊一聊常见的失误类型。首先是由决策层直接导致的失误。有些公司管理层可能思想过于落后保守，不注重公司经营效率，使得公司无法适应激烈的市场竞争，自然被市场所淘汰；或者在制定公司经营战略时过分激进，如前文提到的乐视网与暴风影音，过分强调速度，最终导致资金流无法支撑公司运营。还有一点是管理层盲目投资给公司带来难以承担的风险。前面章节提到，投资决策需要经过严密的可行性分析，一个项目值不值得投，需要考虑的因素非常多，如果只是凭借直觉进行投资判断，很可能带来严重的负面影响。财务杠杆使用不当也极有可能使公司陷入财务危机中。财务杠杆的使用是大多数公司经营中无法避免的，当公司以向银行借款或发行债券的方式筹集资金，一旦资产总收益率低于借款利率或债券承诺利率，那么按期偿还本息将成为公司的一大难题。现实中，有太多的公司因背负巨额债务，最终无法偿还只得申请破产。这未必是一次性借款数额过大造成的，更多的是雪球效应导致债务积累过多无力偿付。对于上市公司来讲，股东的“抽血”行为也会增加公司的财务困境风险。有些大股东会通过大额债务担保和债务重组等手段从公司提取现金，把公司当做个人“提款机”，这显然会减少公司内部现金流，不利于公司发展，因此公司需要设立严格的监管部门以防范该类问题。

二、案例介绍

（一）“八一钢铁”成功脱困

实际上公司财务困境并不意味着最终的结局。财务困境与破产之间仍有一段缓冲距离，只要在这段距离之内处理好危机，公司就能够起死回生。处理危机的这一过程，一定程度上有助于公司成长。八一钢铁成功脱困的案例就恰恰证明了这一点。

八一钢铁前身是新疆八一钢铁总厂，成立于1951年，是新疆地区规模最大的拥有先进技术的钢铁公司。2000年，八一钢铁公司正式成立；2002年在上交所上市；2007年宝钢集团对其进行资产重组，实际拥有八一钢铁过半股权，由此改名为“宝钢集团新疆八一钢铁有限公司”。随着西北地区钢铁市场份额被本区外公司挤入，八一钢铁所占市场份额逐渐缩小，2011年后业绩逐年下滑，2013年净利润缩减至3338万元，而在2014年亏损额甚至达到20.35亿元，2015年亏损进一步扩大，达到25亿元。从具体表现来看，2011~2015年间，八一钢铁主营业务收入下降160.9亿元，下降幅度超过60%。从2011~2015年的经营活动现金流来看，五年间该公司现金流长期处于短缺状态，甚至在2012年和2014年出现了经营净现金流为负的情况，这说明其经营活动存在明显问题。而在资产负债表的对比中也可以看出，八一钢铁在五年间（2011~2015年）存在过度负债经营的现象，资产负债率逐年提高，在2015年达到高值105%，远远高于行业平均值70.06%，这给八一钢铁带来了较大的财务困难。而在负债扩大的同时，其盈利能力却逐渐恶化，2011年八一钢铁每股收益率为0.63，到2014年时收益已经下降为负；同时，净资产收益率也在下滑。无论从哪个维度判断，八一钢铁都切实陷入了财务困境，成为行业“当之无愧”的“亏损王”。

从本次财务困境的原因来看，其中确实有一些不容忽视的外部因素。如全国工业发展速度放缓，钢铁行业产能过剩。从整体经济发展方向来看，国家对于钢铁行业投资额不断下降；受整体市场影响，行业竞争也在不断加剧，行业从黄金期进入到寒冬期，各钢铁公司为了抢夺市场甚至引发了恶性竞争；原料价格的提高以及劳动力成本的上升也大大压缩了钢铁公司利润；加上国家节能减排的政策导向，这些外力都一定程度上推动了财务困境的发生。当然，外部环境的压力作用于同行业所有公司，但并非每家公司都陷入了类似危机，因此内在原因才是造成公司危机的要害。其中，第一点就是融资方式。2016年前，八一钢铁最主要的融资方式就是向银行借款，特别在2015年，银行借款已经占据总筹集资金的100%，这也就意味着如果银行拒绝提供借款，公司资金短缺的问题基本无法解决。此外，大量的银行借款会产生高额利息，这会进一步加剧公司的财务负担。逐年累积的短期借款不只阻碍了公司的正常运营，也使得公司的信用评级急剧下降，严重打击了公司形象。而从盈利能力看，市场上的恶性竞争对于八一钢铁来说无疑是雪上加霜，总成本占总收入的比例逐年上升，2014年后，总成本占总收入的比重已经超过100%。而从具体的成本构成来看，总成本上升的同时，研发费用却在减少，这显然不是公司该有的健康发展状态。再有就是大多陷入危机的公司往往都会犯的错误，即错误估计市场发展趋势并盲目扩张，导致资金大量流出，却未获得流入资金，财务风险加剧。在所有内部因素中最为根本的一点是主营产品盈利能力的下降，由于公司产品在市场下行的环境下缺乏核心竞争力，主营产品收入在2015年已经转为负盈利，这意味着公司经营的崩溃。

但八一钢铁的故事并没有在这里结束。为挽救危机，2016年之后公司采取了诸多积极举措。在增加收入方面，八一钢铁调整内部产品结构，提高优势产品在生产中的比重，增加生产产品附加值，并在准确分析市场需求后加速生产市场急需的钢铁产品，为公司带来了新盈利点。由于钢铁行业整体环境不景气，八一钢铁还扩展了新业务，在拓展上下游产业链的同时，于2017年成立了八一钢铁互利安康保安服务公司，向物业行业进军，此外还成立了互力众安安全技术咨询服务有限公司，积极承接一众国内外工业运营服务项目。经过一系列的努力，2017年公司仅在非钢铁产业的利润就达到了0.22亿元。为了摆脱恶性竞争的困境，八一钢铁加大研发投入，瞄准高端钢铁产品市场，填补市场高端钢铁产品的供给空缺，积极促进公司转型升级，并利用资产重组引入国内高端炼铁设备，减少生产中的污染。在整体产品结构方面，八一钢铁强调多元化的同时也注重系统化发展，以避免同质化产品带来的生产经营风险。

除了增加公司收入，八一钢铁还力争开源节流，采取了一系列有效措施以减少不必要成本的支出。通过一体化经营模式减少生产步骤，减少中间成本，提高生产效率。相比于之前较为粗犷的管理模式，八一钢铁对公司内部进行了全面精简，无论在原料采购还是营销过程中都力求减少不合理费用；在非生产部门中也采取了同样的原则，严格控制各项产业性与非生产性费用。与盲目扩张相反，八一钢铁通过转让子公司的形式剥离低效资产，拒绝垃圾资产，做到及时止损，2016年将所持全资子公司新疆八钢南疆公司全部股权进行转让，使其净资产转负为正，成功优化了公司资产结构。除此之外，在战略考虑上，八一钢铁为巩固区内市场拓展区外市场做出了准确分析决策，借助自身地理和规模优势，优化服务，提高在市场上的综合竞争力。经过这一系列措施，从产品到结构，从经营管理到公司战略，八一钢铁成功走出了财务困境，2016年公司资产负债率明显降低，偿债能力大幅度提高，流动比率、现金比率等各项财务指标都得到有效改善，总资金周转率在连续五年下滑后于2016年实现了28.4%的上升。从盈利能力看，2015

年公司净利润为-20.09亿元，而到了2016年，公司净利润实现正值0.37亿元，增长101.79%，到2017年净利润达到11.68亿元，实现净利润显著增长，同时，毛利率、销售净利率、资产报酬率均实现持续增长，八一钢铁通过快速有效的自救措施，将自己从破产的危险边缘拉回至安全线内，成功走出财务困境的阴霾，并且找到了更加可持续的高效发展路径。

（二）李宁的反转

另一个在财务困境中实现反转的典型案例就是李宁公司。李宁公司成立于1990年，经过三十年的探索，李宁（公司）已逐步成为代表中国的国际运动品牌。同时李宁公司还采取多品牌业务发展策略，除自有核心李宁品牌（LI-NING）外，还拥有乐途品牌（LOTTO）、新动品牌（Z-DO），并于2005年与法国著名高端运动品牌艾高（AIGLE）签订50年合作协定。李宁公司的创始人是我国著名体操运动员，曾先后多次获得世界冠军，赢得金牌数量过百的李宁先生。创始人的独特背景决定了李宁品牌本身是公司最重要的无形资产，也使得李宁迅速成为国内最具品牌辨识度的运动服饰品牌。2008年，李宁先生作为北京奥运会最后一棒火炬手，空中绕行鸟巢一周点燃奥运圣火，成为一代人的永恒记忆，也借此再次巩固了品牌的深厚底蕴。在2010年前，受益于行业加速发展，李宁公司增长势头始终保持强劲，但在2010至2014年间，由于行业调整加上公司战略决策失误，公司陷入困境，收入和利润承压严重。2015年后随着李宁的回归，多项改革措施落地，公司从困境反转，重回高速增长。2020年3月27日，李宁公司公布了2019年业绩报告。财务报表数据显示，2019年李宁集团收入达到138.70亿元人民币，较2018年上升32%；毛利润达到68.05亿元，较2018年上升34.7%；李宁集团2019年经营利润为15.43亿元人民币，较2018年的7.77亿元人民币增长近一倍；权益持有人应占盈利为14.99亿元人民币，较2018年的7.15亿元人民币，同比上升109.6%；权益持有人应占盈利率为10.8%；权益持有人应占权益回报率为23.2%。李宁公司2019年股票每股基本收益为61.94分人民币，2018年仅为29.63分人民币。现金流管理方面，集团年内经营活动产生之现金净值为35.03亿元人民币，较2018年的16.72亿元同比上升109.6%。可以看到，2019年李宁集团经营活动现金流量较2018年明显改善，同时进行了合理的投资安排，使资金运营更为合理、高效。

李宁公司的财务困境同样与决策失误有关。采取激进的扩张战略可能是大多数公司陷入困境的主要原因。扩张过快，再加上推行的“品牌重塑+渠道整合”规划失败，以及2012年“三步走”转型计划失败，导致公司的收入和利润水平连年下滑，一度失去了营业收入行业第一的宝座。但与开篇的两个失败案例的区别在于，李宁公司出现财务困境，并不是领导层的决策失误而是领导层动荡所造成的，这一动荡导致公司中层执行力不强，顶层战略无法实施奏效。当然，大背景的阻力也是公司面临困境的原因之一。公司的改革时点正是行业大规模调整之际，改革效果未达预期。有行业研究报告指出，运动服饰行业在2012~2014年经历了一轮深层次的调整，此后，行业开始从粗放式发展向零售化、品牌化转型。李宁集团在2010年的改革正好起始于行业调整的前夜，而管理层严重低估了行业调整对公司的冲击和影响。

困境反转期出现在2015年。创始人李宁重回公司管理层，将公司发展重新带入正轨，具体表现为各项核心财务指标逐步回归正常水平。存货周转天数方面，2015年开始改善明显，2016年大幅下降至80.4天，并且逐年降低，维持在相对健康的水平；渠道存货占比方面，短期存货（6个月及以下）数量占比持续上升，从2014年的57%上升至2018年的71%，而长期存货（12个月以上）数量占比持续下降，从2014年的39%下降至2018年的12%，表明李宁公司存货结构在不断优化；此外，2015年后公司也实现了经营现金流的持续增长。

李宁公司成功实现困境反转的原因可以大体概括为品牌、产品和渠道这三方面。品牌方面，公司主张“原创实力+时装周系列推广”的品牌营销形式，宣布战略方向将由体育装备提供商向“互联网+运动生活体验”提供商转变；减少不必要的开支，包括代言费、广告费等过度、低效的宣传成本；更为关键的一点是，公司将李宁集团的产品推广至国际知名时装周，在获得巨大成功后，通过“中国李宁”品牌将海外影响力转移至国内市场，赢得了年轻消费者的认可。当然，这也归功于国潮风尚的背景支撑和能够借用东风、抓住时机的领导者。在产品上，李宁集团聚焦五大核心品类，其产品时尚设计紧贴市场潮流，强调并落实“重新聚焦于稳健的核心运动服装”的策略，加大对核心品类市场潜力的挖掘和投入力度，具体体现在跨界合作、扩大赞助、构建生态、加大研发投入等各个方面，对于每个品类均有不同的侧重。在渠道方面，李宁集团也进行了相应的零售导向改革，公司逐步转向以市场为导向的零售业务模式。构建成熟的零售业务平台，实时对销售数据进行收集和分析，让产品设计团队和零售团队精准捕捉并预测市场需求趋势；制定统一的采购和分类综合计划，在适当的地点销售适当的产品；配备推式/拉式供应链模式，真正实现快速反应，支持批量生产和交货，从而显著提高库存效率同时降低风险。

随着世界经济的发展，公司在面临更多发展机会的同时，其竞争压力日渐激烈。“成也萧何，败也萧何”，资本市场对于公司进入标准的放宽，也可能成为日后击垮公司的武器。全球范围内陷入财务困境的公司数量在大幅增加，一个决策的失误就可能使公司陷入财务危机泥潭。同时由于公司规模的扩大，公司破产还会带来一系列的社会经济问题，因此，公司股东和管理者必须时刻提醒自己，警惕财务风险，尽力避免财务困境的发生。

第二节　财务困境：应对措施

一、资产重组

（一）关于资产重组

由上文可知，公司经营不善时可能会陷入财务困境，面临股利减少、亏损、解雇员工等尴尬境地。自然，公司金融管理层是不愿意看到这种情况发生的；毕竟，股利的减少以及股价暴跌等事件显然有悖于公司股东利益的最大化。因此当公司出现经营现金流不足无法清偿到期债务的情况时，管理层需要考虑如何让公司摆脱这样的困境。

如何带领公司走出财务困境并解决相应的问题呢？很自然的一个想法就是改善公司经营。确实，公司财务上的窘境往往都是公司经营问题的投影。这种情况下，只有从经营层面做出调整和改善，才能让公司状况根本好转。但一方面，经营状况的改善不是一蹴而就的，管理层需要对公司的行业赛道、自身业务、盈利模式等方面有足够了解后，选择合适的经营改进方法；另一方面，即使对经营做出了调整，短期内也很难见到成效；并且，经营状况的改善对于处于现金流短缺的公司来说，往往显得过于理想和难以实现。因此，“远水难解近渴”，虽然经营的改善是公司摆脱困境的根本和必需，但并不是短期内解决公司问题的关键所在。除此之外，经营状况的改善涉及到公司自身的判断和决策，已经脱离了本书讨论的公司金融范围。所以在接下来的部分中，主要从财务领域给公司提供一些摆脱困境的方法。这里从资产负债表出发——其左边是资产，右边是负债与所有者权益——介绍两种摆脱困境的方法：一种是直接对左边公司有关资产进行变动，另一种是对资产负债表的左右两边同时变动。在本书剩余部分中，前者被称为资产重组，后者被称为财务重组。

这里首先解释一下资产重组的定义。严格来说，资产重组是指股东、管理层等对公司资产进行一定重新组合、调整、配置的过程，比如常见的通过出售变现部分非核心资产以偿还债务等。在实务中，资产重组往往被赋予了更广泛的外延，边界较为模糊，包含一切与上市公司相关的重大非经营性或非正常性变化。本部分将介绍重大资产重组、与其他公司合并以及减少资本支出及研发三种较为常见的资产重组方法，结合具体案例对其原理和应用加以讨论。

（二）重大资产重组

重大资产重组与资产重组仅二字之差，二者差异主要体现在针对主体的不同。就像资产重组一样，重大资产重组指公司特定的资产交易行为；但重大资产重组仅仅针对上市公司及其控股或控制股东交易股权达到一定标准的情形。在本书之前的大部分案例中，从未特殊强调过公司是否上市，这是因为公司上市与否并不影响对问题的分析和决策。而对于重大资产重组这一公司重大事件，公司是否上市对其有一定影响，原因在于上市公司通过公开发行股票会产生大量的中小股东，而公司进行资产重组时，必须保障中小股东的权益。在我国主板市场这样成熟的资本市场上，投资者准入门槛并不高，因此一家上市公司往往会有较多的中小股东，他们投资公司主要是为了获得股利与资本利得，与控制权无关。也正因为基本不参与公司的决策，上市公司小股东往往容易受到公司决策的侵害。因此，为了保护中小股东权益，证监会和证券交易所往往会对上市公司可能造成公司发生重大变化的行为做出一定限制，重大资产重组便是其中一种。

【案例8-1】中安消：15亿造假巨案

中安消技术有限公司（简称中安消）前身为中国安防技术有限公司（CSST），是中国第一家登陆纽交所的安防公司，2005年先在纳斯达克OTCBB市场上市，后转板纽交所，也是第一家海外退市回归的中概股，2011年经历私有化并退市。2015年1月，中安消以重大资产重组的方式借壳飞乐股份上市，看似前途大好。然而两年后，中安消没能完成业绩对赌，且在上市后的两年内资本运作频繁，于2017年1月25日受到证监会立案调查。经查实，中安消在借壳飞乐股份时，虚增15.57亿元估值，2013年虚增5515万营业收入。根据证监会的公告，中安消的主要违法事实包括：

（1）将“班班通”项目计入2014年度《盈利预测报告》，分别虚构2014年度、2015年度预测收入3.42亿元、1.05亿元，导致重组置入资产评估值虚增15.57亿元，损害了上市公司及其股东合法权益。

（2）确认的“智慧石拐”项目不符合收入确认条件，虚增2013年度营业收入5000万元。

（3）承接的工程项目收入未按公允价值计量，虚增2013年度营业收入515万元。

在中安消重大资产重组造假的案例以及上市公司重大资产重组的实务中，都离不开关于“借壳上市”的讨论。什么是借壳上市呢？它可以看作重大资产重组的一种类型。回到股票公开上市的方式：前面默认公司通过首次公开发行的方式上市，但在实务中公司上市还可以有更多的选择，比如新三板精选层直接转板和借壳上市。简单来讲，借壳上市是一种间接上市的方法。比如一家拟上市公司希望登陆主板市场，那么除了自己向交易所和证监会申请上市外，它还可以选择一家已经在主板上市的公司，通过收购等方式取得这家公司的控制权，然后将壳公司的资产置出，本公司的资产置入，来实现核心资产和业务的实质上市。对于拟上市公司来说，收购控制壳公司仅仅是为了得到其作为主板上市公司的资质，所以一般形象地将这家已上市公司称为“壳公司”，这种上市方法称为借壳上市。当然，借壳上市仅仅是在流程上免去了首次公开发行的审批，但由于已经构成了重大资产重组，证监会必须对相关情况进行审核，并要求重组公司满足首次公开发行的相应条件。其中，取得壳公司控制权的具体方法又包括股份转让、增发新股以及间接收购；对壳公司进行资产重组包括壳公司原有资产负债置出和借壳公司的资产负债置入。

【案例8-2】金融街集团借壳上市

金融街集团隶属北京金融街投资（集团）有限公司，公司以开发建设北京金融街为契机，立足首都，布局全国，多元发展，业务范围覆盖近20个省、市、自治区，成功打造了集房地产开发、物业经营与管理、金融、教育、医疗健康、文化旅游、新兴产业于一体的“6+1”产业新格局，并入围“中国企业500强”。同时，该公司也是我国较早实现借壳上市的公司之一。

具体方式上，金融街集团借壳上市主要包括股权获得、资产置换等部分。首先是股权的获取：1999年12月27日，华西包装集团与金融街集团签订了股权转让协议，华西集团将其持有的4869.15万股国有法人股转让给金融街集团。2000年7月31日，壳公司重庆华亚更名为“金融街控股股份有限公司”(简称“金融街控股”)。之后，金融街集团进行了资产置换：金融街控股将其拥有的全部资产、负债以及人员整体置出给金融街集团，再由华西包装集团购回；金融街集团将房地产类资产及所对应的负债置入公司，置入净资产大于置出净资产的部分作为金融街控股对金融街集团的负债，由金融街控股无偿使用3年。最后，2001年4月，金融街控股注册地由重庆迁至北京。至此，金融街集团实现借净壳上市。目前，金融街集团股票市值已达205.04亿元。

当然，这里所介绍的借壳上市，更多是从壳公司的角度出发，介绍上市公司发生财务困境时的一种常见做法。对于壳公司来说，它们的市值规模相对较小，且在经营、财务上存在一定的问题，留在股票市场未必是件好事，不仅难以支持融资需求，还需要进行公开披露，同时股东权益因受股价波动影响，也具有较大的不确定性。通过重大资产重组，售出股权的原股东往往可以得到一定的溢价，这笔溢价也是拟上市公司获得公司“壳价值”所需付出的成本。事实上，由于公司的上市需求较为旺盛，那些股权结构简单且容易控制、市值规模又不大的壳公司往往是供不应求。对于这些壳公司来说，当其陷入财务困境时，以重大资产重组的方式退出二级市场，不仅能够专注改善经营，还能收获一定的溢价补偿股东，因此不失为一种解决财务困境的方法。

（三）与其他公司合并

非上市公司不存在二级市场流通的问题，也没有上市公司的壳价值。如果仅凭借自身，较难短期走出财务困境。因此，很多时候非上市公司会寄希望于和其他公司共同组成一家公司，引入外力来解决自身存在的问题，这就是公司合并。当然，公司合并也可能是股东考虑其他因素而做出的决定，并不一定是财务困境中的无奈之举。从类型看，公司合并可以分为吸收合并与新设合并。顾名思义，吸收合并指一家公司吸收另一家公司，被吸收公司随之解散；而新设合并指两家及以上的公司合并新设立一家公司，合并各方解散。本书的下一章将就公司的合并、收购展开仔细的讨论分析。

这里，主要来看与财务困境有关的合并情形。首先自然地，会想到陷入财务困境的公司被另一家公司所收购——这也确实是现实中的常见情况。对于收购方而言，主要的好处包括但不限于：第一，扩大经营规模，享受规模效应；第二，通过产业协同进一步提升合并后的公司价值；第三，通过收购其他行业的公司分散风险。对于被收购方股东而言，由于无法为公司提供所需要的融资或经营支持，导致股东权益无法实现增值，此时以一定溢价将公司变现不失为一种合理的处理方式。对于被收购公司本身而言，合并完成后，收购方的优质资产注入，有利于提高公司的治理水平；被收购后，在新股东的控制与支持下，公司有希望实现原来无法达到的增长和盈利。对于整个行业来说，吸收并购也是有益于资源有效配置的。在这场看似皆大欢喜的交易中，唯一受到影响的，很不幸，正是公司管理层。由于收购往往伴随着控制权的交接，很多时候收购方会选择在收购后更换管理层，以提升对公司的控制；即使没有更换管理层，管理层在公司内部的职责也往往会发生变化。因此，为了避免失业，很多公司管理层会尽可能阻止公司被收购，即使有时对股东或公司来说被收购是最好的选择。

另外，出现财务困境而被收购的现象虽然经常发生在经营处于衰退期的公司，但实际上并不局限于此。初创公司由于规模较小且扩张过程中又需要大量资金投入，所以容易陷入财务困境，无法实现其应有的发展潜力。这时，很多公司会选择以吸收合并的方式并入实力强大的公司如互联网巨头。对于收购方的巨头来说，收购初创公司可以获得其核心技术以及业务，进军更广阔、更有潜力的赛道。对于初创公司股东而言，被收购虽然意味着失去控制权，但仅凭借自身难以支持公司进一步发展的时候，选择被收购套现或持有新公司股票都是较为不错的选择。对于公司自身而言，被收购后可以借助新股东的强大人力、财力以及平台、数据等各种资源，更好地发挥其核心技术的优势。因此，近年来大公司特别是互联网巨头，往往喜欢收购一些新兴技术或业务的公司，完成自身在相关行业领域的布局。

【案例8-3】背靠大树好乘凉：初创公司的收购

随着技术更新迭代速度的加快，越来越多的新技术、新业务不断涌现。对于已有的互联网公司来说，其中某个新赛道很可能就会给自身未来发展带来巨大的影响和变革，因此为了保持公司长期的竞争力，这些互联网巨头经常会关注各种初创公司并进行收购，收购后为其提供资金、人力等资源支持，以将其纳入自家版图。下面是两个最近发生的收购案例。

（1）Facebook入局商业软件

当地时间2020年12月1日，Facebook（脸书）宣布收购客户关系管理（CRM）初创公司Kustomer。据知情人士透露，这笔交易的总金额超过10亿美元。CRM工具用以帮助用户通过电话、电子邮件、信息或某些应用中消息功能的直接信息，管理与客户的沟通信息。被收购方Kustomer成立于2015年，总部位于纽约，主营客户服务平台和聊天机器人，可以帮助用户通过电话、电子邮件、即时通讯应用等管理与客户进行的沟通。

这是Facebook公司少见的在商业软件领域的收购。一直以来，Facebook主要关注以消费者为中心的公司，贴合于自身的业务情况，例如2020年5月收购Giphy，2019年12月收购西班牙云视频游戏公司PlayGiga。通过收购Kustomer，Facebook将为使用其服务做广告以及销售商品的小公司提供更多功能，借力社交网络平台来布局业务中的销售功能。

（2）京东“卖菜”

京东是我国自营式电商公司巨头，旗下设有京东商城、京东金融、拍拍网、京东智能、O2O及海外事业部等。2020年12月初，有媒体曝光京东对生鲜电商平台美菜网旗下的子品牌美家买菜开启了收购。美菜网创立于2014年，是一家B2B的知名生鲜供应链公司；美家买菜属于社区团购性质的平台，该平台2019年的总流水达到20多亿，覆盖用户多达2000万。业务上美家买菜属于社区团购平台，以社区为单位通过微信群或小程序组织社区居民购买，线下交付自提，同时平台提供采购、物流仓储与售后支持。出售给京东后，拥有更多资源的美家买菜在与美团、拼多多、滴滴等巨头的竞争中会更有底气。随着互联网巨头通过自身流量、数据的优势纷纷入局传统行业，其技术以及规模效应的优势可能会给部分壁垒不强的公司带来巨大冲击。

最后，公司也可以通过新设合并的方式走出财务困境。与吸收合并类似，对陷入财务困境的公司而言，新设合并同样可以借助其他公司的资源来帮助公司匹配债务现金流。但这种方式下，同样会带来原股东可能失去控制权、新公司业务与盈利前景不确定等问题。

（四）减少资本支出及研发费用

最后，除了采取重大资产重组、公司合并这样获取高流动性资产以帮助公司走出困境的方法外，公司还可以通过减少支出来缓解财务困境中现金流的压力。虽然对于很多陷入财务困境的公司来说，减少支出可能并不能完全解决自身的问题，但在诉诸重大资产重组、公司合并这样大的“开源”活动之前，自身的“节流”有时也是较为必要的，特别是当某些项目本身并不具有亮眼潜力的时候。由于正常经营中发生的成本很难在不影响主营业务的情况下缩减，支出的减少主要以资本支出和研发费用为主。

资本支出（Capital Expenditure）指公司为取得长期资产而发生的支出，或为了购买能够为一个以上会计期间提供效益的财产或劳务所发生的支出。该项支出发生时，都应予以本金化，先记入适当的资产账户，然后再按各期受益程度转作费用。通常，资本支出包括固定资产增置及改造支出。这些支出的目的不是维持其原有的获利能力，而是为了获得更大的未来效益。它们可以从以下三个方面增加未来效益：第一，延长固定资产的寿命；第二，增加固定资产剩余年限每年提供服务的数量；第三，提高固定资产剩余年限每年提供服务的质量。研发费用在前文对财务报表的介绍中已有所涉及，顾名思义，指研究与开发某项目所支付的费用。简单来说，资本支出与研发费用都是为了实现公司长期的发展和利益而做出的投入，对于一家有较长期发展规划的公司来说是十分关键的。但对于大部分陷入财务困境的公司来说，在生死攸关之际，为了长期收益而忽视当前的严峻局面是十分不明智的，应当减少资本支出与研发费用以增加公司现金流。况且，财务困境往往意味着公司的经营发展出现了问题，目前投入的资本支出和研发项目可能正是影响因素之一。因此，对于一家已经陷入财务困境的公司而言，首先仔细检查审视自身资本支出与研发的项目是否合理，或是否值得在当前局面下继续保持推进，是很有必要的。在此基础上，可以砍掉不必要的相关支出，以帮助公司匹配债务，走出困境。

二、债务重组

（一）债转股

在国家国有企业改制计划的推动下，前大连钢铁集团、抚顺特钢集团和北满特钢集团于2004年9月合并成立了东北特钢，公司注册资本为36.44亿元，辽宁省国有资产监督管理委员会、黑龙江省国有资产监督管理委员会、辽宁省国有资产管理公司、东方资产管理公司分别持股46.12%、14.52%、22.68%和16.67%。其中，辽宁省国有资产监督管理委员会直接和间接持有68.81%，成为东北特钢的实际控制人。2008年至2014年，为提升公司整体业务水平，东北特钢共注入300亿元进行大规模的技术改造。2015年，东北特钢技术改造尚未完成，却被曝出公司出现大规模债券违约事件。根据联合信用评级报告显示，2015年东北特钢总资产为527.26亿元，然而负债总额已经达到444.73亿元，资产负债率高达84.35%。截至2017年3月底，东北特钢在不到3年的时间里连续发生10起违约事件，违约金额共计71.7亿元，因此拥有了“违约王”的称号。为应对公司严重的财务危机，经与债权人协商，债权人在不得已的情况下同意东北特钢进行债务重组，以帮助公司度过财务危机。但是此次债务重组效果并不理想，截至2020年8月，东北特钢仍深陷债务泥淖，并计划进一步推进债务重整计划。

公司在陷入财务困境时，除前文提到的资产重组外，债务重组也是公司解决财务困境的方法之一，正如东北特钢在应对财务困境时所采用的方法。债务重组，顾名思义就是债权人与债务人就二者之间的债务达成新的约定，这种约定涉及二者间偿债金额、偿债时间以及偿债方式等。常见的债务重组包括债转股以及与债权人展开谈判。

在第三章金融工具部分，曾为读者简单介绍了可转换债券的概念。与可转换债券类似，债转股也是将债权人拥有的公司债权转变为公司的股份，将债权人的债权转化为对公司的股权。但是与可转换债所不同的是，债转股一般是发生在公司处于财务困境而无法偿还债权人利息和本金的情况下。对于那些只是暂时发生财务困难，但是发展前景较好的公司来说，债转股对债权人来说可能是有利的，因为他们很可能因公司股票未来价格上涨而获益。在这种情况下，债权人相对来说更容易接受债转股。但是有些情况下，债转股对于债权人来说并不是那么有利，他们之所以接受债转股，是因为虽然债转股本身会令他们蒙受损失，但在公司目前的情况下，确实是最好的选择。公司实施债转股需要满足三个条件。一是公司未来的发展状况可期，财务困境只是因为一时资金周转不畅而导致，且公司对于未来发展已经制定出切实可行的发展计划；二是公司的产品和服务符合国家的产业发展方向，经营资质较为完备，且具有市场竞争优势；三是公司无不良信用记录，信用状况良好。债转股是一种比较常见的债务重组方式，主要目标有两个。一是降低公司的资产负债率，以维持公司持续经营和长足发展；二是最大限度上避免公司破产，给予公司重生机会，进而使债权人权益得到最大程度的保障。

【案例8-4】舜天船舶"债转股+资产重组"化解财务困境

舜天船舶是江苏最大的国有上市船舶公司，主营业务是机动船舶和非机动船舶的制造、销售以及贸易业务。2011年8月，舜天船舶在深交所交易上市。在经历了数次增资扩股与转增之后，舜天船舶的股本达到了38485万股，2013年其净利润达1.23亿元。但是在2013年后，由于船舶行业持续低迷及自身管理不善，舜天船舶业务表现急转直下，2014年净利润变为负18.1亿元，2015年亏损甚至达到54.47亿元。由于业务连续两年出现亏损，从2015年下半年开始，舜天船业的多笔债务出现违约，业务基本停滞，严重资不抵债。据舜天船舶资产负债表显示，2015年该公司的总资产为31亿元左右，负债却高达83亿元左右，如果舜天船舶2016年再不扭亏为盈，那么它将在2017年被迫退市或面临退市风险。为了避免破产清算，2016年舜天船舶开始采用“债转股+资产重组”的方式来破解财务困境。2016年2月18日，舜天船舶启动债务申报工作。根据其《资产处置情况报告书》显示，如果走破产清算程序，舜天船舶用于偿债的金额约为14.45亿元，仅为总债务的11.1%，这是债权人所无法接受的。为提高公司的清偿率，保护债权人的权益，舜天船舶推出债转股计划，按法律要求在支付完公司职工工资、税款、有担保债权后，对无法清偿的债权采取“以股抵债”，用增发股票的方式偿还债务。另外，为提高债权人对债转股计划的接受度，舜天船舶还引入国信集团投资，注入优质资本以提高债权人对公司股票的预期。“债转股+资本重组”的组合模式促使舜天船舶利用债转股最大限度地偿还了债权人的债务，同时引入大股东为公司注入资本，提高了市场对于该公司股票价格上涨的预期，成功解决了公司财务困境。

（二）与银行及其他债权人谈判：展期、财务豁免

当公司陷入财务困境时，困境公司还可以通过与债权人展开谈判以减轻自身财务压力。当然，深陷财务困境泥淖的公司与债权人谈判并达成预期中的协议是一件相对困难的事，除非公司确实在某些方面做了很大的努力，比如向债权人表达诚意并且获取了债权人的信任。一般来说，公司与债权人展开谈判时，主题是能否对债务进行展期，或者能否对债务进行一定程度的豁免。债务展期更适用于资金流动性暂时出现问题的公司，而债权人同意债务展期所提出的条件有时候较为苛刻，比如债务展期期间收取更高的利息。财务豁免是指债权人同意对债权的利息部分进行全额或者部分豁免，但是在这种情况下，困境公司必须同意立即还款而不能再度出现债务违

约。在实务中，困境公司与债权人的谈判可能并不会那么顺利，但是在这种情况下，无论谈判与不谈判，债权人总是会面临一些损失。

【案例8-5】海航集团财务困境与债务展期

1989年，在海南省政府1000万元资金的支持下，海南航空应运而生。凭借海南省政府背后支持的先天优势，海南航空成立之初便成功将1000万元资本扩充至2.5亿元，成为国内首家股份制航空公司。为进一步扩大资本，海南航空还从银行获取了6亿元的巨额贷款，买下两架波音飞机，开通了海南到北京的航线。“成也萧何，败也萧何”，海南航空凭借高杠杆迅速扩展了国内市场，业务规模不断扩大，但是它也自此走上了高杠杆扩张之路。2000年在民航总局对民航公司的指导之下，各大航空公司开始大举兼并地方航空公司。为取得竞争优势，海南航空也开始了高杠杆模式下的兼并之路，对国内多个航空公司和机场进行并购。2017年6月，随着监管部门收紧市场信贷额度，银行开始对海航集团、万达集团等多家公司的授信额度展开排查，海航集团的高杠杆扩张之路至此终结。由于公司积弊已久的高杠杆经营模式无法持续，还款来源受阻，海航集团旗下多家子公司遭遇冻结，融资渠道被进一步收窄，还款压力骤增。在相关监管部门介入之下，海航集团走上了处置资产、回笼资金之路。2018年海航集团就出手了旗下多处房产及多笔物业，资产出售金额高达1225亿元。然而，变卖资产也没有改善海航集团的盈利能力，多笔债务仍处于违约状态，2018年海航业务仍然只有小幅度增长，净利润更是急转直下。在这样的背景下，2020年海南省政府成立专门小组，推进海航集团的风险处置工作。流动性压力下，一代巨无霸公司也最终沦落到债务展期的境地。

（三）财务困境末路：破产清算

当公司无力向债权人支付本息且又不能通过其他方式偿还债务时，公司就可能会面临破产清算。破产清算是指宣告公司破产后，由法院组织成立专门的清算小组，对公司进行全面接管，主要是对公司的破产财产进行清算、管理和分配。清算小组依据有关法律的规定，主要由公司股东、有关专业机构以及其他有关专业人员组成。破产清算意味着公司停止经营，变卖内部剩余资产。它是一种法律程序，其发起主体可以是公司，也可以是公司债权人。按照法律规定，破产清算有专门的流程，感兴趣的读者可参考本章附录。当然，由于破产清算时公司已经出现严重资不抵债问题，因此并不是债权人的所有权益都可以得到保障，我国破产法也就此规定了公司破产清算时各权益人的受偿顺序，详见附录。值得注意的是，债权人的受偿顺序是排在股东之前的，这也是购买公司股票风险高于购买公司债权风险的一大原因。

【案例8-6】浙江安吉同泰皮革公司的破产之路

浙江安吉同泰皮革有限公司成立于2010年，注册资本为3500万元，主营业务为PU合成革、PU-PVC合成革生产、销售及货物进出口业务。自成立以来，安吉同泰长期经营不善且屡次出现债务违约问题。截至2015年2月，安吉同泰作为被执行人的案件共计29件，标的金额共计2200万元；作为被告的案件共计94件，标的金额共计3327万元。安吉同泰已经出现了严重的资不抵债问题。2015年3月，安吉法院执行局根据《最高人民法院关于适用〈中华人民共和国民事诉讼法〉的解释》第五百一十三条规定，向部分申请执行人征询意见，并得到其中一位申请执行人书面同意，将本案移送破产审查。同年3月17日，安吉法院根据申请执行人书面申请，裁定受理债务人浙江安吉同泰皮革有限公司的破产清算案件。受理破产申请后，安吉法院随即成立破产清算组，全面接管安吉同泰的全部资产。为了最大限度保障债权人的权益，清算小组对全省涉及安吉同泰的所有案件进行全面检索，执行人员提醒外地债权人申报债权共计224.3万元。2015年6月4日，安吉法院组织召开第一次债权人会议，同月26日，安吉法院裁定确认该公司财产管理、变价和分配方案，截至2016年6月，财产分配方案已执行完毕。

【案例8-7】扬州大洋造船公司破产不停产

扬州大洋造船有限公司（以下简称“大洋造船”）成立于2003年，是国家级高新技术公司，也是工信部公布的首批符合《船舶行业规范条件》的公司之一，属于全国一级I类钢质船舶生产公司，先进技术是其核心竞争力，制造产品也在国际上享有盛名。大洋造船拥有完整的生产线和设施设备、400多亩固定的生产场所、充裕的生产订单和近万人的职工规模。然而，在2016年后，公司因资金链断裂陷入了财务困境。2017年7月，江苏省扬州市广陵区人民法院裁定受理大洋造船破产清算案件，同年12月，依法转入重整程序。针对大洋造船因缺乏流动资金而全面停产，但部分在建船舶尚需续建，公司若长期不恢复经营，将导致技术工人流失、造船资产效用降低的问题，该院指导管理人运用租赁经营方式恢复生产，将大洋造船所有机器设备及技术团队整体租赁给当地同行公司，如期完成代建和续建船舶订单工程，为重整创造基础条件。

经清理，大洋造船资产价值18.86亿元，负债45.55亿元，已严重资不抵债。因大洋造船体量大、重整投资金额高、投资人招募困难，广陵法院积极争取党委、政府支持，借力府院协调联动机制推动投资人招募，最终引入央企国机集团下属公司作为投资人。重整投资人通过“受让股权+提供借款”方式，提供22.86亿资金清偿公司债务，职工债权、税收债权、其他优先债权及小额债权得到全额清偿，同时公司战略支点转向中型批量船舶及高端海工产品。在重整计划顺利表决通过后，2018年8月，广陵法院裁定批准大洋造船重整计划。执行过程中，在当地工商、公安、税务等职能部门的大力支持下，大洋造船有序办理股权变更，恢复生产经营，重塑公司信誉。截至2018年底，大洋造船在岗职工4000余人，新增船舶订单25条，工作计划已安排至2020年，预计年均产值达20亿元。

从这个案例中，可以看到公司虽被宣告破产，却依旧不停产。广陵法院在认识到公司重整价值基础上，创新引入租赁经营方式恢复生产，保留技术骨干，稳定生产队伍，实现资产保值增值，增强了债权人和意向投资人的重整信心，为挽救生产型公司提供新思路。同时，法院积极争取党委、政府支持，协调多部门共同参与，从职工矛盾化解到债权人会议召集，从招商平台共享到投资人招募，从争取债权人支持到股权强制变更，府院协调联动机制作用在各环节得到有效发挥。这为解决破产问题提供了一个新思路。破产无疑是最糟糕的后果，破产后对各关联方的损失依旧无法完全弥补，因此如果有一个机会可以铸就个人权益与社会利益的双赢，自然应该被重视。

本章总结

第八章展开介绍了什么是财务困境，以及应该如何应对财务困境。在第一节中，指明了财务困境的定义，即公司由于经营不善导致经营性现金流不足以偿还现有到期债务所陷入的场景，并通过具体案例介绍了财务困境的普遍性，以及对财务困境处理的失败及成功案例。在第二节中，更系统地介绍了陷入财务困境后公司可以采取的应对措施，包括资产重组、债务重组以及最终破产清算。资产重组是指股东、管理层等对公司资产进行一定重新组合、调整、配置的过程，分为重大资产重组及公司合并。债务重组就是债权人与债务人就二者之间的债务达成新的约定，这种约定涉及二者间偿债金额、偿债时间以及偿债方式等；具体分为债转股及与债权人谈判。如果最终未能挽救公司，那么只能走向破产清算的法律程序，但破产清算未必等于公司的终结，可以从实际案例中获取新的启示。

附　录

一、公司破产清算流程

公司破产清算有固定的破产清算的流程，具体流程如下。

1.破产申请

根据我国《企业破产法》规定，公司破产必须有申请，申请人可以是公司自己，也可以是其他债权人。公司自己申请时，主要是认为公司已经资不抵债，无法继续经营。债权人申请时，主要是认为债务公司不能偿还到期债务，已出现资不抵债。尽管法律有如此规定，但在我国，绝大多数情况是公司自己申请破产，几乎很少有债权人申请破产。

2.法院裁定受理

公司或者债权人向人民法院提出破产申请后，人民法院裁定受理的，需要指定破产管理人人民法院受理破产申请后，需要在《人民法院报》上公告案件受理情况，告知公司债权人在指定期间内向管理人申报债权，同时通知债权人会议召开的时间、地点。根据法律规定，债权申报期间最短为30天，最长为90天。对于公司账目中记载的已知债权人，人民法院以书面的方式通知其申报债权，通知可以邮寄、转让等方式送达，告知已知债权人申报债权的时间、方式，以及在申报债权时需要携带的材料。

3.指定破产管理人

公司进入破产程序后，原有的公司法定代表人、董事、总经理，监事等人员不再行使原有职权，公司需要交给破产管理人管理。破产管理人可以由律师事务所、审计事务所、评估机构以及清算事务所担任。但是，并不是每一家上述中介机构都可以担任破产管理人——只有在当地高级人民法院破产管理人名册中备案的中介机构才能担任。因此，在公司破产立案后，由受理破产案件的法院在破产管理人名册中指定破产管理人，并由破产管理人接管破产公司，处理破产事务。破产管理人对外代表公司。这里需要指出的是，破产公司涉诉时，仍然以公司作为诉讼当事人参与诉讼，破产管理人只作为代表人参加诉讼，破产管理人的负责人具体签署相关的法律文件，如授权委托书、法定代表人身份证明等。

4.破产管理人接管破产企业

破产管理人的主要职责是管理破产企业，负责破产企业的清算、重整或者和解。破产企业的日常事务都由破产管理人决定。破产管理人对破产企业的接管是全面的接管，包括接管破产企业的营业执照、各种公章、账簿、合同、流动资金、劳动人事档案等资料；接管破产企业的财产，对破产企业的财产行使处分权；决定破产企业是否继续经营，尚未履行完毕的合同是否继续履行；委托拍卖机构对破产财产进行拍卖，拟定分配方案，对破产财产进行分配等重大事项。

5.审计、评估

破产企业管理人由非审计、评估机构担任的，需要委托审计、评估机构对企业财务进行审计，对企业资产进行评估，以确定企业的资产负债率和企业的财产价值，为下一步的财产处置提供依据。

6.接受债权申报

公司的债权人自公告之日起，或者自接到债权申报通知书之日起即可向破产管理人申报债权。人民法院立案受理破产案件后，应在《人民法院报》上公告，管理人根据债权人的申报制作债权登记表，记录债权人的申报情况，包括债权人名称、债权数额、债权形成时间及形成原因等。

7.召开债权人会议

由于公司破产清算，可能使债权得不到清偿，或者得到清偿的比例极小，因此，法律规定债权人会议是破产程序中的最高权力机构。依法申报债权的债权人为债权人会议的成员，有权参加债权人会议，行使表决权。

经过上述破产清算程序后，清算组应当编制破产清算结束报告，并出具清算期内的各种报表连同各种财务账册，经中国注册会计师验证后，报授权部门审批。经批准后再向工商行政管理部门和税务部门输注销登记并公告公司终止。

二、破产清算的偿债顺序

破产财产在优先清偿破产费用和共益债务后，依照下列顺序清偿：

（1）破产人所欠职工的工资和医疗、伤残补助、抚恤费用，所欠的应当划入职工个人账户的基本养老保险、基本医疗保险费用，以及法律、行政法规规定应当支付给职工的补偿金；

（2）破产人欠缴的除前项规定以外的社会保险费用和破产人所欠税款；

（3）普通破产债权。

破产财产不足以清偿同一顺序的清偿要求的，按照比例分配。

破产企业的董事、监事和高级管理人员的工资按照该企业职工的平均工资计算。

破产费用包括：

（1）破产案件的诉讼费用；

（2）管理、变价和分配债务人财产的费用；

（3）管理人执行职务的费用、报酬和聘用工作人员的费用。

共益债务包括：

（1）因管理人或者债务人请求对方当事人履行双方均未履行完毕的合同所产生的债务；

（2）债务人财产受无因管理所产生的债务；

（3）因债务人不当得利所产生的债务；

（4）为债务人继续营业而应支付的劳动报酬和社会保险费用以及由此产生的其他债务；

（5）管理人或者相关人员执行职务致人损害所产生的债务；

（6）债务人财产致人损害所产生的债务。

破产费用和共益债务的偿付遵循以下原则：

（1）破产费用和共益债务由债务人财产随时清偿。

（2）债务人财产不足以清偿所有破产费用和共益债务的，先行清偿破产费用。

（3）债务人财产不足以清偿所有破产费用或者共益债务的，按照比例清偿。

第九章 来自同行的压力

在经历了“金色30年代”以后，出身名门的奥迪前身“汽车联盟”（Auto Union AG）在二战中被迅速击垮。二战期间，汽车联盟所在地萨克森（Free State of Saxony）被炮火夷为平地，辉煌四十几年的奥迪人在战争硝烟中遭遇了灭顶之灾。经历浩劫的奥迪人纷纷逃往德国，最终选择在慕尼黑重新“安营扎寨”，准备在此地创建公司重新开展业务，但刚开始他们并未得到慕尼黑政府的支持。一连串的打击并未让奥迪人心灰意冷，领导人布鲁恩（Richard Brunn）和哈恩博士（Carl Hahn）想方设法在当地银行获得了一笔贷款并重新建立了汽车联盟（Auto Union GmbH），这是奥迪人的第二次创业。汽车联盟创立后迅速发展，1957年发展成为继大众、戴姆勒-奔驰、欧宝、欧洲福特之后的第五大德国汽车制造公司。然而资金短缺一直限制着汽车联盟的业务扩张，几经周折下，它的领导人选择并入戴姆勒-奔驰以缓解自身资金压力。二者合并后，汽车联盟生产基地和生产线迅速扩大，建立起当时最大、最现代化的汽车生产基地。然而在并入奔驰后，汽车联盟的生产与销售情况却没有得到进一步改善，1962年奔驰总部生产和销售达到历史巅峰，汽车联盟的销售量却一直处于低迷状态，特别是在1964年它还出现了严重的财务危机。加之奔驰与汽车联盟在生产及经营理念上一直存在分歧，两家公司最终选择分道扬镳。离开奔驰后，汽车联盟资金链出现严重问题，大众则在此时挺身而出，将其纳入旗下。大众与奥迪联姻后，奥迪不仅解决了财务危机，而且在大众的全力支持下，凭借自身过硬的研发团队扩充了产品类型，提高了奥迪品牌在世界各地的地位。而大众也通过联合重组，走上了集约化、大集团发展的道路，由此奠定了它在全球汽车行业的核心地位。二者通过优势互补、扬长避短，打造出了德国汽车业的骄人巨子。

第一节　公司并购

一、公司并购的分类

（一）关于公司并购

公司并购是公司间的一种产权交易行为，一般存在两种情况，一种是一家公司通过产权交易得到另一家公司的控制权或者资产，另一种是两家公司合并为一家公司。在本书前面章节中，提到一家公司可以通过内部及外部融资扩张生产规模；除此之外，公司还可以通过并购进行业务扩张。最早的公司并购发生于19世纪90年代末的美国，至今已有一百多年历史。而中国的公司并购起步相对较晚，始于1993年深宝安收购延中实业，算起来也不过二十多年时间。对公司来说，并购具有重要意义，并购方可以借并购其他公司实现业务扩展或者战略调整，而在二者自愿并购的基础上，被收购方则可以凭借收购公司的市场资源、资金实力等优势帮助公司摆脱发展困境。当然，并不是所有并购都会给公司带来发展或者革命，比如2014年底，谋求转型的某上市公司宣布以2.2亿元收购另一科技公司股权，但是收购一年后，标的公司承诺的各项业绩补偿、土地房屋权益等全数落空，其生产经营仍处于停滞状态，甚至出现大量银行贷款逾期、经营环境持续恶化等情况，并购资产反而成为收购公司的累赘。诸如该并购案，市场上并购失败的案例比比皆是。

在接下来的各部分中，主要将为读者介绍公司并购的分类以及公司开展并购的动力等内容。按照不同的分类标准，可以把公司并购分为不同种类，比如按并购后公司法人地位变化情况，可以将并购划分为新设并购和吸收并购；按照并购双方关联性，可以将并购划分为横向并购、纵向并购和混合并购。对读者来说，了解并购分类是重要的，因为公司在不同并购目的下往往会开展不同并购活动。

（二）以并购后双方法人地位变化为标准

按照并购后并购双方法人地位的变化，可以把并购分类为新设合并和吸收合并。

1. 新设并购

新设并购，简称为合并，是指一家公司与另一家或者一家以上公司合并成一家新公司，而原公司宣告解散、取消法人资格的一种并购方式，例如公司A与公司B计划进行新设并购，两家公司并购后会形成新公司C，原来的公司A与公司B宣告解散，这样的并购方式就被称为新设并购。

2006年、2007年是中央直属公司整合的关键年，2006年国务院办公厅转发的国资委《关于推进国有资本调整和国有公司重组指导意见》明确提出要对我国国有资本和国有公司进行调整和重组。在这样的大背景下，某国有集团A与某国有建设集团B进行了新设并购。某国有集团A总公司成立于1980年，主营业务为水运建设、路桥建设、重工制造业及对外贸易等。某国有建设集团B总公司成立于1979年，主要经营工程承包、施工、设计、监理、咨询以及国际贸易等业务。可以看出，某国有集团A与某国有建设集团B的经营业务较为相似。为实现强强联合，响应国家号召整合国家资源，两集团于2005年底开始了并购重组，并于2006年底合并重组为某国有集团有限公司C。合并后，国有集团有限公司C凭借积累多年的技术和管理经验占据了该行业大部分市场，一年后即完成整体改制重组并实现挂牌上市，成为中国第一家境外整体上市的特大型国有交通基建公司。

2. 吸收并购

2020年8月12日晚，某省高速公告称其控股股东某高速集团甲和该省某市交通集团乙达成联合重组方案。该方案拟以该省高速集团甲合并该市交通集团乙的方式实施。根据该公告内容，合并完成后，交通集团乙归于该省高速旗下并注销法人资格，后者则作为合并后公司继续存续。公告称，吸收合并后该市交通集团乙的一切资产、负债、业务、人员等一切权利和义务由该省高速集团甲全权继承，且前者下属公司股权和权益等全部归属于后者。这种并购方式即为典型的吸收并购，从公司法人地位存续与否角度看，吸收并购是指取消被并购公司法人地位，而收购方法人地位存在的一种并购方式。假如A公司现在想要吸收并购B公司，合并后B公司纳入A公司旗下而宣布解散，A公司继续存续，这样的并购方式就被称为吸收并购。吸收并购是最为常见的股份公司并购形式，一般来说，这种并购方式多发生在实力悬殊的公司之间。

【案例9-1】券商合并：航母级券商不远了吗？

券商行业有着资源向头部集聚的特点，不同券商的合并往往会给新公司带来人才、客户等资源的规模效应，有利于其发展。事实上，目前市场中一些较强的券商也都是通过合并设立的，比如国泰证券和君安证券通过新设合并的方式成立了如今的国泰君安证券等。

根据新浪财经总结，2020年内多家券商传出合并消息，但最终并无一例达成。8月13日，第一创业与首创证券这两家北京系证券公司传出合并消息，但随后第一创业官方回应表示没有任何应披露而未披露的信息；9月18日，市场传言国联证券将通过换股方式吸收合并国金证券，并受让长沙涌金约7.82%的股权，但10月12日晚间双方发布公告称交易双方未能就合并方案中的部分核心条款达成一致，终止吸收合并事宜。此外，头部券商中信证券与中信建投也再次出现合并传闻，引发市场热烈关注，但同样又被官方辟谣。

2019年11月29日，中国证监会曾在答复《关于做优做强做大打造航母级券商，构建资本市场四梁八柱确保金融安全的提案》时明确表示，要积极推动打造航空母舰级的头部证券公司，促进证券行业持续健康发展。鼓励市场化并购重组，支持行业做优做强。

为什么我国的金融市场对“超级券商”或“航母级券商”有如此强的预期呢？就像刚才提到的那样，规模效应有助于券商更好地发挥长处、创造价值。但除此之外，市场对超级券商的热衷还出于行业形态的变化。第三章中提到过，此前我国资本市场主要采取核准制，很多公司融资只能通过银行贷款，导致间接融资占比畸高。但在现代新兴产业中，很多公司前期的不确定性因素使得其难以满足传统银行借贷的风控标准，因此需要更多转向直接融资的方式，寻求风险承受能力更强的投资者进行融资。同时，前面也提到过我国资本市场正在进行由核准制到放开注册制的改革。在注册制下，交易机制被松绑，市场准入门槛降低。一方面，券商需要更多地为市场提供流动性，在做市与融资融券业务方面向市场提供资金支持；另一方面，大量初创公司进入市场后，需要券商提供各种资金或督导甚至公司运营管理方面的服务，这样的服务往往只能由具有较大规模和较强人才、资源实力的券商提供。因此，较大规模甚至所谓航母级别券商的出现是有其市场基础的。

对于券商自身而言，大多情况下的合并也是有利于公司长远发展的。从合并方式上看，券商合并像大部分公司合并一样，会产生一定的积极协同效应。对于大券商来说，与小券商的合作有利于整合区域性资源、拓展业务布局，弥补自身短板；与大券商的合并则有利于减少竞争带来的效率损失，共享的资源、技术经验则有利于成本控制和券商自身的盈利创造。对于小券商来说，与小券商的合作有利于快速扩大自身的规模，向头部券商靠拢，从而面对更大规模的对手竞争时更加从容；而与大券商的合并可以迅速实现规模的跳跃，并享受到大券商的资源、平台，但也应注意在与大券商的合并中保护自身权益。确实，合并的进程会使得行业格局发生一定变化，其中，部分业务老化、技术经验落后的券商可能在资源的重新整合配置中被淘汰出局，但这也将使得整个券商行业向着规范、健康的方向迈进。

此外，金融行业的对外开放将引入新的外部竞争，压力倒逼本土券商整合壮大。目前我国资本市场开放程度在不断提高，外资控股券商会对现有券商造成压力，国内券商尤其是中小券商的生存空间受到挤压。纽约华尔街以及伦敦、香港的外资投行发展时间久，在经验、技术与服务方面有着成熟的经验和完善的制度，在客户管理、风险控制以及金融科技结合等方面也有相对先进的经验。随着金融市场的开放，外资投行的涌入将对本土券商市场造成较大的冲击。从宏观的角度讲，太多的金融资源被外资控制可能会在一定程度上增加我国金融市场的不稳定性，更理想的情况是鼓励本土券商积极应对竞争。比如合并能提升券商资本规模，强化投行业务，提升国际竞争力。从数据来看，目前国内券商规模偏小，即便是像中信、中信建投这样的头部券商，在体量方面与国际一流投行如高盛、摩根大通、花旗等仍有较大差距。为了有效应对外资投行的有力竞争，并购重组成为做大规模、扩大市场最直接的选择。

（三）以取得公司控制权的方式为标准

按照并购公司取得被收购公司控制权方式的不同，可以将公司并购划分为股权并购与资产并购。

1. 股权并购

通过收购目标公司股权完成并购是收购方取得被收购公司控制权的一种重要方式。我国《证券法》规定，投资者可以采取要约收购的方式收购上市公司，也可以采取协议收购以及其他收购方式收购上市公司，股权收购可以通过与管理层协商达成一致后实施，也可以直接向目标公司股东发起要约进行收购。股权并购具有以下几个特征。一是收购公司通过收购目标公司股票达到控制目标公司的目的，最终取得目标公司的控制权不需要经过股东大会投票表决程序。二是由于股票收购可以绕过公司管理层，直接在二级市场向目标公司股东发起要约收购，目标公司可能会把这种收购看作是一种不友好收购，因此我国《证券法》对要约收购做出了一系列严格限制。三是在支付方式上，收购方可通过现金、股票或者其他证券以及几种方式混合使用的方式收购和换取目标公司的股票。

2. 资产并购

除股权收购外，通过收购目标公司资产的方式收购公司是取得目标公司控制权以及资产使用权的另一种重要方式。股权收购和资产收购存在很大的差异。比如在负债风险上，若收购公司通过股权收购成为目标公司股东，收购公司仅以出资额为限承担自己的责任，而目标公司的原有债务仍由目标公司自行承担。但是由于目标公司原有债务会影响收购公司今后的收益状况，因此在股权收购前必须调查清楚目标公司的各项负债情况，以免影响今后投资收益。相对而言，资产收购的债务关系更为清晰，一般不涉及或有负债的问题，因此资产收购的债务风险更容易把控。收购公司在选择收购方式时，需要结合公司本身和目标公司的实际情况，权衡比较哪种收购方式的成本和风险会更低。

（四）以并购双方存在的关联性为标准

按照并购双方所处行业、生产环节等方面的关联性，可以将公司并购划分为横向并购、纵向并购和混合并购，这是公司并购最基本的分类。

1. 横向并购

横向并购是指生产或者经营同一产品的同行业公司之间进

行的并购行为，横向并购的主要目的在于扩大公司的生产经营规模，或者把生产规模较小的公司联合起来，组成公司集团，形成规模效应提高市场占有率。

【案例9-2】华润三九并购北药集团天然药事业部

华润三九医药股份有限公司是国内一家主要从事医药产品研发、生产、销售及相关健康服务的大型国有控股医药上市公司，自1999年设立以来始终聚焦于OTC、中药处方药等主业。靠着先后在资本市场并购同行业十家优质公司，华润三九主业构成不断优化，产品线不断丰富，公司的核心竞争力也不断升级。目标公司北京医药集团有限责任公司天然药事业部主营业务聚焦于中成药制造，其最大的优势在于先进的生产能力和出色的科研能力。华润三九并购北药集团天然药事业部有独特的历史背景，2010年后中国医药行业迎来了并购高潮，首先是国药集团在2010年将中生集团和上海医工院整体并入旗下，此次并购后，国药集团凭借其药品与血制品的产品优势和雄厚的研发实力成为行业龙头。紧接着，2010年上海医药、中西药业、上实医药三家医药公司也进行合并，成为国内第二大医药公司。两大并购事件后，原本处于领先地位的华润医药被国药、上药反超，成为国内第三大医药公司。为夺回行业龙头地位，华润医药并购重组势在必行。2010年4月，经与北京国资委谈判，华润医药集团最终敲定重组华润集团与北药集团的具体协议框架，华润集团以4.04亿元100%控股北药集团下属四家公司，目标是打造国内最具实力的非处方药和中药处方药平台。华润医药集团并购北药集团天然药事业部可谓是实现非处方药和中药处方药平台的强强联合，此项并购后，华润三九规模得以扩大，与国药集团、上药集团的差距也不断缩小。

2. 纵向并购

纵向并购是指生产过程、经营环节中相互衔接、密切联系的公司之间，或者具有纵向协作关系的公司之间发生的并购行为。纵向并购的公司间不具有竞争关系，他们之间可能是原料的供应商与需求商关系，也可能是产品供应商与需求商关系。一般而言，纵向并购有两大目的，一是降低成本费用，二是取得垄断地位。以收购上游原材料公司为例，此种纵向并购可以将外部原料采购变为内部材料输送，这不仅可以降低外购过程中的搜寻成本和谈判成本，还可以降低原料供应商的毁约成本。若是原料为稀缺型原料，公司还可以通过对原材料进行控制来达到产业垄断的目的。

3. 混合并购

先从百丽集团收购案例讲起。中国极具影响力的女鞋品牌之一百丽集团，总部位于深圳，旗下拥有百丽、天美意、他她等多个自有品牌。上市前百丽在女性白领群体中具有相当大的号召力。为扩展自身业务线，2007年百丽宣布与曾占据过“中国男鞋第一品牌”宝座的森达皮鞋合并为一家公司。这是百丽国际自上市以来在香港开展的最大并购。百丽国际并购森达皮鞋就属于比较典型的混合并购。混合并购是指彼此不属于同行业或者生产经营过程不存在相关关系的公司之间发生的并购行为。就混合并购目的而言，公司进行混合并购主要有两个目的，一是追求组合效应和多元化经营，二是降低公司经营风险。就混合并购收益而言，一方面，混合并购能形成多元化经营的公司集团，可以使公司在一定程度上享受到生产、销售和财务等方面的组合优势。另一方面，混合经营还可以扩展公司的业务范围，有助于分散公司单一经营风险，帮助公司实现经营发展的转型。

细数美国百年并购史，三种并购方式皆在美国历史上上演过。美国前后共发生过五次并购浪潮，第一次并购浪潮被称为横向并购浪潮，发生于1883年经济大萧条之后，在1898~1902年达到顶峰，最后结束于1904年，这次并购几乎影响了所有的矿业和制造行业。第二次并购浪潮被称为纵向并购浪潮，始于1922年美国商业活动的上升阶段，终结于1929年严重的经济衰退初期，这段时期的兼并收购导致公司数量减少了1.2万家，行业范围主要涉及公用事业、采矿业、银行和制造业。第三次并购浪潮被称为混合并购浪潮，发生在1965~1969年间，该时间段是美国战后经济发展的“黄金时期”。由于战后科技的发展，特别是电子计算机、激光、宇航、核能和合成材料等部门的兴起对生产力的发展起到了极大的推动作用，美国经济在20世纪60年代经历了战后最长的一次经济大繁荣。科技和经济发展增加了公司之间的并购意愿，混合并购浪潮在此期间悄然兴起。

二、并购的合理理由：协同效应

（一）关于协同效应

上一节内容主要为读者介绍了公司并购的定义及分类，本节将为读者介绍推动公司开展并购活动的动力，或者说并购存在的一些合理理由。如果说公司经营目标之一是追求公司价值最大化，那么推动并购的一大原因就在于该行为可以带来公司价值的增加，一般把并购的这种效应称为协同效应。假设A公司准备并购B公司，并购后联合公司的价值高于A、B公司价值之和的部分，就将其称为协同效应。当然，并购可以带来公司价值的增加，并不是指并购这个行为本身可以带来公司价值增加，而是指并购公司可以通过并购实现优势互补，为联合公司的经营、财务以及管理上带来一些改善，从而使联合公司创造出更高的价值。常见的协同效应包括经营协同效应、财务协同效应、管理协同效应等。

（二）经营协同效应

并购可以给公司带来一些经营上的改善，一般把这种改善称为并购的经营协同效应。公司的并购模式不同，经营协同效应产生的机理也是不一样的。

横向并购下的经营改善主要是由规模经济带来的。规模经济是指在某特定经营规模内，公司平均生产成本会随着产量的增加而降低，也就是说在某一经营规模内，扩大公司生产规模可以降低平均成本，提高公司利润水平。当并购公司当前生产规模并没有达到规模经济临界值时，公司就可以借横向并购扩大生产规模，由此降低和节约固定成本、管理成本、研发成本和营销成本等，从而使得公司的平均生产成本降低以提高公司利润。云南白药就曾通过横向并购利用规模经济提高利润，它以主导品牌“云丰”牌云南白药为核心进行收购，控股云南另外两家生产云南白药的公司后成立云南白药集团，实现了云南白药的集中统一生产与定价，提高了公司生产规模和经营效率，使得云南白药当年经营利润上升40%左右。当然，公司通过横向并购不一定就能实现规模经济，并且不同公司的横向并购带来的规模经济效用大小也是不一样的。因此，公司在进行横向并购时，需要综合考虑公司的生产规模、市场占有率、市场集中度等因素，分析并购是否可以达到规模经济的目的。

纵向一体化并购主要通过实现并购公司间的战略协同、降低交易成本等改善公司经营效率。在纵向并购部分讲到，纵向并购可以降低外购过程中公司的搜寻成本和谈判成本，以及外部供应商的毁约成本，使得公司生产成本降低，协同效率提高。比如2017年长城有限公司宣布并购专注于开采锂、钽矿的PLS公司，这是其发展纯电动汽车生产线的一项重要举措。PLS公司在锂辉石储量方面位居世界前列，此次收购有利于长城汽车布局上游资源，降低生产成本，应对碳酸锂价格上涨。但在纵向并购过程中，外部环境的不确定性、并购公司供应链结构、并购公司对上游原材料供应商及下游产品采购商的议价能力等，都会对经营协同效应产生影响。

在混合并购中，公司可以通过收购其他行业或者其他产业的公司，扩大公司经营业务规模，实施多元化经营战略，降低公司经营风险，共享剩余资源，实现范围经济。

（三）财务协同效应

财务协同效应主要是指并购给公司财务上带来的改善作用，这种改善包括财务费用的降低以及资金使用效率的提高等。并购的财务协同效应主要来源于三个方面。

一是公司可以通过并购实现合理避税。盈利公司并购亏损公司时，公司可以利用亏损递延条款来实现合理避税。20世纪90年代末，亚泰集团兼并了严重亏损、资不抵债的长春双阳水泥。亚泰集团与银行签订协议，并购后，对银行贷款陈欠利息2.4亿一次性予以免除，对银行贷款本金4.45亿，分七年还清，在偿还期内免息。此外，还享受15%的所得税优惠。同时，亏损公司的亏损可以冲减盈利公司的利润，从而减少并购公司的应纳税所得额。

二是并购可以帮助公司降低融资成本，提高公司的举债能力，比如信用程度高的公司并购信用程度低的公司，可帮助信用程度低的公司提升整体信用，降低融资成本。另外，每家公司都有一定的举债能力，而有些公司的举债能力低于最优负债点，如果负债率高的公司与那些低负债或者没有负债的公司兼并，可提高二者的整体最优负债水平，创造更多的税收收益。

三是并购促使公司充分利用内部自由现金流量，增强了公司资金的流动性和资金的使用效率。内部资金丰富但投资机会少的公司与内部资金短缺但投资机会多、增长潜力大的公司进行并购，可用成本较低的内部资金进行投资，从而降低资金成本。

（四）管理协同效应

管理协同效应是指并购给公司带来的管理方面的效率提高。首先，并购可以降低公司的管理成本。并购公司通过有效转移自身剩余的管理资源，可对目标公司管理人员、机构进行资源整合，从而达到降低目标公司管理成本的效果。一般来说，并购公司自身剩余管理能力和剩余管理资源存量越多，可转移性越强，管理协同效应就越大。另外，并购公司还可以利用自身管理优势改进目标公司的管理水平，帮助目标公司更加合理地利用管理资源，从而帮助目标公司提高管理效率和管理能力。例如，河南舞阳钢铁在被邯郸钢铁兼并后，管理水平和机器设备利用效率大幅度提高，仅用了5个月时间即实现扭亏为盈。

（五）降低代理成本

代理理论认为，公司股东和公司管理者之间存在着委托代理问题，两者目标不一致会使代理人最大化自身收益而损害股东利益。公司并购则可以在一定程度上缓解股东与代理者之间的这种矛盾，降低代理成本，提高公司价值。比如，某些公司可能存在大量自由现金流，但因找不到合适的投资机会而滞留于公司内部，此时其他公司就可以通过举债收购这样的公司，并在未来利用目标公司内部自由现金流偿还贷款，那么被滞留于公司的、可能被代理人滥用的资金将会重新回到资本市场，从而在一定程度上限制代理人滥用资金，降低代理成本。

（六）“借壳”上市进入资本市场

在实行注册制之前，上市公司的“壳”通常是一种稀缺资源。公司上市意味着可以通过发行股票获得相对稳定的融资渠道，但是上市的程序繁琐且条件严苛，这使得一些公司难以实现上市，公司发展也因此受到阻碍。另一方面，某些上市公司虽然保持上市资格，但是长期以来业绩一般或者无业绩，总股本或者流通的股票规模小，股价低。此时非上市公司与上市公司可以通过重大资产重组等方式实现合并，借用上市公司的“壳”而完成借“壳”上市，这是资本市场实行注册制度之前，非上市公司实现快速上市的一种较为流行的方法。近些年来也出现了许多买“壳”上市的经典案例，如江苏阳光集团通过协议并购“苏三山”法人股实现上市，2001年在资本市场成功再融资；天津大港油田则通过二级市场收购爱使股份股票，成为爱使股份的第一大股东而完成上市等。

第二节　攻守各式

一、友好收购

2009年9月，市场上传闻已久的国美并购永乐案终于水落石出。国美并购公告称，国美将以“股票+现金”的方式，即向永乐支付每股股票0.1736元港币（共计42亿元港币）加上以0.3247股换购永乐1股股票的混合方式完成对永乐的并购，这是中国家电行业最大并购案之一。对于国美来说，推动此次并购案有利于提高国美的辐射力，整合永乐的门店、销售渠道、供货渠道等，提高行业垄断能力。对于永乐来说，并入国美可加固其在上海等一级市场的基础，同时借势进入三、四级市场。由此可见，国美与永乐达成并购协议可谓是优势互补，合作双赢。目标公司与收购公司在友好协商的前提下开展公司收购，这种收购方式就称为友好收购或者善意收购。善意收购一般先由收购公司向目标公司发起收购意向，并与目标公司高管和董事会确定收购的价格、购买条件、支付方式和收购后人员安排等问题。在友好协商过程中，双方往往会通过讨价还价确定最终的收购方案，最后再由双方董事大会批准，股东大会三分之二以上人员同意达成最终收购方案。

【案例9-3】友好收购的“黑石”

黑石集团（Blackstone Group）是目前全球最大的独立另类资产管理机构之一，也是美国规模最大的上市投资管理公司，资产管理规模换算为人民币达近4万亿元，负责另类资产管理（即股票、债券和现金之外

的金融和实物资产）并提供金融咨询服务。自1985年成立以来，黑石集团成功收购的案例数不胜数。2004年11月，黑石集团收购世界著名醋酸生产商Acetex公司；2005年6月，黑石集团成功收购温德姆国际酒店集团（Wyndham International），从而敲定全球酒店和赌博业最大的一桩收购交易；2006年9月，黑石集团以176亿美元收购全球领先的半导体公司——飞思卡尔；2007年2月7日，黑石集团以395亿美元收购美最大商业物业集团EOP；2007年7月，出资260亿美元收购希尔顿酒店集团；2017年5月，收购大中华区知名B2B外贸推广平台环球资源；2019年6月，黑石集团斥资187亿美元收购普洛斯在美物流资产。

然而，这些闪耀的成功收购案例并不是黑石唯一的亮点。这个全球私募行业的标杆成立于恶意收购非常普遍的20世纪80年代，却确立了坚持友好收购的原则。黑石的第一个收购案例是运输之星公司。当时美国钢铁集团正与著名的恶意收购方卡尔·依坎周旋，后者已发出恶意收购要约；美国钢铁集团为保住公司核心资产，找到黑石寻求帮助。黑石引入了化学银行为之提供贷款，随后，美国钢铁集团和黑石集团共同出资设立了子公司——运输之星控股有限公司，同时将美国钢铁的核心资产转移至新成立的子公司。黑石于1986年介入该项目，到2003年完全卖出股权时，黑石及其投资者已经获得了25倍的收益，15年间的年平均收益率高达130%。黑石首战大捷，为其奠定了良好口碑，也确定了之后的收购风格。

“我们兜售一种理念——你们可以信任我们，我们会和你们在一起，”黑石创始人之一彼得森说，“这在那时候很另类，但非常管用。”而这个规则一直保持到现在。这样的理念不只对收购业务有益，也使黑石与众多机构投资者，如投资银行、其他金融中介公司等保持长期稳定的合作关系，因此黑石集团在交易发现、资金募集、把握投资机会、产生超额投资收益等方面拥有很强优势。另外，黑石的投资者范围也极其广泛，在美国排名前50的公司和养老基金中，72%都在黑石有投资，而其中85%的投资者都会持续对黑石进行投资。

二、恶意收购

1993年，上海发布通知允许机构投资者进入股市。在此之前，上海股市市道低迷已经持续了好几个月。9月以后，大盘开始持续走强，其中个股延中实业表现得尤为突出。延中实业是沪市最早上市的公司之一，由于盘子小，其控制权争夺战曾多次在中国资本市场上掀起波澜，其中以1993年9月发生的“宝延风波”为突出代表。由于沪市放开机构投资限制，延中实业股价出现不正常上升，一度从9月6日的9.45元收盘价上涨至9月30日的12.58元。一开始延中实业各股东并未在意，以为只是市场上有人在操纵股票。直到9月30日中午，上交所突然宣布对延中实业实施停牌，之后宝安集团告知延中实业其已经拥有延中实业4.56%的股份。延中实业对此毫无准备。异常气愤的延中实业立即调动资金布置反击，而宝安集团则不顾市场规则，又一次性购入延中实业11.42%的股份，持股比例骤然攀升至15.98%。延中实业认为这一收购是有敌意的，并提交证券监管部门进行调查。同年10月22日，证券监管部门召开新闻发布会，公布宝安集团此次股份收购有效。宝安集团摇身一变成为延中实业最大股东。最终，在监管部门的多次协调下，延中接受了被并购的事实。

这就是中国历史上有名的“宝延风波”，也是中国资本市场上第一起上市公司收购兼并案件。在资本市场中，兼并与收购可以说并不是什么稀罕事，但并不是所有收购都是在双方友好协商之下达成的，市场上不乏目标公司与收购公司明里暗里互相较量的案例。如果收购公司在未征得目标公司董事会同意的情况下强行对目标公司展开收购，这种收购方式就会被看作敌意收购或者恶意收购。目标公司拒绝收购公司的收购意向，可能是不想放弃公司的控制权，或者为了保护公司利益相关者的利益，或者是因为收购公司本来就不怀好意。无论拒绝理由为何，恶意收购必然伴随着动荡激烈的收购过程和目标公司的反收购抵制策略。在2011年3月至4月浙江银泰投资有限公司及其关联方浙江银泰百货有限公司恶意收购鄂武商A的案例中，前者曾在短短半个月的时间内，向鄂武商A发起了三次收购进攻。为了防止公司被浙江银泰恶意收购，鄂武商A大股东武商联曾采取了四种方法对收购者进行反击。第一种方法是与友好方、关联方签署一致行动协议，反击浙江银泰的连续增资收购计划。在浙江银泰的三次收购进攻中，武商联分别在收到浙江银泰三次增资收购通知后两日内与经发投、开发投等公司原股东签署《战略合作协议》，成为一致行动人。第二种方法是大股东发布重大重组计划，以使公司股价停牌以争取公司反击时间。第三种方法是以收购主体违反相关法律规定提起诉讼。第四种方法是通过要约收购巩固控制权。虽然该收购案件以鄂武商A反收购成功而落下帷幕，但是毫无疑问，双方都在激烈的竞争中付出了不小代价。

收购公司计划对某家公司发起收购时，可能会不达目的誓不罢休。如果收购公司与目标公司协商不成，收购公司往往会采取一些收购措施以达到目的，一般把这些策略称为收购公司的恶意收购策略。恶意收购策略主要有以下几种。

其一，狗熊式拥抱。敌意收购方若在收购前先向目标公司告知自己的收购意图，愿意以较高价格购买公司股票，并在目标公司表示拒绝时仍然在市场上购买目标公司股票，这样的行为就被称为狗熊式拥抱。这种收购方式介于善意收购与恶意收购之间，因为它不是秘密进行的，收购公司会提前告知目标公司自己的收购计划。狗熊式拥抱是一种较为友好的恶意收购方式。

其二，狙击式公开购买。狙击式公开购买是一种不友好的恶意收购方式，发生于目标公司业绩低迷或者股价下降之时。此时若收购公司不与目标公司事先沟通或予以警醒就展开收购计划，这种收购方式就会被目标公司看作是狙击式公开购买。狙击式公开购买具体又可以分为标购方式、股票收购和委托书收购。标购方式是指收购公司绕过公司董事，直接在场外以高于市场价格的报价和现金支付形式向目标公司股东发起收购邀请，以诱使目标公司股东出售股票，实现自身股票增持计划。股票收购与标购方式类似，只是收购公司不是以现金方式支付，而是以收购公司自身股票换购目标公司股东股票，这种收购方式好处在于可以减小收购公司的资金压力和收购成本。委托书收购是一种特殊的恶意收购方式，即敌意收购方会以较低成本获得参与目标公司股东大会的代理权与表决权，代表中小股东参与目标公司重大事务的决策而取得其一定控制权，这样可以达到间接影响目标公司经营决策、操纵公司股票价格等目的。狙击式公开购买目标公司股票达到5%时，一般要求向资本市场公开该事实，不允许收购公司进行隐藏。

【案例9-4】奥林奇收购公司对吉列的历次恶意收购尝试

奥林奇收购公司与吉列（Gillette）之间的恶意并购案件发生于20世纪80年代，当时美国发生了大量以杠杆收购（LBO）形式为主的并购案件，被称为美国的恶意并购浪潮。吉列在这一次并购浪潮中前后经历了四次并购威胁，规模大且历时长，成为该时期美国较为典型的恶意并购案例。

吉列公司是当时美国一家大型剃须刀出口公司，多年来在拉丁美洲、欧洲和亚洲市场销售量一直处于第一或者第二的位置。吉列公司市场表现也引起了同行业各大公司的关注。20世纪80年代，露华浓公司（Revlon Inc）以及福布斯集团（Forbes Inc.）共同出资创立奥林奇收购公司，前前后后向吉列公司发起了四次恶意收购。

在第一次恶意收购中，奥林奇收购公司以现金要约的形式拟对吉列公司发起收购。奥林奇收购公司在未经过吉列公司同意的情况下就直接向其股东发起了现金要约，这引起了吉列公司的强烈不满，并于1986年11月底从对手公司手中高价收回922万股股票，同时与奥林奇收购公司签订了为期10年的停购协议。

尽管二者签署了10年的停购协议，奥林奇公司还是于1987年6月向吉列公司发起了第二次要约收购，这一次的收购价格比市场价格高出了20%。由于奥林奇收购公司第二次要约收购意图为短期转手交易，吉列公司再次拒绝了这次收购。

1987年8月，奥林奇收购公司再次发起要约收购，本次报价高于市价19%。吉列以奥林奇公司违反了之前签署的停购协议为理由，第三次拒绝了奥林奇收购公司的收购要约，再加上黑色星期一的到来，美国股市崩盘，奥林奇收购公司暂时搁浅了自己的收购计划，但是这场恶意收购并没有停止。

1988年，奥林奇收购公司改变了自己的收购方式，它拉拢拥有吉列公司5.9%股份的康尼斯顿集团，企图通过争夺董事席位的方式从内部达成这项收购协议。在同年4月召开的股东年会上，康尼斯顿公司与吉列公司上演了激烈的董事会席位争夺战，最终吉列以52%对

48%的微弱优势取得了胜利。此后，奥林奇公司宣告完全放弃对吉列公司的收购计划，历时三年的恶意收购与反收购战争终于落下帷幕。

上文简单介绍了收购公司可能对目标公司采取的恶意收购方式。当然，目标公司并不会对收购公司的各种恶意并购手段坐以待毙，而是会采取多种反并购措施予以反击。本质上来讲，恶意并购与反并购就是收购公司与目标公司之间明里暗里的博弈较量，而且这种较量可能会持续多轮，持续时间也可能达几年之久。在上文提到的吉列反并购案中，奥林奇前前后后对吉列发动了四次恶意并购，持续时间达三年之久，而吉列方面更是使尽浑身解数，内外配合拆解奥林收购公司的恶意收购策略。当一家公司遭受恶意并购时，目标公司可以采取哪些手段或者策略进行应对呢？下部分将为读者介绍一些市面上比较常见的反并购手段。

三、防御措施

（一）降低成为目标公司的可能性

1. 分级董事会

为预防成为其他公司的收购目标，公司可以在前期做出一些努力。方法之一是分级董事会。在制定公司章程时，规定每年董事会改选比例的上限，如规定每年至多只能改选三分之一的董事会成员。这样做的好处是即便收购公司恶意收购了公司较多的股份也无法马上对董事会进行改组重选，无法掌握公司的实际控制权。某些情况下这一规定可能是重要的，因为即便公司股份被收购公司收购了，但公司董事会还是原来的董事会，目标公司可以获得更多的时间实施反并购措施，如增资扩股来稀释收购者的股票份额。分级董事会虽然没有违反法律的规定，但是因我国立法未对其合法性做出明确规定，往往成为收购方与目标公司的争论焦点，大港与爱使之间的章程之争就体现了这一点。该案例发生于20世纪90年代末，天津大港油田重油公司曾于1998年7月联合其关联公司天津炼达集团有限公司、天津市大港油田港联石油产业股份有限公司对上海爱使股份有限公司股份进行收购，截至7月31日已收购股份达10.01%。然而在大港收购爱使公司股票期间，爱使修改了公司章程，主要是增加了四项条款以增强其反收购能力，其中包括董事会、监事会在任期届满换届选举时，新的董事会、监事会人数不能超过原来董事会、监事会人员的二分之一。此外，爱使公司章程规定公司董事会由13人组成，股东大会在董事会成员任期届满之前不能无故解除其职务。二者就公司章程的法律效力问题一直争论不下，最后证监会以“函件”的方式做了调解处理，认为这种反收购措施不规范。最后爱使方同意召开股东大会修改针对大港的章程规定，大港方承诺只是增补董事会而不会对其进行改选。由此可以看出，通过修改公司章程的方式发起反并购存在一定的失败风险。

2. 设立绝大多数表决条款

绝大多数条款是指当公司涉及重大事项，比如公司分立、合并和重组等决议时，必须经过参与股东大会的绝大多数股东表决通过，重大事项决议才算通过。比如某些公司会在章程中规定须经全体股东的三分之二以上同意，涉及重大事项的决议才算通过，这意味着恶意收购公司需要购买目标公司三分之二以上的股权份额，或者取得三分之二以上股东的支持才能取得公司控制权，对于收购公司来说这可能是一件相当困难的事情。

3. 公正价格条款

公正价格条款要求收购人在对目标公司进行要约收购时，需要对目标公司的所有股东支付相同的价格。收购公司的溢价收购计划往往是为了吸引那些急于脱手公司股票的股东，某些收购公司可能会采取类似于“二步报价”的方式对目标公司进行要约收购，如先以现金支付的方式收购51%的股票，再以债券换取剩下49%的股票。目标公司股东因为害怕后出售股票损害自身利益，可能会争先将股票出售给收购公司。为预防这种情况发生，目标公司可以在章程中规定公正价格条款，使股东在出售公司股票时享有“同股同权”的待遇。

（二）提高收购者的收购成本和风险

1. 白衣骑士

2013年2月，为实施公司战略转型策略，中式餐饮公司湘鄂情餐饮管理有限公司分5次在二级市场购入三特索道603.91万股股票，占三特索道股份总数的5.03%，并在3月初公布称不排除继续增持股份的可能性。三特索道对湘鄂情在二级市场收购公司股票操作早有察觉，于2013年2月26日公布定向增发预案，计划向其第二大股东武汉当代科技产业集团股份有限公司、第六大股东武汉恒健通科技有限责任公司以及公司董事、高管等9名特定对象非公开发行3000万股股票，以稀释湘鄂情公司手中股票份额。在本案例中，三特索道通过“白衣骑士”战略破解了湘鄂情对公司采取的恶意收购。所谓“白衣骑士”计划，就是当公司面临恶意收购时，目标公司在市场上寻找与之关系密切的第三方公司率先达成收购协议，抢在收购公司之前完成对目标公司的收购。“白衣骑士”计划成功与否取决于收购公司的收购价格。如果收购公司的收购价格过高，或者不断提高收购价格，那么“白衣骑士”就要以更高的价格才能完成收购，而对于目标公司来说，在市面上寻找愿意出高价的“骑士”相对来说比较困难，“白衣骑士”拯救公司的可能性也会大大降低。

2. 金色降落伞计划

“金色降落伞”计划最早产生于美国，是指聘用合同中规定的当公司控制权变动时需要对高层管理人员进行补偿。其中，“金色”意指丰厚的补偿，“降落伞”意指高管可在公司股权变动带来的冲击中实现平稳过渡。如2013年9月初，诺基亚公司官方突然宣布微软将以72亿美元收购自己的设备与服务部门，其中还包括手机业务。据《华尔街日报》报道，一份由诺基亚提交给监管部门的文件显示，诺基亚公司高管之一埃洛普在离开公司时会得到一笔约合1.6亿元人民币的补偿巨款，其中除了约1.21亿元的股权奖励之外，还包括约3500万元人民币的工资及各种奖金。经过长期发展，“金色降落伞”计划也被诸多公司用来反击收购公司的恶意并购计划。在史上最大科技并购案中，博通公司计划以总价1300亿美元收购高通。然而交易遇到了许多阻碍，高通董事会采取了相应的反并购措施对博通收购意图进行反击，其中就包括“金色降落伞”计划。高通方规定，若公司的控制权因被收购等发生变更，根据公司的“金色降落伞”条款，收购方需要支付给高通董事高达几亿美元的遣散费。无论在中国还是美国，“金色降落伞”的争议一直存在。“金色降落伞”支持一方认为，该计划有助于缓解公司高管对失业的恐惧，缓和高管对于收购的态度，鼓励公司高管实施对公司有益的并购。反对者则认为，“金色降落伞”意味着管理人给自己买了一份额外的失业保险，诱导管理层惰性，导致较高的道德风险。

3. 毒丸计划

毒丸计划，又称为“股权摊薄反收购措施”，起源于20世纪80年代初的美国，是指当一家公司面临恶意收购时，尤其是当公司被收购股份已经达到10%~20%时，为了保住公司的控制权，目标公司可以通过增发低价股票的方式以稀释公司股票份额。公司的“毒丸计划”包括“权证毒丸”“负债毒丸”“优先股毒丸”等。“权证毒丸”计划赋予权证持有人在公司遭受恶意收购时，以低于市场价的价格购买合并后公司的股票，或者权证持有人可以按照事先约定价格向公司出售自己的股票，以加大收购公司的收购成本。“负债毒丸”条款规定，当公司遭受恶意攻击时，债权人有权要求公司提前清偿债务或者将负债转化成股票。这样可以消耗公司的现金，恶化公司各项财务指标，使收购者在完成公司收购后即面临巨大的现金支出。虽然“毒丸计划”确实有可能粉碎收购公司的恶意收购计划，但这确是一种损人不利己的反并购策略。

【案例9-5】盛大收购与新浪反收购

随着中国经济持续发展，一系列跨境交易出现，新的并购浪潮开始席卷中国公司，该时期发生的盛大网络与中国门户网站新浪之间的收购案，可以称得上是21世纪初最为惊心动魄的收购案。

2005年2月19日，盛大网络利用其四家关联公司在公开市场以2.3亿美元的代价收购了新浪19.5%的股份，不到一个月时间摇身一变成为新浪第一大股东。盛大网络成立于1999年11月，并于2001年正式进入中国市场，是当时中国市场最大的网络游戏运营商，其产品包括自主研发和代理的大型多人在线游戏和休闲游戏。新浪是当时中国最大的门户网站，主要向中国及全球华人社群提供网络新闻、无线增值服务、社区及游戏等一系列服务。2004年，盛大全年收入达13.76亿元，其中网络游戏收入为12.76亿元，占总收入比例高达93.3%，业务过于集中成为盛大最大风险点。伴随游戏市场竞争加剧，寻找新利润增长点迫在眉睫，而当时没有绝对实力股东的新浪就成了盛大的最优选择之一。

盛大发布其已持有新浪19.5%股份公告后，新浪接受摩根士丹利建议，采取对抗盛大的“毒丸计划”，即股东购股权计划。“毒丸计划”的具体内容是：当盛大再收购新浪0.5%或以上股权时，购股权持有人将有权以半价购买新浪公司的普通股。消息宣布当日，新浪股票涨幅为11.02%。经过几番较量后，最终盛大以后续资金不足，同时其风险投资者对交易价格和交易方案不满意而终止收购。

4. 焦土战术

“焦土战术”指的是公司通过重新组合资产及业务服务，降低公司对于收购方的吸引力，一般的做法是出售“皇冠上的明珠”，也就是出售公司最具有竞争力的部门或者资产。一般来说，收购方对目标公司感兴趣，主要是对公司的某块业务或者某个部门感兴趣。如果将这部分业务出售，那么目标公司对收购公司的吸引力将会大大降低。另一种做法是整合公司的资产。公司可以通过大量采购一些盈利能力较差或者与公司业务无关的资产，迫使公司经营业绩下降。与此同时，公司还可以对外形成高负债以增大收购方的收购风险。“焦土战术”同样是一种损人不利己的反并购方式。玉郎国际在应对收购方恶意收购时，就采取了这样一种方式。玉郎是香港漫画奇才黄振隆的笔名，依靠“一支笔，一张白纸”，黄振隆称雄香港漫画界，并在香港建立起自己的“漫画王国”玉郎国际公司，1986年8月玉郎国际于香港上市。上市后，玉郎更加雄心勃勃，曾多次增资扩股并积极开拓海外市场。但由于被胜利冲昏了头脑，玉郎开始肆意冒进，在自己并不熟悉的股市上参与炒股，由此亏空了公司的资金，导致公司财力不足。1988年2月11日，百富勤商业银行向玉郎国际提出全面收购，以总代价5.98亿元港币向玉郎国际发起要约收购。玉郎并未接受该银行的收购邀请。此后一个多月里，百富勤商业银行开始在公开市场上购买玉郎国际股份。为了击退强敌袭击，玉郎被迫使用“焦土战术”，卖掉其“皇冠上的宝石”，即公司两项最重要的资产，希望可以使虎视眈眈的对手“食之无味”而退兵。出于多方面考虑，百富勤商业银行最终未能完成该项收购计划。

（三）用合理的股权结构抵制收购

并购公司的关键是收购公司可以收购到足量的目标公司股份，因此如果目标公司可以设置一个合理的股权结构，那么收购公司在实施恶意收购策略时，其成功的可能性就会大大降低。

1. 自我控股

自我控股是指为了增加收购公司恶意收购的难度，公司发起人或者大股东持有公司足够多的股份，以防止收购公司在二级市场上收购到大量公司股份。对于股东的最佳持股比例并没有一个定论，理论上来说最好持有超过51%的公司股份，这样自我控股的效果会更好。当然，每个公司的实际情况不同，最佳的持股比例应该视每个公司具体情况而定。

2. 交叉持股

交叉持股是指两家关联公司或者友好关系公司互相持有对方

公司股票，以增加收购公司恶意收购的难度。比如为防止公司被恶意收购，A公司与B公司互相持有对方10%的股份，当A公司遭遇恶意收购时，B公司锁住手中持有的A公司股份，那么收购公司就难以在市场上收购到“足量”的A公司股份。另外，B公司还可以在A公司股东大会上支持A公司的反收购，以阻止收购公司的收购计划。

3. 员工持股计划

2004年9月2日，中信证券发布公告称董事会已经审核通过关于收购广发证券部分股权的议案，此举事先并未与广发证券管理层进行沟通，因此被广发证券视为“恶意收购”，后者随即采取了一系列反收购战略，其中包括发起员工收购股权行动。2004年9月，广发证券员工出资2.4亿元设立深圳吉富科技股份有限公司，同年9月该公司收购云大科技及梅雁股份持有的广发证券股份，从而成为广发证券第四大股东，这就是通过员工持股计划反击收购公司恶意收购计划的典型案例。一般来说，员工对公司有强烈的归属感，人类心理上天然的“自我本位”和排外倾向会使员工视公司为“集体”，从而排斥恶意收购。

（四）帕克曼式防御

“帕克曼式防御”又称收购收购者，是一种较为积极主动的反收购策略。俗话说，进攻就是最好的防守。当公司面临恶意收购时，目标公司可以以攻为守，反过来收购恶意收购者的股票，或者出让本公司部分利益，策动与目标公司关系密切的公司对收购公司发动恶意收购。公司并购本质上就是一场弱肉强食的较量，除了前文提到的较为消极的防御措施外，目标公司还可以采取相对积极的防御措施，其中最为咄咄逼人的就是“帕克曼式防御”。但是采取这种战术往往需要目标公司强大的资金实力和外部融资实力作为支撑，在美国联合碳化物公司对GAF公司的反收购中，就因其资金实力不足而导致反收购策略失败。历史上最为著名的“帕克曼式防御”当属1982年马丁·马里埃达集团反击本蒂斯重型机械和航空工业集团的反收购案。马里埃达集团在遭受本蒂斯恶意收购后反过来收购本蒂斯集团，借助于本蒂斯集团的一桩桃色新闻，马里埃达集团反收购策略不仅使本蒂斯集团收购计划功亏一篑，还使本蒂斯集团资金紧张，半年后便被阿利德技术公司所兼并。同年，借助于“帕克曼式防御”手段，城市服务公司还差点吞并了恶意并购公司梅萨石油公司。

【案例9-6】万科股权之争

2015年可谓是中国股市大起大落的一年，先是股价一路上涨并于6月达到峰值，再是6月以后股票一路狂跌哀号一片，而万科股权之争就是在这样的大背景下孕育的。万科股份有限公司（简称万科），是我国最大的房地产公司之一。经过多年发展，公司治理结构逐渐完善，万科治理模式也完成由“一家独大”到“股权分散”的转变，当时万科最大的股东华润持股比例长期偏低，对公司管理层并不具有控制权。也许是看重万科经营理念和发展前景，宝能与华润于2015年开始争夺万科股权，这是中国A股市场上规模最大的一场公司并购与反并购攻防战。

宝能系是指以宝能集团为中心的资本集团，下辖宝能地产、前海人寿、钜盛华等多家子公司，其中前海人寿和钜盛华为宝能系资本运作核心。从2015年1月至2015年8月，前海人寿和钜盛华在资本市场三次举牌共计收购万科股份达15.04%，以0.15%微弱优势超过万科原第一大股东华润，暂时成为万科第一大股东。面对突然杀出的宝能系，华润并没有坐以待毙，分别于8月和9月两次增资万科，截至11月共计持有万科15.29%股份，以微弱优势超过宝能系。万科股权之争并未就此结束，反而随着宝能进一步增持万科股份而愈演愈烈。同年12月6日，宝能系再次通过前海人寿和钜盛华买入万科股份，合计持股比例达20.008%，再次成为万科第一大股东。

针对万科第一大股东易主一事，万科董事会主席王石认为宝能系信用不够，风险过大，明确表示不欢迎宝能系成为万科第一大股东。为了防止万科落入“门口的野蛮人”之手，王石及其团队采取了一系列反并购手段。

舆论战略：面对宝能系一鼓作气收购万科股份成为其第一大股东，王石再也按捺不住，2015年12月17日言辞强硬地将其称为“门口的野蛮人”，2015年12月23日还以“出身论”“风险过高”等为由公开申明不接受、不欢迎宝能系。王石的声明在当时引起了一阵轩然大波，对此，外界分为两派。支持方认为，按照恶意收购定义，宝能系在未经万科同意的情况下短期内收购其约20%的股份，难逃恶意收购之嫌。另外，从情怀的角度看，王石强调不欢迎是因为担心宝能系的风格改变万科文化，这样万科将不再是万科。但是市场上也有反对者叫板王石不要用“情怀”在资本市场上与“资本家”对决，并且奉劝王石摆正自己的位置。

无论资本市场如何看待王石的“不接受”“不欢迎”言论，王石这一舆论战略确实给宝能系带来了不少压力。

停牌战略：万科还采取了停牌战略以应对宝能系在市场上持续的恶意收购。2015年12月18日，为赢得宝贵时间，扭转不利局势，万科以筹划股份发行用于重大资产重组和资产收购为由，宣布当日下午万科股票停牌。两日后，万科发公布称2016年1月18日前会公布其重大资产重组计划，公司A股股票将于2016年1月18日恢复交易。2016年1月18日，万科再次发公告称，由于重大资产重组计划难以在18日完成，公司A股将继续停牌，直到2016年7月4日，万科才结束了长达半年的A股停牌交易策略。

万科A股停牌长达半年之久意图明显。一是为了给自己在市场上寻找“白衣骑士”争取更多的时间，停牌可以制约股票流动性，减缓宝能系收购万科股份的步伐。二是为了增加宝能系方面资金压力，宝能系大部分杠杆资金类似于“短债长投”，停牌可以限制万科股票流动，增加宝能系持股成本，加大其资金方面的压力。

白衣骑士战略：自万科宣布A股股票停牌后，王石一直奔波于资本市场，企图寻找一家“白衣骑士”公司解救万科集团于水火之中。2016年3月12日，万科与深圳地铁计划促成重大资产重组，实现万科与华润、深圳地铁共同持股万科40%以上股份以重夺万科第一大股东的位置。然而在随后召开的股东大会上，华润拒绝了这一重大资产重组计划，这是因为，若深圳地铁持有万科股份，那么华润在万科的利润将会被摊薄。

正当万科深陷多重困境时，恒大犹如“白衣骑士”一般出现了。2016年8月4日，中国恒大买入万科4.68%股票股份，正式确认入股万科，这意味着恒大已经进入万科前十大股东名单。在随后的11月里，恒大持续发力，在A股市场上继续收购万科股份，累计持股达万科总股份的9.452%，这无疑给万科打了一剂强心针。2017年1月12日晚间，万科发布公告称，华润及其全资子公司中润贸易已与深圳地铁签署了《股份转让协议》，计划将其持有的15.31%万科股份转让给深圳地铁。此次转让后，深圳地铁将成为万科第二大股东。2017年6月9日晚，恒大发布公告称将向深圳地铁转让持有的万科14.07%股份。此次转让后，深圳地铁成为万科第一大股东，打破了万科股份之争僵局，长达两年的万科股份之争终于告一段落。

第三节　杠杆收购与管理层收购

一、杠杆收购

杠杆收购（LBO）又被称为融资并购、举债经营并购，一般将杠杆并购定义为：收购者通过借债方式（或以借债为主要方式）得到收购所需资金并取得该公司的产权，使该目标公司从一家上市公司变为私有公司，再利用被收购公司的现金流偿还所借债务。由于这种收购方式是利用公司财务杠杆进行的，因此将其称为杠杆收购。杠杆收购的实质可以用“举债收购”来概括，通过较少的股本投入融得成倍数的资金，这是一种以小博大、高风险同时也高收益的并购方式，当然这还需要高超的技巧，也因为杠杆收购的这种特点，经常有人形象地称其为“蛇吞象”“小鱼吃大鱼”等等。

说起杠杆收购，不得不提“美国雷诺兹一纳贝斯克（RJR Nabisco）公司收购案”，这桩发生在20世纪80年代的收购案以250亿美元的交易价轰动世界，并被称为“世纪大收购”，这也是迄今为止规模最大的杠杆收购案。1987年10月19日在纽约股票交易所，道琼斯指数下跌508点（道琼斯指数一般指道琼斯股票价格平均指数，是世界上最有影响力、使用最广的股价指数，以在纽约证券交易所挂牌上市的一部分最有代表性的公司股票为编制对象），创下了单日跌幅新纪录，一天内纽交所总市值蒸发5000多亿美元，相当于当时国民生产总值的八分之一。美国雷诺兹－纳贝斯克（RJR Nabisco）公司（后简称为纳贝斯克）是当时美国最大的烟草和食品公司，业绩稳定，但也未能避开这场风波。股灾当天，纳贝斯克每股股价从65美元跌到了45美元，即便总裁约翰逊及时动用两亿美元收购股票，公司股价依旧一度跌破40美元/股，几周内公司市值蒸发40%。纳贝斯克股价的暴跌让资本市场上的狩猎者嗅到了机会，此时，这场世纪大收购的另一位主角KKR集团登场。KKR（Kohlberg Kravis Roberts & Co. L.P.）中文译名为"科尔伯格·克拉维斯·罗伯茨"，是金融史上最成功的产业投资机构之一，也是当时华尔街最有实力的股权投资基金。KKR集团创始人克拉维斯本意是与约翰逊共同收购，但纳贝斯克股价被低估是公认事实，约翰逊自然希望单独将其买下来，为此它找来两家金融机构——美国通云和所罗门兄弟，作为队友与KKR集团对抗。于是在几周后，约翰逊公开宣布以75美元/股的价格展开收购，而当时市场上股价仅为35美元/股，克拉维斯随即抛出90美元/股的价格。拉锯战就此展开，只要约翰逊提高收购价，克拉维斯马上宣布一个更高的收购价，最后在约翰逊将股价提到101美元/股时，克拉维斯直接报价106美元/股，甚至在约翰逊宣布退出收购战后，克拉维斯再次提价，最终将竞价定格在109美元/股。这场世纪大收购最终以"KKR集团以109美元/股的价格收购纳贝斯克"告终，收购规模达到250亿美元。几年后KKR将纳贝斯克拆分出售，赚得金盆钵满。这场收购中，克拉维斯始终保持着从容姿态，似乎并不在乎价格，这不禁让人产生疑问：收购的钱从哪儿来？答案是债权融资。在20世纪80年代的华尔街，垃圾债券是金融市场上最大的创新成果之一，克拉维斯就是通过垃圾债券这一融资工具，以少量自有资金加上收购公司的资产为抵押，承担很少的资金流压力而获得大量可利用资金，在此收购案中，KKR动用资金1500万美元，占总额0.06%，剩下的99.94%都依靠垃圾债券筹得。

正如上述案例所述，很多杠杆收购的收购者是公司管理者，在投资银行或具有丰富杠杆收购经验的收购公司的协助配合下，通过杠杆收购的方式买下公众公司，将其变为私人公司。如果杠杆收购有公司管理层的参与，那么就称之为管理层收购 MBO，而大多数杠杆收购都会有管理层参与，因此可以说大部分杠杆收购同时也是管理层收购。

与其他收购形式相比，杠杆收购有一些显著的不同点。首先，由于财务杠杆的使用，公司的负债与权益的比率会大幅上升。实际上对于一家公司来说，使用过多的财务杠杆需要承担较大的风险，这一点在第八章介绍财务困境时已经说明过，财务杠杆使用不当很可能造成公司资金链断裂。而在杠杆收购中大多主体是专业的金融投资公司，通常投资公司本身出资较少，其余的大部分资金来自银行抵押贷款、机构借款或通过发行高利率高风险的垃圾债券筹集资金，期望在成功收购目标公司后使之增值获得预期收益。此外，一般在杠杆收购交易中都需要有一个经纪人，在交易双方之间起到促进推动作用。同时还需要注意，杠杆收购是一种具有较大风险的金融行为，一般来讲，能够成功实行杠杆收购的公司都需要满足以下几个基本条件：收购后的公司管理层需要有较高的管理技能，能够使公司的经营状况变得更好，才能够使公司资产升值，实现收购的意义；另外，公司需要有一个周全合理的经营计划，否则不但不能通过收购获利，还有可能会拖垮自己的主营业务，使公司陷入财务困境；由于杠杆收购的特殊性，要求收购前公司的负债处于较低水平；最后需要公司经营状况和现金流量都比较稳定，具有一定的风险承受能力。毫无疑问，成功的杠杆收购可以给公司带来丰厚的收益，而真正实现预期收购收益也需要一定的条件。在此前叙述的世纪大收购案例中，收益来源于目标公司价值被市场低估，若相信被低估的市场价值一定会在有限期内被重新发现，那么收购者就能够坐收渔翁之利；从公司管理效率的角度看，杠杆收购通过提高管理人员在公司中的持股比例激励其提升自身工作效率，缓解管理层与公司所有者（股东）之间的矛盾，有效提升了公司经营效率，由于效率提升带来了公司增值，增值部分就是收购红利；另外也有将杠杆收购的价值来源解释为参与者可以通过收购活动合法避税，通过节省应缴税收来获得好处。

图 9.1　杠杆收购一般会经过的四个阶段

在具体实施杠杆收购时一般会经过以下四个阶段。第一阶段：设计准备阶段，主要是由发起人制定收购方案，与被收购方谈判，进行并购的融资安排，必要时以自有资金参股目标公司，发起人通常就是公司的收购者；第二阶段：集资阶段，并购方先通过公司管理层组成的集团筹集收购价10%的资金，然后以准备收购的公司的资产为抵押，向银行借入过渡性贷款，相当于整个收购价格的50%~70%的资金，向投资者推销约为收购价20%~40%的债券；

第三阶段：收购者以筹集到的资金购入被收购公司的期望份额的股份；第四阶段：对并购的目标公司进行整改，以获得并购时所形成负债的现金流量，降低债务风险。

二、管理层收购

杠杆收购为具有管理和经营能力但缺乏可利用资金的公司管理者，提供了一种与专业投资机构合作收购公司的选择，给予他们实现成功收购的机会，也就是之前提到的“管理层收购”的出现。管理层收购在我国国内的首次尝试可以追溯到1999年，四通集团首次进行管理层收购尝试，此收购案经常被看作我国MBO的经典案例。四通集团管理层收购的最大特色就在于购买者包括了所有职工。四通集团是1984年5月由中科院7名职工辞职后成立的集体所有制企业，没有国家投资，没有上级单位。在这次收购中，收购主体是由该公司经理与员工共同出资并吸纳其他外部资金成立的区别于原四通集团的“四通投资有限公司”，也就是“新四通”。整个案例过程可以描述为：四通集团先向“新四通”投资4900万元，新四通用这笔资金外加职工投资，在香港股市下行期以低股价购买了四通集团在香港的全部股份，而四通集团在拿到现金后又将其中一部分以股东无息贷款的名义返还给了“新四通”。经过上述操作，管理层出资收购经营公司的所有权得到落实，管理者以所有者身份得到真正控股权；同时，四通收购案并不是纯粹的管理层收购，其中还包括了全体职工，使员工实际获得公司股权，从员工到主人的身份转变会使员工的参与感更强，工作积极性更高，从而提高公司整体经营效率，提高公司收益。

2010年的中国市场上有一桩典型的“蛇吞象”案例，直到今天也依旧是中国杠杆收购案的杰出代表，即吉利杠杆收购沃尔沃。2010年3月28日，吉利控股集团宣布与福特汽车签署最终股权收购协议，以18亿美元获得沃尔沃轿车公司全部股权以及知识产权在内的相关资产。同年8月2日，吉利收购沃尔沃的最终交割仪式在伦敦举行，就此，吉利正式完成了对福特旗下沃尔沃轿车公司的全部股权收购，这也是中国汽车业规模最大的海外并购案。1999年福特以65亿美元的价格高价购买沃尔沃品牌，但在2008年沃尔沃税前亏损额达到16.9亿美元。随着金融危机波及范围的扩大，福特在出售阿斯顿马丁、路虎、捷豹之后，又再一次宣布出售沃尔沃，而听到这一消息的吉利马上行动发出邀约，加入收购战。福特决定出售沃尔沃时，正是金融危机最为严重的时期，经过合理估算，沃尔沃合理市场价值应该在20亿~30亿美元之间，也是根据这一判断，吉利提出的收购价格定在15亿~20亿美元之间。最终结果是，吉利得偿所愿以18亿美元的价格成功收购了沃尔沃。被收购方沃尔沃是拥有多项独家研发先进技术和专利，有着80多年历史，净资产超过15亿美元，品牌价值接近百亿美元并且全球雇员数19000多人的跨国汽车公司。而收购方吉利是一家历史刚满20年，以生产低端汽车为主的“小公司”，2009年销售业绩不过165亿元人民币，利润仅为十几亿元人民币。用18亿美元收购100%沃尔沃股权，再加上后续资金共计27亿美元，对于吉利来说显然可以算作一个大数目。与一般杠杆收购的案例有所不同，本次收购获得了国有银行以及地方甚至中央政府的大力支持，这使得吉利的贷款十分顺利，相对轻松地解决了资金问题。但只有资金是远不够的，或者说资金不足以成为吉利战胜竞争对手，取得收购胜利的主要因素。实际上，早在2002年，“最安全最环保”的沃尔沃已经成为吉利的首要购买对象，所以这场收购不只借了金融危机的时机，吉利也早早做好了人才、资金以及并购经验的积累准备。当然最终的成功往往是“天时地利人和”多方共同促成的结果，在并购过程中，吉利聘请了全球专业的投行、律师和会计师事务所，以及分别位于中国、英国、瑞典、美国的两百人团队，经过充分市场调查，对这场收购的总体战略、具体操作的时间规划等方面都进行了全面的准备，交给福特的第一份收购建议书是这个巨大团队努力一年后的成果。而在成功收购后，利用中国市场的巨大优势——全球最大的新车市场，沃尔沃获得了巨大的发展空间。即便对于吉利这种规模偏小的公司而言，一点差错就会使这场收购由“蛇吞象”的佳话变为“贪心不足蛇吞象”的笑话，事实证明，这场惊险的收购吉利最后还是成了赢家。

第四节　公司分立

一、公司分立原因

讲过了公司并购，现在来讨论有关公司分立的内容。根据《中华人民共和国公司法》第九章的相关规定，公司分立指一个公司依照公司法有关规定，通过股东会决议分成两个以上的公司。公司分立有很多优势，如精简机构，消除官僚主义，使发展到一定规模、业务种类多样的公司提高管理效率；同时可以使公司较容易分辨出各项业务的市场表现，及时抛弃不良资产，也可以使公司更方便高效地根据市场需求调整市场地位，提高自身竞争力。公司分立最明显的优势之一是实现不同业务部门共同向针对性、专业化方向发展，对于公司来讲，可以使各方向专业人员分别研究其所属行业领域，更准确地确定市场价值；同时可以让投资者对自己感兴趣的领域进行投资，吸引更多潜在投资者。从整个市场健康发展的角度考虑，公司分立同样意义重大。为了保护市场经济的正常运行，维护公平竞争，公司规模不宜过大，以免造成垄断，而公司分立是控制公司规模的一种直接、有效的方式。结合我国市场实际情况，大多数公司进行公司分立的目的并非缩小经营规模，而是为了筹集更多资金，使大公司（母公司）分化出更多新的小公司（子公司）去上市，在新的小公司上市之后以借款形式吸纳市场融资，扩大母公司规模；或以子公司为抵押进行银行贷款。还有公司会为逃避债务，分立子公司进行资产转移，转移后申请破产，免于债务；也有公司通过类似方式逃避税负。针对公司以此方式逃避债务的不良做法，《公司法》第一百七十七条规定了公司分立之后债权债务的承受问题：“公司分立前的债务由分立后的公司承担连带责任。但是，公司在分立前与债权人就债务清偿达成的书面协议另有约定的除外。”不仅明确了当事人双方有权就公司分立后的债务清偿问题自主约定，而且新增了连带责任的规定。很显然，这一规定有利于保护债权人的利益，而且也有利于实务操作程序的简化和账务处理的便利，有利于使我国市场上的公司分立行为更加规范。

【案例9-7】我国股市诞生首个分立上市案例

2010年3月19日，上交所发布公告称由原东北高速分立而成的两家公司——吉林高速、龙江交通正式上市交易。这是中国股市首个分立上市案例，即首例将完整的上市资产分立为两家独立个体后又双双上市的情况。上市公司分立的尝试创新了当时中国上市公司并购重组的方式。但值得关注的是，这次试点并未产生过大的可效仿性——东北高速是在特定历史时期，按照当时“限报家数”的证券发行管理体制，使黑龙江、吉林两省高速公路共同上市所形成的产物。东北高速进行分立试点，是采用国际通行和我国法律许可的金融工具，以市场化方式解决历史遗留问题，化解市场和社会稳定风险。另外，黑龙江、吉林两省政府承诺注入符合上市条件的优质资产，以利于分立公司的后续发展，维护中小股东的合法权益。因此可以看到，这场分立并非纯粹的市场行为，政府在其中起到了一定的指导作用。

在相关制度健全的成熟市场下，公司分立是常见的资本运作手段。1996年法国上市公司霞日集团（Chargeurs）按通讯媒体业务与制造业务划分资产，分立为两家新的上市公司，原公司解散，完成了“新设分立”；2007年，中粮集团控股的香港上市公司中粮国际分立为中粮控股和中国食品两家独立的上市公司，原上市公司在分离后仍存续，完成了“派生分立”。

二、公司分立类型

公司分立可以采取不同分类方式，以原有公司法人资格是否消灭为标准，可分为新设分立和派生分立两种。新设分立，又称解散分立，是以原有公司的法人资格消灭为前提，成立新公司，具体是指一个公司将其全部财产分割，解散原公司，将其归入两个或两个以上新公司中的行为。在新设分立中，原公司的财产按照各个新成立的公司的性质、经营目标、业务范围等特征进行重新分配组合；原公司解散后，其原有债权、债务分别由新设立的公司承担。派生分立，又称存续分立，是指一个公司将一部分财产或营业依法分出，成立两个或两个以上公司的行为。派生分立与新设分立最大的区别在于，分立后原公司法人资格并未消灭，而是与新成立公司同时保有法人资格、共同存在；同时，原公司的债权债务未必是由原公司与新公司分别承担，也可按协议由原公司独立承担。

如以更加具体的形式划分，公司分立主要有三种类型：股权分割、部门出售和持股分立。股权分割指将原公司分解为两个或两个以上的完全独立的公司，分立后的公司将分别形成完整的公司治理结构和体系，但特别的是，原公司的股东将同时作为分立后所有新公司的股东。根据我国法律规定，股东可以依据分立协议约定持有股份；同时，反对分立的股东也可以请求公司按照合理价格对其持有股权进行收购；若自股东大会决议通过之日起六十日内，股东与公司不能达成股权收购协议的，股东可以自股东大会决议通过起九十日内向法院提起诉讼。

部门出售是指公司将其某一部分出售给其他公司，出售的目的是为了得到相应数量的资金，或者也可能是由于公司经营战略发生变化，通过出售部分业务对经营结构进行调整。无论出于何种目的，在出售前，公司都需要对该部门的实际价值进行合理预估，将市场价值作为决定出售价格的主要依据。

持股分立指将公司一部分分立为一家独立的新公司的同时，以新公司名义对外发行股票，而原公司持有新公司的部分股票。这种方式看似与股权分割方式相似，但需要注意的是，持股分立后的新公司与原公司仍存在所有权上的关联，原公司与新公司之间是持股甚至有可能是控股的关系，也就是说，新公司一定会在某种程度上受制于原公司。

三、公司分立程序

公司分立主要需经过以下四个步骤。

（1）公司董事会拟定公司分立方案。与公司合并类似，但在公司分立方案中，除应当对分立原因、目的、分立后各公司的地位、分立后公司章程及其他相关问题做出安排外，特别应妥善处理财产及债务分割问题。

（2）公司股东会关于分立方案的决议属于《公司法》上所称重大事项，应当由股东会以特别会议决议的方式决定。股东会决议通过方案时，特别地，要通过公司债务的分担协议，即由未来两家或多家公司分担原公司债务的协议。为了保证分立方案的顺利执行，应当同时授权董事会具体实施分立方案。该授权包括向国家主管机关提出分立申请、编制其他相关文件等必要具体事项。

（3）董事会编制公司财务及财产文件。根据《公司法》第175条的规定，公司分立时应当进行财产分割。为妥善处理财产分割，应当编制资产负债表及财产清单。经股东会授权后，由董事会负责实施。

（4）政府主管机关批准。此与公司合并须经政府主管机关批准的规则在本质上相同，即公司分立应以政府批准为前提。同时，根据《公司法》第175条规定，公司应当自做出分立决议之日起十日内通知债权人，并于三十日内在报纸上进行公告。

本章总结

第九章主要分四小节（公司并购、攻守各式、杠杆收购与管理层收购、公司分立）介绍了公司并购与重组方面的内容。在第一节中，介绍了公司并购基本内容，指出公司并购是公司间的产权交易行为，是指一家公司通过产权交易得到另一家公司的控制权或者资产，或者是两家公司合并为一家公司；根据不同划分标准，并购可分为新设并购和吸收并购，或横向并购、纵向并购和混合并购；以及并购带来的协同效应。在第二节中，主要介绍了友好收购与恶意收购的含义，并介绍了应对恶意收购的方法。在第三节中，重点介绍了杠杆收购，指收购者通过借债方式（或以借债为主要方式）得到收购所需资金并取得了该公司的产权，使该目标公司从上市公司变为私有公司，再利用被收购公司的现金流偿还所借债务。同时，也说明了管理层收购的含义，即有管理层参与的杠杆收购。在第四节中，主要对公司分立的原因、类型（股权分割、部门出售和持股分立）、程序进行了介绍。由此将公司并购与重组的基本知识大体呈现出来。

参考文献

[1] 阿斯奎思 . 公司金融：金融工具、财务政策和估值方法的案例实践 [M]. 鲍栋等译 . 北京 : 机械工业出版社 , 2018.

[2] 博迪 . 投资学 [M]. 10 版 . 汪昌云等译 . 北京 : 机械工业出版社 , 2017.

[3] 达摩达兰 . 故事与估值 [M]. 廖鑫亚等译 . 北京 : 中信出版社 , 2018.

[4] 达摩达兰 . 估值：难点、解决方法及相关案例 [M]. 2 版 . 李必龙等译 . 北京 : 机械工业出版社 , 2013.

[5] 达摩达兰 . 应用公司财务 [M]. 3 版 . 芮萌等译 . 北京 : 中国人民大学出版社 ,2012.

[6] 杜惠芬 , 王汀汀 . 公司理财 [M]. 2 版 . 大连 : 东北财经大学出版社 , 2017.

[7] 干春晖 . 大并购：30 个世界著名企业并购经典案例 [M]. 上海 : 上海人民出版社 , 2006.

[8] 赫尔 . 风险管理与金融机构 [M]. 王勇等译 . 北京 : 机械工业出版社 , 2018.

[9] 贺志东 . 企业融资管理操作实务大全 [M]. 北京 : 企业管理出版社 , 2018.

[10] 刘力 . 公司财务 [M]. 2 版 . 北京 : 北京大学出版社 , 2014.

[11] 罗斯 , 威斯特菲尔德 , 杰富 . 公司理财 [M]. 11 版 . 吴世农等译 . 北京 : 机械工业出版社 , 2012.

[12] 陆晔飞 . 巴菲特的估值逻辑：20 个投资案例深入复盘 [M]. 李必龙等译 . 北京 : 机械工业出版社 , 2017.

[13] 梅林，埃文斯．并购估值：构建和衡量非上市公司价值 [M]. 3 版．李必龙等译．北京：机械工业出版社，2019.

[14] 吴暇．中国中小企业融资风险案例解析与融资管理策略 [M]. 北京：中国经济出版社，2012.

[15] 张昕．轻松读懂财务报表 [M]. 北京：北京大学出版社，2014.

[16] 朱新蓉．金融市场学 [M]. 3 版．北京：高等教育出版社，2019.

[17] 朱叶．公司金融 [M]. 4 版．北京：北京大学出版社，2020.

[18] Miller M H, Modigliani F. Dividend Policy, growth, and the valuation of shares[J]. The Journal of Business, 1961, 34(4):411–433.

[19] Modigliani F, Miller M H. The cost of capital, corporation finance and the theory of investment[J]. T American Economic Review, 1958, 48(3): 261–297.

[20] Modigliani F, Miller M H. Corporate income taxes and the cost of capital: A correction[J]. American Economic Review, 1963, 53(3): 433–443.

[21] Smith A. The Wealth of Nations[M]. New York, NJ: Modern Library, 1937.